21世纪电力系统及其自动化系列教材

电力市场概论

主编 张 利
参编 杨 明 张国静

机械工业出版社

本书以电力系统运行与分析的基本理论为基础，有机融入经济学原理，围绕电力商品特殊性，以分析传统电力系统运行理论与市场经济理论的冲突与融合，电力工业如何实现从垄断走向市场竞争。

本书共分 7 章，第 1 章概述电力工业的运营模式、电力市场的基本概念及发展状况；第 2 章给出经济学的基本概念；第 3、4 章集中讨论在理论上电能的生产是怎样从电力系统的运行当中分离出来的，以及电能在竞争市场上进行交易的基本经济思想；第 5 章讨论辅助服务问题；第 6 章讨论输电网对电能交易的影响；第 7 章讨论发、输电投资的市场化问题。

本书可作为高等学校电气工程专业高年级本科生或研究生的教学用书，也可供从事电力系统规划和电力系统调度运行的工程技术人员以及电力市场的管理人员和科研人员参考。

图书在版编目（CIP）数据

电力市场概论/张利主编．—北京：机械工业出版社，2014.7（2025.7 重印）
21 世纪电力系统及其自动化系列教材
ISBN 978-7-111-46096-1

Ⅰ.①电…　Ⅱ.①张…　Ⅲ.①电力市场—高等学校—教材
Ⅳ.①F407.615

中国版本图书馆 CIP 数据核字（2014）第 044224 号

机械工业出版社（北京市百万庄大街 22 号　邮政编码 100037）
策划编辑：贡克勤　责任编辑：贡克勤　路乙达
版式设计：常天培　责任校对：肖　琳
封面设计：陈　沛　责任印制：邓　博
北京中科印刷有限公司印刷
2025 年 7 月第 1 版第 12 次印刷
184mm×260mm·11.5 印张·279 千字
标准书号：ISBN 978-7-111-46096-1
定价：32.00 元

电话服务　　　　　　　网络服务
客服电话：010-88361066　机　工　官　网：www.cmpbook.com
　　　　　010-88379833　机　工　官　博：weibo.com/cmp1952
　　　　　010-68326294　金　书　网：www.golden-book.com
封底无防伪标均为盗版　机工教育服务网：www.cmpedu.com

前　言

20世纪90年代初以来，垄断经营了近一个世纪的电力工业在世界各国和地区开始了打破垄断、引入竞争的市场改革。我国的电力工业也已完成厂网分开，并开展了竞价上网等改革试点，但由于电力市场建设进展缓慢，深度推进改革的呼声近年日益高涨。

认识电力市场，可以从技术、经济、管理等多个角度切入，涉及体制、机制、技术及利益分配等诸多问题。对电气工程技术人员而言，充分认识传统电力系统运行分析理论与市场经济理论的冲突与融合，并熟练掌握市场机制下电力系统运行分析的新理论、新方法，是理解电力工业如何实现从垄断走向市场竞争的关键所在。

在垂直一体化垄断经营时，电力系统的调度、运行控制、规划等形成了一系列优化问题，而且经过几代人的努力，这些问题在系统性、规模性和复杂性上都已有了较成熟的解决方法。但由于引入竞争机制后电力工业中出现了相互独立又相互竞争的众多市场参与者，改变了传统电力系统的电能平衡与电能输送模式，因此虽然电力系统的物理本质并未发生改变，但传统的方法如不加以改变已不再适用。由于在电力市场中相互独立的发电、输电、配电公司及零售商都希望在竞争中最大程度地获得回报，因此电力系统中传统的问题必须以新的经济和市场的视角去解决，即必须清楚市场是怎样作用于电力系统物理问题的，而电力系统的物理本质又是怎样制约经济问题的。

本书首先引入电力工业改革的背景，接着介绍微观经济学的基本内容，以此奠定市场环境下电力系统运行与分析基本理论的基础。然后，本着在传统分析理论中有机融入经济学原理的思想，先讨论忽略输电网制约的电能交易问题，继而讨论输电网制约对电能交易的影响及解决方法，最后讨论在市场环境下发电与输电的投资决策及回报问题。

为了更好地满足读者需要，丰富本书内容，本书还配套了课程思政微视频等，以二维码方式呈现，读者可扫描二维码进行学习。

本书主要是面向电气工程专业的研究生或本科的高年级学生，因此，阅读时应该具备对电力系统物理结构、潮流计算原理与目的等电力系统基本知识的一定理解，并熟悉一些基本的优化理论。对于希望了解电力市场基本理论的工程技术人员，本书也有一定的参考价值。

本书由山东大学张利副教授主编，参加编写工作的还有山东大学杨明副教授，以及国网技术学院的张国静高工。其中，第1、3、4章由张利副教授编写，

第 5、7 章由杨明副教授编写，第 2、6 章由张国静高工与张利副教授、杨明副教授联合编写。全书由张利副教授统稿。这里，要特别感谢山东大学韩学山教授，他对本书提出了很多建设性指导意见；还要感谢于大洋副教授对本书的关心与帮助。作为本书基础的讲义已经在山东大学电气工程学院的电力市场课程的教学中应用多年，本书的编写参考和采纳了同学们在学习中提出的许多宝贵的意见和建议。我们课题组的研究生同学也为本书的形成作了富有成效的工作。在此书即将与读者见面之际，谨向所有关心本书的同学、朋友、亲人表示衷心的谢意。

尽管我们做了许多努力，但书中的错误仍不可避免，恳请赐教、指正。

编　者

课程思政微视频

电力市场模拟交易平台操作演示

目 录

前言
第1章 绪论 ················· 1
1.1 电力市场与电力系统经济学 ········ 1
1.2 电力工业运营的参与实体 ········ 2
1.3 电力工业的运营模式 ·········· 4
 1.3.1 垄断模式 ·············· 4
 1.3.2 单一买方模式 ············ 4
 1.3.3 批发竞争模式 ············ 5
 1.3.4 零售竞争模式 ············ 6
1.4 电力工业的市场化改革目标及制约
  因素 ···················· 7
1.5 国内外电力市场的发展状况 ······ 8
 1.5.1 国外电力市场的发展状况 ······ 8
 1.5.2 国内电力市场改革与发展 ····· 12
思考题 ···················· 13

第2章 经济学的基本概念 ········ 14
2.1 市场的基本原理 ············· 14
 2.1.1 消费者模型 ············· 14
 2.1.2 生产者模型 ············· 16
 2.1.3 市场均衡 ·············· 18
 2.1.4 帕累托效率 ············· 19
 2.1.5 社会效益和无谓损失 ········ 20
2.2 企业组织理论的概念 ········· 21
 2.2.1 投入与产出 ············· 21
 2.2.2 长期与短期 ············· 21
 2.2.3 成本 ················ 22
2.3 市场的类型 ··············· 27
 2.3.1 实时市场 ·············· 27
 2.3.2 远期合同和远期市场 ········ 27
 2.3.3 期货合同和期货市场 ········ 29
 2.3.4 期权 ················ 30
 2.3.5 差价合同 ·············· 31
2.4 不完全竞争的市场 ··········· 32
 2.4.1 市场力 ··············· 32
 2.4.2 博弈论基础 ············· 33
 2.4.3 垄断 ················ 35
思考题 ···················· 36

第3章 电能的市场交易 ········· 38
3.1 引言 ··················· 38
3.2 电力商品的特殊性 ··········· 38
3.3 电价理论基础 ············· 39
 3.3.1 电价概述 ·············· 39
 3.3.2 电价的制定方法 ·········· 40
 3.3.3 实时电价 ·············· 42
3.4 电能的市场交易 ············· 43
 3.4.1 远期合同及其分解 ········· 44
 3.4.2 日前市场 ·············· 45
 3.4.3 实时市场 ·············· 51
3.5 竞价的模型和算法 ··········· 55
 3.5.1 竞价模型 ·············· 55
 3.5.2 竞价算法 ·············· 57
3.6 电能交易的结算 ············· 64
思考题 ···················· 66

第4章 电力市场供需参与者的特性
    分析 ················ 69
4.1 引言 ··················· 69
4.2 需求侧与需求响应 ··········· 69
 4.2.1 电力需求侧的特点 ········· 69
 4.2.2 需求弹性对市场的作用 ······· 71
 4.2.3 需求侧管理与需求响应 ······· 72
 4.2.4 电力零售商 ············· 74
4.3 发电商 ················· 76
 4.3.1 完全竞争 ·············· 77
 4.3.2 生产或购买的决策 ········· 81
 4.3.3 不完全竞争 ············· 82
 4.3.4 边际成本非常低的电厂 ······· 89
4.4 混合参与者 ··············· 89
思考题 ···················· 90

第5章 系统安全与辅助服务 ······ 92
5.1 引言 ··················· 92
5.2 辅助服务的需求 ············· 92
 5.2.1 电力系统安全性防御的重要性 ··· 93
 5.2.2 有功功率的平衡问题 ········ 95
 5.2.3 无功功率的平衡问题 ········ 95

5.2.4　输电元件的传输能力问题 ………… 97
　5.2.5　电力系统的动态问题 …………… 99
　5.2.6　黑起动 ………………………… 99
5.3　获取辅助服务的机制 ………………… 99
　5.3.1　强制机制 ……………………… 99
　5.3.2　市场机制 ……………………… 100
　5.3.3　需求侧提供辅助服务 …………… 100
5.4　辅助服务市场机制的实现 …………… 101
　5.4.1　备用容量的确定 ………………… 101
　5.4.2　电能与备用联合交易的市场
　　　　　模式 ………………………… 101
　5.4.3　基于风险约束的备用配置方法 … 107
　5.4.4　成本分摊 ……………………… 108
5.5　发电商的决策问题 …………………… 111
思考题 …………………………………… 113

第6章　电力市场与输电网 ……………… 115
6.1　引言 …………………………………… 115
6.2　双边交易与物理输电权 ……………… 115
　6.2.1　输电阻塞的发生 ………………… 115
　6.2.2　物理输电权 …………………… 116
　6.2.3　物理输电权的实施问题 ………… 116
6.3　集中交易与节点电价 ………………… 121
　6.3.1　集中交易中输电网的作用 ……… 121
　6.3.2　节点电价的数学模型 …………… 124
　6.3.3　阻塞剩余 ……………………… 130
　6.3.4　节点电价的深入讨论 …………… 131
　6.3.5　集中交易系统中阻塞风险的
　　　　　管理 ………………………… 135
　6.3.6　输电网的损耗 …………………… 140
6.4　输电建设成本的分摊 ………………… 144
　6.4.1　邮票法 ………………………… 144

　6.4.2　合同路径法 …………………… 144
　6.4.3　边界潮流法 …………………… 145
　6.4.4　兆瓦—千米法 ………………… 145
　6.4.5　长期边际成本法 ……………… 146
　6.4.6　短期边际成本法 ……………… 147
思考题 …………………………………… 147

第7章　发、输电投资分析 ……………… 150
7.1　引言 …………………………………… 150
7.2　发电投资的技术经济分析基础 ……… 150
　7.2.1　技术方案的经济评价 …………… 150
　7.2.2　发电投资分析 ………………… 151
　7.2.3　发电机组的退役 ………………… 152
　7.2.4　周期性需求对发电投资的影响 … 155
7.3　发电投资的激励机制 ………………… 157
　7.3.1　电价驱使的发电容量扩建 ……… 158
　7.3.2　容量电价机制 ………………… 159
　7.3.3　容量市场 ……………………… 160
　7.3.4　可靠性合同 …………………… 161
7.4　输电系统的作用与性质 ……………… 162
7.5　基于成本的输电扩建 ………………… 163
7.6　基于价值的输电扩建 ………………… 163
　7.6.1　输电价值的定量分析 …………… 163
　7.6.2　输电的需求函数 ………………… 165
　7.6.3　输电的供给函数 ………………… 166
　7.6.4　最优的输电容量 ………………… 167
　7.6.5　约束成本与投资间的均衡 ……… 167
　7.6.6　负荷波动的影响 ………………… 169
　7.6.7　输电投资的回收 ………………… 172
思考题 …………………………………… 174

参考文献 …………………………………… 176

第1章 绪 论

1.1 电力市场与电力系统经济学

自 20 世纪 80 年代末开始,许多国家的电力工业都在进行打破垄断、解除管制、引入竞争的电力体制改革,目标是建立电力市场,即建立通过市场竞争确定电力供需价格和数量的机制。毫无疑问,电力市场能够更合理地实现资源配置,提高资源利用率,对于促进电力工业与社会、经济、环境的协调发展作用巨大。

资源是稀缺的,如何充分利用并最大限度地生产有价值的商品是经济学的研究主题。即,经济学研究生产什么和生产多少、如何生产以及为谁生产。要回答这些问题,就要探求供给与需求的规律、研究生产原理和企业组织、分析企业的市场行为以及政府的经济职能等。当这种研究具体到电力工业,就成为电力系统经济学。因此,电力系统经济学要研究电力工业发、输、配电各环节如何协调生产、如何最大限度地发挥电力工业的效率,要将电力系统物理规律与经济因素统一考虑,不仅用电压、电流等物理量来衡量电力系统,而且要考察价格、成本和利润等一系列的经济信息,尤其重要的是,还要协调整个系统的运行。电力系统经济学的研究主题是与时俱进的。

在电力工业的发展过程中,运营体制并非是一成不变的,垄断也不是与生俱来的。实际上,在电力工业的早期,各发电厂及其供电用户自成系统,电厂的运营与一般工厂没有太大的区别,竞争是不言而喻的。自 20 世纪 30 年代开始,伴随着交流输电技术、变压器以及汽轮机技术的出现和发展,电力工业的规模经济优势逐步显现,大多数工业国家开始建立基于大规模电力系统的发、输、配一体的垄断式电力工业。发电厂互联后,系统就有了统一调度的可能,电力工程师面临着如何实现系统最优调度的挑战,这成为最早的电力系统经济学问题。法国学者早在 20 世纪 30 年代即开始了这方面的研究。系统规划、发输电投资以及电价制定方法等相继成为电力系统经济学关注的焦点。

20 世纪末,在西方经济全面解除管制的大背景下,电力工业的垄断变得格外引人瞩目,其弊病饱受争议;与此同时,随着电力工业技术的不断发展,发电的规模效应正在减退,电网越来越强壮,同时计算机、通信等相关技术也日益进步,进一步动摇了电力工业垄断的基础。一些经济学家注意到这些问题,并开始投身电力系统领域的经济现象和经济规律研究。1988 年,经济学家 F. C. Schweppe 提出了实时电价理论,电力工业市场竞争的理论基础由此建立,引发了一场世界范围的电力改革浪潮。竞争在电力工业中应该如何实现、竞争性实体和基础设施之间应如何协调、竞争环境下各方的经济利益如何平衡,这些问题推动着电力系统经济学研究进入了一个新的发展阶段。当前,电力市场已成为电力系统经济学的研究核心。本书将以电力系统经济学原理为基础,展开对电力市场化相关问题的探讨。

如前所述,电力工业的垄断经营在一定时期是有其合理性的,并且垄断模式运营的电力工业,对社会做出了不可估量的贡献。首先,电力已成为社会进步、人类生存不可或缺的商品，据估计，通过输配电网络输送的电力大约每8年增长一倍。同时技术的进步促进了发、输、配电可靠性水平的提高，以至于在很多发达国家和地区平均停电时间小于2min/a。目前，输电电压等级已超过1000kV，输电距离已超过几千千米，1000MW机组已经出现，并且发、输、配电与用户达到在线自动控制的水平。那么，为什么还要引入竞争呢？

随着电力系统规模的扩大，垂直一体化模式下的管理成本日益增加，经济学家认为其存在以下三方面的问题：①电力工业的垄断模式会抑制其高效率运营的积极性，会滋生一些不必要的投资；②垄断模式下电力工业运营不当带来的失误和产生的损失基本由用户承担，这是不应该的；③垄断模式下电力公司作为公用事业部门与政府联系太密切，往往受到不必要的干预，失去投资的活力。

竞争与管制下的垄断最大的不同在于由谁承担风险，这些风险包括：电力需求变化和价格波动的市场风险，设备故障停运和技术落后带来的技术风险，人员配置、设备维护与投资决策方面的管理风险以及信用风险等。在垄断模型下，用户是风险的主要承担者，虽然监管机构尽力监管投资决策，也会对出现重大失误的企业进行惩罚，但是用户仍不得不为很多的企业失误买单，如企业因采用落后技术而造成的效率损失，因高估需求而造成的发电容量过度冗余等。进入竞争市场后，发电商将成为自身运营风险的原始承担者。在技术进步、运行维护和建设投资方面的成功管理和决策会为他们带来丰厚的利润，反之，失误的后果也只能由他们自己承担。

曾经的一些传统垄断行业，如航空业、运输业、燃气业及通信业等，已经成功解除了管制。因此，虽然电力商品有其特殊性，但有经济学家认为这并不是不可逾越的，它应该而且能够和其他商品一样地对待。如果电力商品的供应能遵循市场机制，电价可能会降低，整个社会的经济效益会更好。

最后，也必须指出，虽然目前电能储存和分布式发电技术有所进步，但仍无法实现商业化运行，因此，大量的、长时间持续的电力供应仍需要由大型发电厂提供，并经输配电网输送给用户。这种技术基础决定了电力市场不同于一般商品市场的特殊性。于是，本书的内容这样安排：第2章给出经济学的基本概念，第3章和第4章集中讨论在理论上电能的生产是怎样从电力系统的运行当中分离出来的，以及电能在竞争市场上进行交易的基本经济思想；第5章和第6章集中讨论辅助服务问题，以及输电网对电能交易的影响；第7章集中讨论发输电规划及投资的市场化问题。

1.2 电力工业运营的参与实体

在深入展开电力市场理论的讨论之前，先介绍一下在电力工业的运营中充当各类角色的公司和机构，市场中这些参与实体的作用与动机将在随后的章节里有更加详细的讨论。由于每个国家与地区的电力工业有着不同的运营模式、发展方向和发展速度，因此这些实体类型不一定会同时出现在一个市场中，而且在有些情况下，一些公司或机构也会同时兼具多个实体的功能。

1）垂直一体化集团公司（Vertically Integrated Utilities）：在一定地理区域内，垂直一体化地从事发电、输电及配电业务的电力公司。在传统管制方式下，这些公司建设自己的发厂、协调计划发电量和输电量，在所辖区域内实施电力供应的垄断服务。当所在区域的电力工业引入竞争后，这些电力公司的结构必然要进行调整，不同业务环节将加以分离；或者在更大范围的市场上，这些公司可作为市场一员参与竞争。

2）发电公司（Generating Companies，Gencos）：生产并出售电力的公司。另外也出售如系统频率调节、电压控制以及备用等辅助服务，以使系统能保持运行的安全稳定并保证电力供应的质量。发电公司可以拥有一个或多个发电厂。在发电与输电没有完全分离之前，独立于垂直一体化电力公司的发电公司又被称为独立发电商（Individual Power Producer，IPP）。

3）配电公司（Distribution Companies，Discos）：拥有并运营配电网的公司。在传统模式下，配电公司对某一地域具有供电垄断权，接入该地域网络的用户只能接受本地配电公司的默认服务。在配电业务解除管制后，电力销售将从配电网的运行、维护及规划中分离出来，当地配电公司的销售子公司会成为零售商之一，与其他有资质的零售商一起加入电力销售竞争。

4）零售商（Retailers）：从批发市场上购买电力并销售给不愿意或者不被允许在批发市场参与交易的用户。零售商不必拥有发电、输电及配电资产，但部分零售商可能是发电公司或配电公司的附属公司。零售商的业务没有地域限制，它可以同时为接入不同配电网络中的用户提供服务。

5）市场运营机构（A Market Operator，MO）或电能交易所（Power Exchange，PX）：负责组织供求双方实施电能交易的市场机构。他们运用计算机系统，根据买方和卖方提交的投标，匹配合适的交易量，并对成交的交易进行结算。一般情况下，MO 或 PX 运作的是独立的以盈利为目的的非实时市场，发电与用电瞬时平衡的实时市场则由独立系统运行机构（ISO）负责运营。

6）独立系统运行机构（Independent System Operator，ISO）：负责电力系统的安全稳定运行并向所有输电系统用户提供服务。之所以称其为独立的，是指在竞争环境下，他必须公平地对待每一个市场参与者，不从发电和供电市场获得经济利益。ISO 一般仅拥有计算机与通信设备，用以实现对电力系统的监控。某些市场模式下，ISO 在承担系统运行任务的同时也充当市场运营机构的角色。

7）输电公司（Transmission Companies，Transco）：拥有输变电设备，如输电线路、电缆、变压器及无功补偿设备等的公司。他们依照 ISO 的指令来管理这些设备。输电公司有时也拥有发电子公司，而没有自己发电厂的独立输电公司（ITC）可担任 ISO 的角色。

8）监管部门（The Regulator）：政府机构，负责保证电力市场运行的公平、公正、公开。他们决定市场的运行规则，调查、监督滥用市场力的可疑行为，同时也为垄断部门（输配电网）所提供的产品和服务设定价格。

9）用户（Consumers）：在市场环境下，用户被按照用电量的规模分为小用户（Small Consumers）和大用户（Large Consumers）。小用户接入当地配电公司的网络，从零售商那里购买电力，当市场上有多家零售商时，他们有权进行选择。而大用户在电力市场中被赋予更多权力，可以直接从批发市场上购买电力。有些大用户直接与输电系统相连，并具备控制自身负荷的能力，可成为 ISO 用来控制系统运行的一种资源。

1.3 电力工业的运营模式

所谓电力市场化改革,即通过建立充满竞争和选择的运营环境以提高电力工业的整体效率。竞争使发电商或供电商有机会通过降低成本而获得更大的经济利益,而选择则有利于用户降低用电成本,增强竞争力。受电力工业发展历史及技术水平、经济和社会制度及发展状况等多种因素的制约,各国家和地区在是否进行电力改革、改革采取何种力度上有各不相同的决定,具体表现为电力工业发电、输电、配电和供电四个环节中垄断、竞争和选择的程度和形式多种多样。概括起来说,电力工业的运营模式从发、输、配电垂直垄断的管制状态到供、需双边全面竞争的高度市场化状态,其演变过程可以总结为四种模式。这些模式相互区别的关键点就在于电力工业各业务环节中引入竞争的程度以及谁有权选择竞争市场中的发电商,4种模式依次提供了逐渐增多的选择,也逐步缩小了垄断的范围。

1.3.1 垄断模式

垄断(Monopoly)模式是电力工业纵向高度集成的经营模式,如图1.1所示。其中,图1.1a描述的是发电、输电及配电全部一体化经营的电力公司;图1.1b中,发电与输电同属于一个部门,该部门向所在区域内一家或多家垄断经营配电部门出售电力商品。在垄断模式下,任何一个地区只有一家电力公司拥有和运营所有的发电厂以及输电和/或配电系统,并负责经营相关业务,但电力公司在行使专营权力的同时,也必须接受政府主管部门的管制,承担向服务区域内用户供电的责任和义务。这种模式并不排除不同地域电力公司之间的双边交易,如图1.1所示,这些交易仅发生在批发层面上,最初主要是为确保系统安全稳定运行的紧急功率交换,

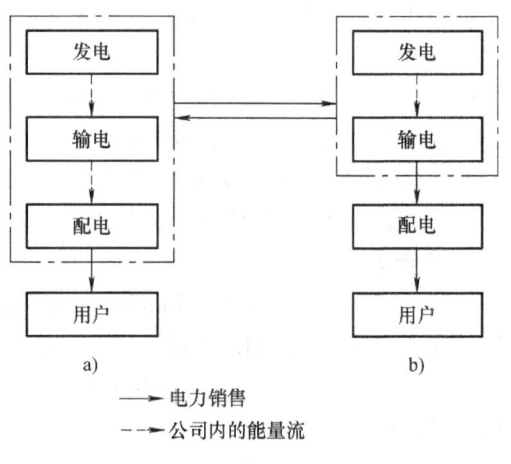

图1.1 垄断模式
a) 电力公司完全垂直一体化
b) 配电业务由一家或多家公司经营

后来也逐步发展出经济功率交换。这种模式已存在了上百年,如今在世界很多国家和地区仍在沿用。

1.3.2 单一买方模式

单一买方(Purchasing agency)模式只允许有一个买电机构,即拥有输电网的电力公司,它向下对配电公司、向上对发电商同时具有买卖垄断权,其所设定的价格是受到管制的。图1.2a所示往往是这种模式的最初形态,是电力工业引入竞争的第一步,此时电力公司不再拥有全部发电容量,出现了独立发电商(IPP),它们将电力趸售给电力公司;图1.2b所示是单一买方模式的进一步演变,电力公司的发电业务全部分离出去,不再拥有任何发电容

量，他们向配电公司趸售的电力全部购买自 IPP，像图 1.1b 一样，配电公司可以是分离开的。单一买方模式中发电市场缺乏充分竞争所需的足够多买方，因此 IPP 的利益依赖于长期合约的设计，且这种模式竞争有限，仅仅在发电环节引入了竞争，难以形成自由市场经济的价格发现机制。尽管如此，单一买方模式毕竟迈出了电力竞争的第一步，而且在电力需求增长较快的发展中国家，常采用该模式作为吸引民间电力投资的重要途径。

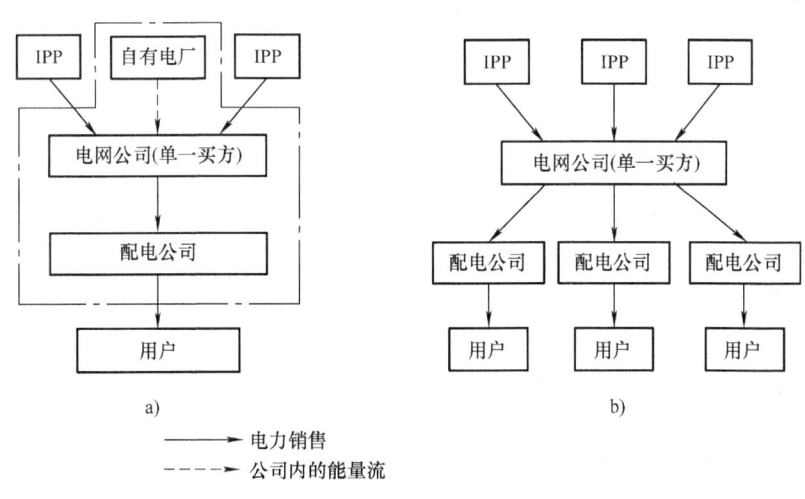

图 1.2　单一买方模式
a）一体化模式　b）分离模式

1.3.3　批发竞争模式

如图 1.3 所示，批发竞争（Wholesale competition）模式的特点是，出现了电能批发市场，在批发市场中配电公司可直接向发电商购电，大用户也被允许自主购买电力。批发市场可以是联营体或者双边交易的形式，详细内容将在第 3 章讨论。在批发交易的层面上，仍然需要集中进行的运作是实时平衡市场的运营及输电网络的运行。在零售层面上，系统仍将处于集中控制之中，因为配电公司不仅运营本地的配电网，在批发交易中也是代表它所辖区域内全体用户的利益。

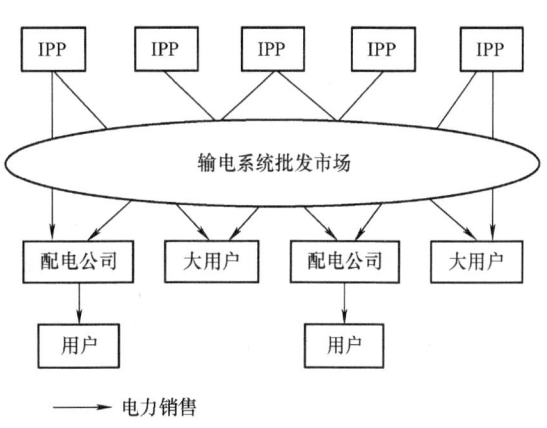

图 1.3　批发竞争模式

这种模式下，市场交易中有众多的卖方，同样也有足够多的买方，因此电能批发价格是由供给与需求之间的相互作用来决定的。但是，零售电价仍然要受到管制，这是因为大多数用户无权选择供电商，配电公司提供的还是垄断式服务。

1.3.4 零售竞争模式

零售竞争（Retail competition）是电力市场发展的最终模式，如图1.4所示。在这种模式下，所有用户都可以自由选择供电商。受交易成本的制约，只有大用户才会直接从批发市场上购买电力，中小型用户一般从零售商那里购电，而零售商在批发市场上购电。此时，配电公司的电网运营活动通常与电力零售活动分开，其零售子公司可参与电力零售竞争，但配电公司不再对其电网覆盖地区的电力供应拥有垄断权。这种模式中唯一保持垄断状态的环节就是输电网和配电网。

一旦充满竞争的市场建立起来，零售价格将不再受管制，因为消费者可以通过选择电价更便宜的零售商来保障自己的权益。从经济学角度来讲，

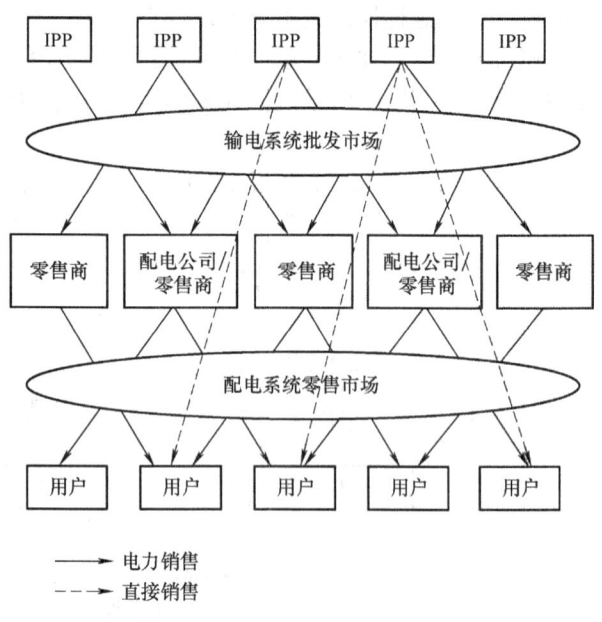

图1.4 零售竞争模式

这种模式是最令人满意的，因为电价都是通过市场机制作用而形成的。但是实现这种模式需要基础设施的支撑以及大量的复杂工作，如计量、结算、通信与数据传输等配套设施的建设与运行。因为输电与配电网络仍然是垄断的，所以输电与配电费用仍需以管制为基础向参与者收取。

总之，从经济学的角度看，竞争无疑是对电力生产所涉及的资源进行最优配置的最好形式。与此相对的是，电力工业仍存在不容忽视的规模效应，对规模经济的追求很可能导致垄断难以打破或者竞争没有生存空间；另一个问题就是电力工业横向和纵向分拆后将导致内部交易外部化，特别是在许多发展中国家，由于电力工业缺乏牢固的商业化运营基础及完整的商业经营法律框架，产生的交易费用会非常高，完全可能抵消竞争所带来的效益。两相权衡，对于发展中国家，在规模经济效益突出或交易费用过高的系统中，会趋向于保持垄断经营，或者采用单一买方型运营模式，方便在发电侧吸引投资；而对于工业发达国家来说，则既有完善的电能计量和交易基础设施，又有成熟的商业运营经验，批发竞争模式和零售竞争模式会是更有吸引力的选择。

最后，需要指出的是，虽然在许多国家，电力行业竞争的引入是伴随着电力工业的私有化改革一同进行的，即政府首先把公有制的电力企业卖给私人投资者，再在这些企业间开展市场竞争。但是，由上述4种模式的讨论可见，没有一种模式要求必须对应特定的所有权形式，因此私有化并不是引入竞争的前提，而电力市场发展的实践也已经证明，公有制企业可以并且在很多情况下正在和私有企业进行竞争。

1.4 电力工业的市场化改革目标及制约因素

实施电力工业改革、建立竞争性电力市场是一个复杂的过程，其主要原因是改革有多重目标，而且相互之间有矛盾。这些目标主要包括：
- 用户希望低电价、高服务质量和安全稳定供电；
- 电力企业的股东希望得到较高的投资回报；
- 电力公司希望获得更大发展空间；
- 政府希望实施全国性的能源政策和与经济发展相适应的电力发展方针；
- 环境保护组织希望减少污染；
- 监管者希望能够通过竞争实现资源的最优配置。

一个国家或地区电力工业改革的具体实施方案必然是上述目标相互平衡的结果，这需要根据各地经济发展的不同阶段和电力发展的不同水平，明确改革的主要目标和次要目标后加以确定。

一般情况下，工业发达国家电力富裕，用电增长缓慢，对电力增容需求不大，因此推动他们开展电力改革的首要动机是降低电价，提高效率，为用户提供更多的选择，同时确保系统的安全性和可靠性。而发展中国家往往对新建和扩建电力设施所需的资本具有很大的需求，而且因缺乏健全的机制造成的电价交叉补贴现象严重，用户承受电力改革成本的能力有限，因此发展中国家电力改革的首要目标是吸引电力投资，建设充足的发电容量和扩建、升级电力设施，提高系统的安全性和可靠性；降低电价，提高效率和为客户提供更多的选择则变得相对次要。因此，不同经济和技术发展水平的国家，电力改革的道路是不同的。

电力工业改革目标的实现受到多种因素的制约，其中最主要的，一是改革旧体制的代价，二是对系统安全可靠性的保证。电力市场改革必然伴随着对电力工业旧体制的一系列横向和纵向拆分，诸如资产拆分、人员安置、合约履行等，出现问题和付出代价是难以避免的，每个国家和地区都要承担。

改革对系统安全可靠性的影响应从两方面加以考虑：系统实时运行的安全稳定性和发、输电设施扩建的充足投资。不容置疑，电力工业的垂直垄断模式在协调系统各部门的运行方面有着突出的优势。例如，输电网的检修可以与发电机组的检修一起安排来减少输电阻塞的发生；通过规划可确保输电容量、电网拓扑结构与发电容量、机组地理位置相适应。引入竞争就意味着放弃集中的控制和协调的规划方案。

对于系统实时运行而言，已经有足够的证据表明，厂网分开、发电竞争并没有必然地降低整个系统的稳定性水平，但很难证明的是，竞争的电力系统比集中管制的电力系统运行效率更高。问题的关键是，在利益驱动下市场参与者更好地进行管理所带来的个体效益的提高是否足够补偿在市场参与者之间进行协调的成本。本书第3~6章将分别从电能市场的结构及运作、市场参与者的特性、辅助服务市场的作用及运作，以及输电网对电能交易的影响及协调机制等方面对此展开讨论。

市场环境下，发、输电设施投资将由市场参与者而不是垄断企业的独家规划机构来决策：一方面，各市场参与者追求利润最大化而做出的投资决策，将会避免垄断企业易于出现的过高估计所需要的发、输电容量大小，令消费者不得不为不必要的投资买单的现象；另一方面，市场参与者根据市场价格决定是否建设，在何处、何时建设以及建设什么，可能难以保证发、输电能力的平稳增长，难以协调电厂建设和电网建设的同步发展。同时，输电及配电网络至今为止被认为是具有自然垄断性的，拥有两套独立的、竞争的输电网络及配电网络显然不现实，而且基于经济性与可靠性上的考虑，所有线路、馈线及其他设备都应该接入同一个系统。因此，输电设施投资的另一个争议问题是，是否所有的输变电设备必须由一家公司拥有。发、输电投资问题将在第7、8章详细讨论。

1.5 国内外电力市场的发展状况

1.5.1 国外电力市场的发展状况

自20世纪80年代中后期起，世界各地的电力市场建设已经走过了20多年。除非洲和亚洲部分国家以外，世界上大多数国家，不论是发达国家还是发展中国家，都已经或正在进行电力工业的市场化改革。由于各国的国情不同，改革的背景也不尽相同，因此在按照市场经济的一般规律和电力工业的基本规律，实行电力企业重组，建立竞争机制的过程中，改革的力度和推进改革的方法上存在差异。

电力工业的市场化改革需要解决体制、机制、技术和利益分配等诸多方面的问题，不可避免地要经历一个不断探索和逐步完善的过程，各国的电力市场实践中蕴藏着丰富的成功经验和失败教训。本节对欧、美、俄罗斯等国家和地区比较有代表性的电力市场进行介绍。

1. 英国的电力改革

英国是电力市场化改革的先锋，其改革始于撒切尔时代。撒切尔夫人坚信"市场万能"，上台后力主减少政府对经济的直接干预，进行了一系列国有行业私有化改革。英国输电系统由英格兰和威尔士系统、苏格兰系统和北爱尔兰系统三部分组成。改革前，各区域的电力工业由地方政府实施纵向一体化垄断式管理经营。1988年2月英国发表《电力市场民营化》白皮书，拉开了电力市场化改革的序幕，电力工业逐步完成了结构调整和私有化。改革后，在英格兰和威尔士地区，原国营的中央发电局拆分成三家发电公司和一家高压输电公司，配电系统也重组成12个地区配电公司。

英国的电力市场改革主要经历了三个阶段：电力联营体（Electricity Pool）模式、新电力交易协议（New Electricity Trading Arrengement，NETA）模式、英国电力交易和传输协议（British Electricity Trading and Transmission Arrengement，BETTA）模式。英格兰和威尔士电力联营体于1990年3月31日开始交易。电力联营体是一个强制性的、单边的日前市场，从1998年起，开始允许大于1MW的用户选择供电商。电力联营体的电价和发电计划由发电商的复合标竞价确定，为了克服市场电价波动带来的不确定性，电力联营体中的电能交易一般都附带一个金融合同，最常见的是差价合同。计划电量和实际电量之间的不平衡量所产生的费用由所有的市场参与者分摊，而且用户必须支付一定的容量费用。市场运营机构和系统运行机构的职能没有完全分开，市场由所有的市场参与者共同管理。电力联营体的运行总体上是成功的，但仍存在一些问题主要有电价波动较大、电价制定方法复杂而且透明度低、用户不能直接参与电价的制定过程等。因此，2001年3月27日，NETA施行，英国电力改革进入第二阶段，以多个市场和双边合同取代强制性电力联营体。NETA设有远期合同市场、期货市场和短期现货市场,大多数电能交易是电能交易商在电能交易所通过自由谈判以双边合同形式进行的。为消除供需不平衡,NETA 还设计了调节发电和负荷运行水平的平衡机制,并提供一种接近实时的结算机制针对市场参与者的合同电量和实际电量之间的偏差量进行定价和结算。2004 年 7 月,BETTA 推出,旨在将英格兰和威尔士(E&W)地区成功的电力市场模式扩展到苏格兰,打破苏格兰发电领域内的行业垄断,建立以 E&W 模式为基础的统一电力交易、平衡和结算系统,并统一输电定价方法和电网使用合同体系。2005 年 4 月 BETTA 正式实施,英国输电系统的三部分合并为一体,由国家电网天然气公司经营。

英国电力工业的监管机构(Office of Gas and Electricity Markets,OFGEM)是一个独立于政府的组织,同时监管天然气和电力两个市场,对电力工业的监管主要依据电力法的授权,为发电、输电、配电和供电等各类业务活动颁发业务许可证,监督这些许可证相关条件的执行情况,并且对违规行为有权作出处罚。

2. 美国的电力市场建设

改革前,美国的电力工业基本上是地区性垄断经营的,但电力公司并非国营性质。最初的改革兴趣开始于零售市场价格较高和批发与零售差异较大的那些州,如加利福尼亚州、宾夕法尼亚州、纽约州等,工业用户、独立发电商和可能的市场参与者们迫切希望通过引入竞争,促成零售价格的显著下降,以享受到批发市场中的低电价。

1996 年,联邦能源管理委员会(FERC)出台了 888 号和 889 号法令,详细规定了电力公司开放准入的输电服务价格和辅助服务价格,并且规定发电和输电必须从功能上分离,无歧视对待所有的发电商。这些法令的颁布对美国一些地区电力市场的形成产生了积极的促进作用。针对输电网开放实践中出现的问题,FERC 又提出发展地区输电组织(Regional Transmission Organization,RTO)(1999 年 2000 号法令),可以在提高供电可靠性、消除准入歧视、改善市场效率,以及便于政府监管等方面获取最大的区域效益。

美国目前已经形成的有组织的电力市场区域包括:新英格兰(ISO – NE)、纽约(NYISO)、PJM、德克萨斯(ERCOT ISO)、加利福尼亚(CAISO)、中西部(MISO RTO)和西南部(SPP RTO)等,其他如东南部、西北部等区域有组织的电力市场正在酝酿或发展,但尚未成型。在所有的区域中,目前都存在短期的双边电力交易,主要是日前双边交易,用以满足下一天的负荷需求。在有组织的电力市场区域内,则存在着日前市场和实时市场,所有的 ISO 和 RTO 都不组织长期电力交易市场,所有的长期交易均以双边合同形式实现。美国各市场的发展并不统一,有成功的经验,也有失败的教训,北美地区最大的互联电力系统 PJM 和加利福尼亚州是两个典型的代表。

加利福尼亚州放松电力管制后,2000 年夏季出现了规模空前的电力危机,停电警报频发,批发电价飞涨,供电公司入不敷出、濒临破产。危机的根源,除了天气异常炎热、燃料价格上涨等客观原因外,电力市场的设计缺陷是不容回避的因素。与世界其他市场相比,加利福尼亚州市场最大的一个不同点是缺少合同或其他形式的长期供电协议:三大电力公司被强迫出售 50% 的发电容量,同时不允许与任何发电商签订任何长期稳定的供购电合同,必须 100% 从现货市场购电。这样,加上市场冻结对最终用户的零售价格,当批发市场价格大幅波动和上涨时,电力公司必然面临价格倒挂,最终因财政入不敷出而申请破产保护。保证电网用电增长需要的系统容量增加和输电线路扩建责任不落实,寄托于市场的自我调节,也是导致该州供电紧张、电价上涨的重要原因之一。加利福尼亚州的电力危机引发了电力专家、经济学者和政策制定者对将竞争引入电力工业的可行性及意义的重新思考。一个重要的共识由此产生，即电力商品具有不同于一般商品的特殊性，设计一个强壮健康的电力市场要求市场设计者们在技术上对电力系统有充分的理解和认识。

PJM 的市场转型被认为是成功的范例。PJM 运行有日前能量市场、实时能量市场、每日容量市场、每月和多月的容量市场、调频市场、旋转备用市场和金融输电权的每年和每月拍卖市场。其成功经验有：①市场的改革和发展循序渐进，首先将各电力公司发电、输电、配电、供电进行功能性分离，财务分开核算，建立联营市场，有利于实现平稳过渡；②市场提供了灵活的交易机制和多样化的交易种类，为市场成员提供了充分的选择权和防范风险的手段；③系统运行及规划集中由 PJM ISO 负责管理和协调，有效地保证了供电的安全性和可靠性；④负荷服务企业（电力公司及供电商）必须满足它们应该分担的一部分系统容量，即容量责任，不足将受处罚。满足容量责任的途径有：本公司电厂；双边交易合同；日或月容量市场。电力市场交易容量约占 15% 左右。容量市场可以令发电商在电能交易之外通过容量交易获得一定的收入，为新建和扩建发电容量积累资金，有利于保证发电容量的稳定增长。

传统上，美国电力工业受州政府监管。各州对于竞争性批发和零售电力市场建设以及电力公司重组有着不同的观点，因此改革很大程度上依赖各州和 FERC 的合作以使用其有限的州立法案来支持。FERC 于 2002 年 7 月 31 日颁布《标准电力市场设计》，试图为全美各区域的电力批发市场建设提供一个有效的统一标准。2009 年《美国清洁能源安全法案》推出后，由于市场设计需要继续完善以适应可再生能源的大规模接入，该标准已暂停执行。

3. 欧盟电力市场

欧盟电力市场化改革始于 1990 年，目的是要消除各成员国之间的壁垒，建立跨国电力企业和实现跨国电力供应，营造欧盟范围内统一的电力竞争氛围。20 多个成员国均已开展电力市场化改革，到 2008 年，除少数国家外，大多数国家已实现对所有终端用户开放购电选择权。

96/92/EC 指令（又称电力指令）和 2003/54/EC 指令（也称加速指令）是欧盟电力市场化改革的重要法律依据，虽然其推动欧盟各成员国逐步取消了电力企业的垄断权利，但是并未要求对电力企业进行产权私有化和纵向拆分。在该指令下，电力企业仍可采用垂直一体化的结构，但必须为其发电、输电、配电和售电业务设立单独的账户；供电市场可采用第三方接入、单一买方等多种业务模式。

欧盟委员会负责组织制定并执行电力行业法规和竞争规则，欧洲法院以及各国司法部门负责进行监督。各成员国根据欧盟加速指令要求建立的能源监管机构，负责监管本国电网无歧视开放、电力市场有效竞争、有序运作和监管电网互联。在遵循一定统一原则的前提下因地制宜，因势利导是欧盟电力市场建设的突出特点。

在欧盟之内，北欧电力市场（Nord Pool）是跨国区域电力市场的一个成功典范。它由北欧五国中的丹麦、芬兰、挪威和瑞典 4 国组成，市场发育成熟，是最早进入零售竞争模式的区域电力市场。北欧电力批发市场包括 4 部分：一是柜台交易市场；二是双边交易市场；三是由北欧电力交易所运营的现货市场、平衡市场和金融市场；四是由各国输电公司负责运营的实时市场。其中，发电公司和用户可通过柜台交易市场和双边交易市场自行签订长期发电合同，但要通过系统运行机构的输电安全校核；北欧电交所统一组织日前发电计划的现货市场交易；平衡市场是现货市场的重要补充，在现货交易结果公布后开放，直至任一交易时段的实时调度前一小时结束；金融市场可以进行期货、期权和差价合同交易，为交易成员提供了多样化的风险管理工具；各国输电公司运营的实时市场用来平衡实时运行中出现的系统不平衡量。这样，北欧电力市场95%的电力、电量可通过期货和现货交易实现，发电企业根据合约自行安排发电计划并组织发电，交易信息需告知电网调度机构；另有5%左右的电力需要通过电网调度机构组织的实时平衡交易来实现，以保证电网稳定运行。

4. 俄罗斯的电力市场

俄罗斯在很多方面与我国有相似之处。例如，同样经历了从计划走向市场的经济机制转轨；同样处于经济快速发展，电力供应相对短缺，电力建设亟待加强的时期；同样存在幅员辽阔，但经济发展与能源分布不对称的情况。因此，俄罗斯的电力市场改革经验对我国有更明显的借鉴意义。

前苏联的电力工业是计划经济体制，垂直垄断经营，归国家电力工业部主管。前苏联解体后，俄罗斯于1992年完成了电力工业的政企分开的改革，撤销电力工业部，组建俄罗斯统一电力系统股份公司（RAO），RAO仍然是集发、输、配、售电业务于一体的垄断经营集团公司。各地区的电力联合公司改组为地区电力股份公司，一般拥有并负责运营所在区域的配电系统、热电联产电厂、小水电及区域调度机构等，由RAO控股45%以上。但此次改革并没有打破RAO的垄断地位，股份制改革还因为出现一些个人和财团的从中谋利而受到诟病。此后，俄罗斯的电力改革进展缓慢，尽管提出了多个方案，但均未付诸实践。2001年1月，俄罗斯成立由不同利益集团代表组成的电力工业改革工作组，经过反复协商和充分论证，终于确定了一个在国家控制下向有竞争性电力市场平稳过渡的改革方案。改革的目标是建立适合电力行业特点的市场运行机制，即将高压输电、低压配电和电力调度界定为垄断性业务，坚持由国家所有和控制；发电、售电、维修服务等则界定为竞争性业务，推进产权制度改革。

2008年7月1日，RAO停止运营，除核电继续由国家经营管理外，旗下发电资产被拆分为1个水电公司、6家独立发电公司和14家区域发电公司（主要为热电联产机组），参与市场竞争，并在发电企业的重组中积极推进私有化。输电资产中220kV及以上的骨干电网由新成立的联邦电网公司所有，强调政府的控制；以地区配电网为基础，组建12个区域性配电公司，除莫斯科和圣彼得堡配电公司外，其余公司在2010年后进行私有化。电力零售业务仍由配电公司负责，并鼓励大用户直接购电。此外，俄政府还成立了独立的电力系统调度公司与交易机构。俄罗斯电力大致分为三个区域：欧洲区、西伯利亚区和远东区，其中欧洲区和西伯利亚区建立了以双边合约为主的区域电力市场，95%的电量参与政府管制电价的双边交易，另外5%的电量将参与电力现货市场竞争。现货市场实行日前报价，基于边际成本进行竞争。随市场的发展，竞价电量将逐渐增加比例。完全实行市场化后，合同电价将取代政府管制电价，容量电价通过自由双边合同或集中拍卖的形式定价，电量电价实行现货市场价格。

俄罗斯联邦能源部负责电力市场的大部分监管职能，重点加强对垄断环节的控制与监管。市场委员会作为非盈利和自律性监管机构，由发电、电网、售电企业和主要电力用户等组成，主要负责通用合同格式的审批，批发市场运行程序的核准，合同争议解决程序的审批，监管办法的核准，对违规行为的罚款处罚具体援引条款的审批等。

5. 电力市场的发展趋势

近两年，可再生能源和智能电网成为世界各国电力工业发展的焦点，也给电力市场的发展带来深远的影响。体制调整和强制性拆分已不再是世界各国电力市场改革的重心，为成本较高的可再生能源参与市场公平竞争创造环境，建立和完善促进可再生能源发展的市场机制，已成为当前电力市场建设的热点问题。多个国家已经开始在完善实时平衡市场和辅助服务市场，引入新的市场产品和定价机制，建立或完善绿色配额交易机制等方面展开探讨和实践。另一方面，智能电网建设为实现电网与用户之间的互动创造了越来越便利的技术条件，但互动作用还远未得到发挥，主要是互动途径不够充分。而市场机制被公认为是实现互动的最佳手段，国外在发展智能电网的同时正在不断完善电力市场的需求响应机制，也成为电力市场发展的重要趋势之一。

1.5.2 国内电力市场改革与发展

改革开放后，我国经济开始高速发展，但资金密集、技术密集的特点制约着电力工业的发展，电力短缺一度成为国民经济发展的瓶颈，电力改革的要求十分迫切。从1985年至今，我国电力工业大致经历了三个改革阶段：

第一阶段，1985年至1997年。1985年，我国开始实行集资办电、多渠道筹资办电的政策，从而揭开了我国电力行业改革的序幕。1995年，由于垄断体制的"独家办电"仍不能明显缓解电力短缺，我国又开始实行多家办电，允许外商投资，发电市场投资主体多元化，对电力发展起到重要推动作用。

第二阶段，1997年至2002年。1997年1月，国家电力公司成立，电力行业开始实施政企分开，公司改制。1998年8月，国家电力公司推出以"政企分开，省为实体"和"厂网分开，竞价上网"为主要内容的改革方案，并首先在上海、浙江、山东以及东北三省这六个省市开展发电侧电力市场试点，向着打破垄断、走向竞争的电力市场方向迈出了第一步。这一阶段的政府机构改革和产业、企业组织结构调整为市场化改革创造了体制条件。

第三阶段，2002年至今。2002年3月，国务院出台《电力体制改革方案》，明确了电力市场化改革的总体方向，提出构建政府监管下的政企分开、公平竞争、开放有序、健康发展的电力市场体系，确立"厂网分开、主辅分离、输配分开、竞价上网"4大改革任务。2002年10月，中国电力监管委员会成立。2003年12月，国家电力公司完成电力资产重组，拆分为两家电网公司、5家发电公司和4家辅业集团等11家公司。中国的电力工业由此进入了一个新的发展时期。

我国电力市场建设的重点是培育和建设区域电力市场。2004年1月15日，东北区域电力市场模拟运行在辽宁沈阳正式启动，成为我国第一个正式建立的区域电力市场。东北电力市场于2005年转入试运行，2006年年度竞价后，由于产生较大数额市场亏空难以消化等原因，暂停了试运行，进入总结阶段。东北电力市场取得的阶段性成果包括：试行了发电侧两部制电价、全电量竞争模式；大用户直接交易试点取得突破，组织开展了国内首例跨省大用户直接交易；发电权有偿替代交易全面推进，送华北电量交易实现市场化，跨省调峰辅助服务实现市场交易。但是，缺乏双边交易的体制保障，缺乏上网电价与销售电价间的传导机制，全电量竞争模式下未设计风险管理手段，电网薄弱和规则缺陷造成市场局部市场力问题突出等，这些都是东北电力市场有待解决的问题。

华东区域电力市场于 2004 年 5 月 18 日启动模拟运行，2006 年 4 月进入试运行阶段，采用"全电量竞争加差价合约"的市场模式，按市场价格结算的电量约占总电量的 10%。2009 年 6 月，国家电监会批准华东电力跨省集中竞价交易制度化、规范化运行。根据《华东电力市场跨省集中竞价交易规则（试行）》，跨省集中竞价交易以季度、月度交易为主；在条件成熟的情况下，可逐步开展年度及月内集中交易。在华东电力市场跨省集中竞价交易中，购电主体为华东电网有限公司，上海市、江苏省、浙江省、安徽省电力公司、福建省电力有限公司以及华东区域内经国家批准的可以参加直接交易的电力大用户；售电主体为除购电省（市）外，华东电网内拥有单机容量在 30 万 kW 及以上常规燃煤脱硫机组的发电企业及受发电企业委托的省（市）电力公司。

目前，我国电力行业的厂网分开已彻底实现，电网企业的主辅分离已取得实质性进展，输配电体制改革也已基本理清了总体思路和方法路径。但输配分开的改革工作一直难于推进，电力体制改革步伐仍显缓慢。"十二五"规划中提出，要深化电力体制改革，稳步开展输配分开试点，积极推进电价改革，推行大用户电力直接交易和竞价上网试点，完善输配电价形成机制，改革销售电价分类结构，积极推行居民用电阶梯价格制度，这为我国电力市场改革的发展明确了方向和任务。

思 考 题

1.1 运用电力工业四种运营模式的分类方法，分析某一电力市场的情况，讨论它是什么模式。

1.2 针对思考题 1.1，分析其中参与者的类型。对照本章的描述了解这些参与者的基本功能，分析哪些参与者具有部分垄断或完全垄断性质。

1.3 电力监管部门有何作用？

1.4 选取一个国家或地区的电力市场，指出其市场运营机构和系统运行机构分别是谁？这两个机构什么情况下需要分立，什么情况下可以合二为一？

1.5 一定模式的电力市场的实施取决于当地的具体情况。试分析某地区电力市场模式的具体原因。

1.6 你认为国外电力市场改革有哪些经验值得我们借鉴？

第 2 章 经济学的基本概念

本章主要介绍微观经济学理论的基本概念，同时解释一些在电力市场研究文献中普遍采用的经济学术语。本章是概述性的，要更多了解微观经济学理论，可查阅专业的书籍。

电力是特殊的商品，电力市场也比其他商品市场复杂，这种特殊性和复杂性正是本书后面章节的重点所在。但本章的目的在于讲述一般性的经济学概念，并不专门针对电力商品和电力市场。

2.1 市场的基本原理

市场是社会分工和商品经济发展的产物，有着悠久的历史。我国最早的市场出现在神农氏的时代，《资治通鉴》中说："神农日中为市，致天下之民，聚天下之货，交易而退，此立市始。"可见，由于当时社会生产力已经有了一定发展，人们开始有了可以交换的剩余产品，因而为满足交易需要而产生了原始市场。随着经济发展和社会进步，社会分工越细，商品经济越发达，市场的范围和容量也就越扩大。在现实生活中，与人们关系最为密切的是各种商品服务市场，如商场、超市、农贸市场以及理发店、家具店、宾馆饭店等。

随着时间的推移，市场的形式发生了很多变化，由最初买卖双方面对面进行实物交易的简单场所，发展到今天互联网上出现电子商务市场。电子商务市场不再是真实的场所和地点，买卖双方利用简单、快捷、低成本的电子通信方式，在互联网上不谋面地进行各种商贸活动。但不管形式如何变化，市场的基本原理是不变的。就其本质而言，市场是一种经济组织形式，是买者和卖者相互作用并共同决定商品或劳务的价格和交易数量的机制。

本节首先讨论需求曲线和供给曲线，它们分别描述了消费者的行为和生产者的行为，然后透过这两个模型解释市场运行的原理。

2.1.1 消费者模型

1. 需求

需求是人类经济活动的出发点。就单个消费者对某种商品的个人需求而言，生活中人们常能观察到这样的现象，比如到商场买鞋，如果价格很高，消费者可能只买一双上班时需要的皮鞋就走，如果商场在搞促销，商品打折，他可能会再买上一双休闲鞋在假日里穿，而如果打折的幅度很大，价格很诱人，他可能还会再买上一双运动鞋。图 2.1 所示为单个消费者购买鞋子的数量随价格变化的曲线。图中，纵坐标代表鞋子的价格，横坐标代表鞋子的数量。这条曲线描述了消费者随价格下降

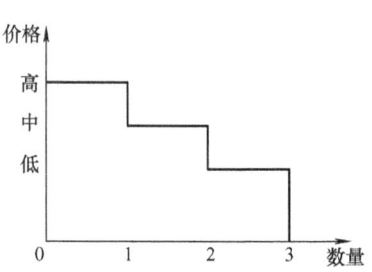

图 2.1 单个消费者购买鞋子的数量随价格变化的曲线

增加商品购买量的变动情况。当然，必须指出，这是在假定消费者的收入和其他商品的价格

保持不变，同时商品的所有特征（种类，大小，质量）已明确定义的前提下得到的。所有个人需求的总和构成市场需求。某种商品的市场需求，是指在一定时期内市场消费者愿意并有能力购买的该商品的数量。市场需求受到消费者的平均收入水平、市场规模、替代物品的价格和可获得性以及个人偏好、宗教信仰和政府政策等多种因素的影响。

2. 需求函数

如果假定除商品的价格以外所有其他的因素都保持不变，则市场需求量随价格变化的需求曲线如图 2.2 所示。因为集中了足够多的消费者的需求特征，因此个人需求所具有的不连续性被消除，曲线变成连续的。如果用 Q_d 代表消费的数量，π 代表商品的价格，则曲线可以表示为

$$Q_d = f_d(\pi) \tag{2.1}$$

或写为

$$\pi = f_d^{-1}(Q_d) \tag{2.2}$$

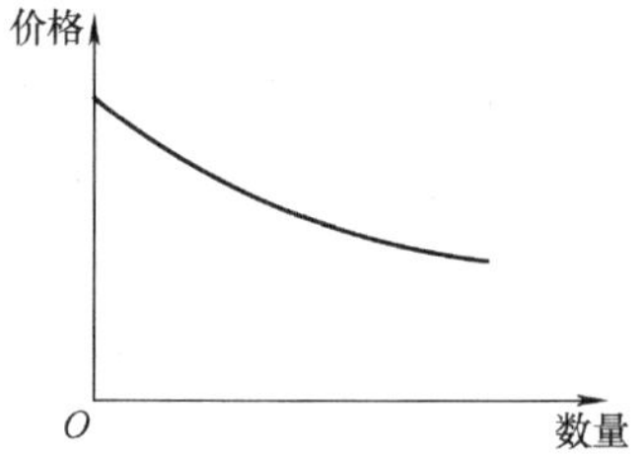

图 2.2 需求曲线

式（2.1）一般称为需求函数，式（2.2）一般称为反需求函数。图 2.2 说明市场消费的商品数量随价格的升高而减少，这是大部分商品的市场需求所具有的特性。原因主要有两个：一个是替代效应，即一种商品价格上涨时，消费者会用其他类似的物品来替代它，如肉类涨价时，海产品和蛋类的销量会上升；另一个是收入效应，价格上涨时消费者会感觉自己比以前穷了一些，消费欲望受到限制。

3. 消费者剩余

消费者在不同的消费可能之间进行选择的依据是商品的效用，即商品带来的一种满足的感受。当消费者连续消费越来越多的某种商品时，他从后一单位商品的消费中获得的满足是低于前一单位商品的，这就是边际效用递减规律。通俗地讲，当人极度口渴的时候，喝下的第一杯水是最具畅快感的，但随着口渴程度降低，人对下一杯水的渴望值也不断减少，当喝到完全不渴的时候即是边际效用为零，这时候再继续喝下去甚至会感到越来越不适（负效用）。消费者以相同的市场价格购买某种商品的每一单位，而享用到的价值越来越小，因此用商品的价格乘以数量得到的货币价值作为该商品的经济价值是不合理的。经济学上将消费者购买的每单位商品与愿意为该单位商品支付的价格的乘积之和定义为消费者总效用，而将消费者总效用与为此商品支付货币的总额之间的差值，即代表着"所得到的大于支出"的部分，定义为消费者剩余。考察消费者剩余更能表明商品对消费者的价值。图 2.3 示意了消费者总效用与消费者剩余的概念。

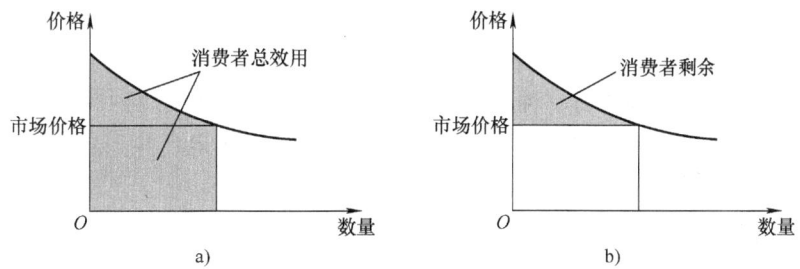

图 2.3 消费者总效用和消费者剩余
a）消费者总效用　b）消费者剩余

市场价格变化引起消费者剩余的变化如图2.4所示。当市场价格是 π_1，消费者购买的数量是 Q_{d1} 时，消费者剩余为图中全部阴影部分的面积。如果价格升高到 π_2，消费量必然减少至 Q_{d2}，则消费者剩余减少至仅余面积 A。消费者剩余减少与两方面因素有关：一方面是由于价格升高，消费量从 Q_{d1} 减少至 Q_{d2}，减少的净剩余为面积 C；另一方面是由于消费者不得不支付更高的价钱来购买所需的 Q_{d2} 数量的商品，为此失去另一部分剩余，就是面积 B。

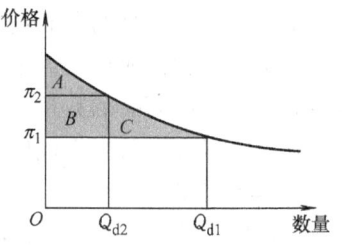

图 2.4　价格变化引起消费者剩余的变化

4. 需求弹性

经济学中一般用需求的价格弹性来衡量需求的数量随商品的价格变动而变动的情况，简称需求弹性。需求弹性定义为需求的相对变化与价格相对变化的比值，即

$$E_{\mathrm{d}} = \frac{\dfrac{\mathrm{d}Q_{\mathrm{d}}}{Q_{\mathrm{d}}}}{\dfrac{\mathrm{d}\pi}{\pi}} = \frac{\pi}{Q_{\mathrm{d}}}\frac{\mathrm{d}Q_{\mathrm{d}}}{\mathrm{d}\pi} \tag{2.3}$$

如果一种商品的价格变化引起需求量变化显著，则称该商品的需求是富有弹性的；相反，商品的价格变化引起的需求量变化不显著，则称该商品的需求是缺乏弹性的。如果需求弹性等于 -1，则称需求是单位弹性的。

影响需求弹性的因素包括商品是否是生活必需品、可替代物品的种类和数量、购买商品的支出占人们收入的比重以及时间因素等。食品、药品及燃料等生活必需品一般都缺乏弹性。可替代物品多的商品，如毛织品，可被棉织品、丝织品、化纤品等替代，因此其需求价格弹性较高。但这也不能一概而论，有些商品虽然替代品较多，但占家庭预算的比重却比较小，其弹性可能也不高，比如电。另外，人们对价格变动做出反应的时间长短明显影响商品需求弹性和替代品关系。例如，某一地区广泛采用电暖气供热，则取暖季节短期内电的需求弹性是很低的，因为消费者在取暖方式上一时别无选择。而从长期来看，如果消费者采用安装燃气供热装置等替代措施，则电的需求弹性就会提高。

替代品对需求弹性的影响可以通过以下商品 i 的需求与商品 j 价格之间的交叉价格弹性来量化：

$$E_{\mathrm{d}ij} = \frac{\dfrac{\mathrm{d}Q_{\mathrm{d}i}}{Q_{\mathrm{d}i}}}{\dfrac{\mathrm{d}\pi_j}{\pi_j}} = \frac{\pi_j}{Q_{\mathrm{d}i}}\frac{\mathrm{d}Q_{\mathrm{d}i}}{\mathrm{d}\pi_j} \tag{2.4}$$

一种商品自身的需求弹性（自身弹性）总是负的，而交叉价格弹性可能是正的，因为一种商品价格的提高可能刺激另一种商品需求的增长。反之，如果两种商品是互补品，即一种商品需求的变化将伴随另一种商品需求同趋势的变化，如热电厂生产的电和同时供的热，则它们之间的交叉价格弹性就是负的。

2.1.2　生产者模型

1. 机会成本

经济学的一个重要原则是资源是稀缺的。这就意味着每次人们选择以某种方法使用资源时，就放弃了用其他方法使用该资源的机会。有限资源用于某项经济活动必然是有代价的，机会成本（Opportunity Cost）是这一代价比较准确的反映，它是指对资源（如资金或劳力等）的使用做出某一选择所必须放弃的其他选择所能获得的最大利益。例如，上大学的机会成本等于4年或更多时间的工作收入加上学杂费的另作他用所获得的价值之和。

机会成本的概念可以解释为什么学生在考试前比考试后看电视的时间要少。在考试前，看电视具有很高的机会成本，因为这些时间对提高考试成绩很有价值。而在考试以后，时间的机会成本较低。

就生产者而言，比如一个果农，他愿意生产水果，愿意到市场上出售水果都是有条件的。当水果的价格低于其种植成本，而且没有走高趋势的话，他会决定不再种植这种水果而改种其他品种或其他作物；当水果零售的收入低于将其直接卖给收购商的收入时，他会感到不值得自己到市场上去出售水果。生产者的生产或销售决策与其机会成本密切相关，而在正常运行的市场上，商品的价格是其机会成本的重要组成部分。以购买汽车为例，价格占据机会成本的绝大部分，但人们花在选购汽车上的时间的价值并不包括在价格中。

2. 供给函数

生产者提供商品的目的是为了追求利润，因此，当商品的市场价格相对于生产成本较高时，生产者会决定增加该商品的供给量；而当市场价格相对于生产成本较低时，生产者就会减少供货数量，转向其他商品的生产，因为这种情况下生产该商品的机会成本很高。将足够多生产者的供给特性集合起来，就得到一条平滑的、向上倾斜的供给曲线，如图2.5所示。用数学表达式表示为

$$Q_s = f_s(\pi) \tag{2.5}$$

称为供给函数。将其表示为

$$\pi = f_s^{-1}(Q_s) \tag{2.6}$$

即为反供给函数。

当然，影响供给的因素不只是价格，生产成本也是决定供给曲线的重要因素，另外，相关商品的价格、政府的政策以及特殊因素如天气等对供给曲线也有影响。但在这里，假设了其他因素都是不变的，只考虑价格的影响。

不同生产者生产的商品处于供给曲线的不同位置，机会成本与市场价格相等的生产者是边际生产者，如图2.6所示。如果市场价格下降，这个生产者就不值得继续生产。相反，边际内的生产者其机会成本低于市场价格。

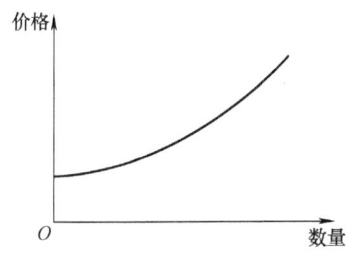

图2.5 典型的供给曲线

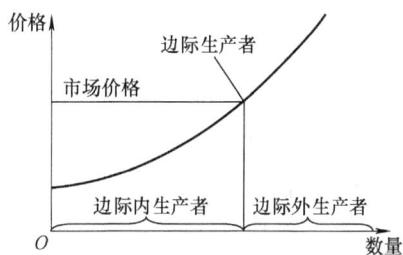

图2.6 边际生产者

3. 生产者的收益

由于商品的供给是以相同的价格交易的，所以生产者的收益等于交易的数量与市场价格

的乘积,如图 2.7 阴影部分所示。生产者的剩余或生产者的利润则产生于以高于其机会成本的价格进行的交易,如图 2.8 所示,等于供给曲线与市场价格水平线之间的面积。机会成本低的生产者分享的利润就多,边际生产者则处于营利的临界状态。

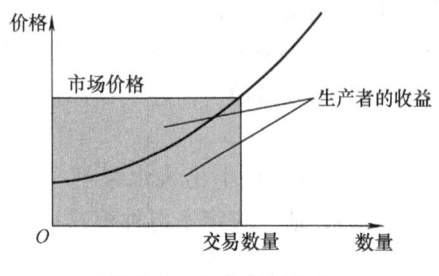

图 2.7 生产者的收益

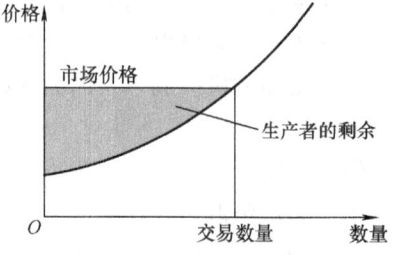

图 2.8 生产者的剩余或利润

图 2.9 表示了市场价格变化引起生产者的利润或剩余变化。价格从 π_1 升高到 π_2 将从两方面影响生产者的利润:一方面,它使市场上供给的商品数量从 Q_{s1} 增加到 Q_{s2}(面积 C);另一方面,它增加了原来以价格 π_1 向市场供给的那部分商品的收益(面积 B)。

4. 供给弹性

需求的价格弹性描述了商品的消费量受价格涨跌的影响,同样,商品的供给量对其市场价格的响应也可以用供给的价格弹性来描述。它的定义如下:

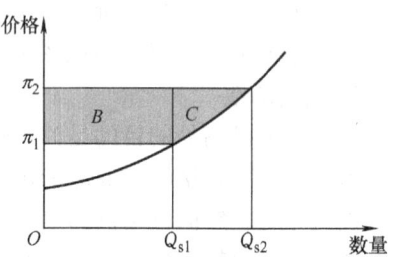

图 2.9 市场价格变化引起生产者的利润或剩余变化

$$E_s = \frac{\dfrac{dQ_s}{Q_s}}{\dfrac{d\pi}{\pi}} = \frac{\pi}{Q_s} \frac{dQ_s}{d\pi} \tag{2.7}$$

供给的价格弹性和需求的价格弹性定义完全相同,区别仅在于,供给量与价格正向变动,而需求量与价格反向变动。即,供给弹性数值为正,商品价格的上升将刺激供给量的上升。影响供给弹性的主要因素是行业中增加生产的困难程度。如果生产所需的原料很容易获得,则价格的微小上升就会导致供给量的大增。另外,与需求弹性一样,考察时段的长短也是影响供给弹性的重要因素。

2.1.3 市场均衡

前面已经分别孤立地考察了生产者的行为和消费者的行为,给出了供给曲线和需求曲线,那么,市场的两方面力量相互作用会有什么结果?先看完全竞争市场的情况,在这种市场中,单个供给者或消费者的行为并不能影响价格,即所有的市场参与者均是价格接受者。对于电力市场,这种市场通常是不成立的。因此,在后面的章节中将讨论当一些市场参与者能够通过他们的行为影响价格时市场是如何运作的。

在一个完全竞争市场中,决定价格及交易数量的一方面是所有消费者的集体行为,另一方面是所有供给者的集体行为。当供给者愿意提供的数量等于消费者想要购买的数量时,市场均衡就产生了,此时的价格称为均衡价格或市场出清价格 π^*,因此它是下列方程的解:

$$f_d(\pi^*) = f_s(\pi^*) \tag{2.8}$$

市场均衡也可以用反需求函数和反供给函数的形式来定义。消费者为购买某数量的商品所愿意支付的价格等于生产者供给此数量的商品希望得到的价格时,就确定了均衡产量 Q^*,即

$$f_d^{-1}(Q_d^*) = f_s^{-1}(Q_s^*) \tag{2.9}$$

图 2.10 表示了市场均衡,它发生在供给曲线和需求曲线的交点,此时消费者和供给者都得到了满足。但这种状况是否是稳定的平衡呢?图 2.11 说明了这一点。如图 2.11 所示,假设市场价格 $\pi_1 < \pi^*$,则需求大于供给,一些生产商必然意识到他们可以将商品以高于当前的价格出售给那些未得到满足的消费者,交易数量因此增加,价格同时上升,直至达到均衡条件。同样的,如果市场价格 $\pi_2 > \pi^*$,供给将大于需求,一些生产商将剩余一些找不到买者的商品,为避免陷入这种情况中,他们将减少商品产量直至其等于消费者愿意买的数量。从消费者的角度来分析可得出同样的结论。因此,在供给曲线与需求曲线的交点上,需求量与供给量相等,既不存在短缺,也不存在剩余,价格既没有上升的趋势,也没有下降的趋势,市场处于一种相对稳定的状态。

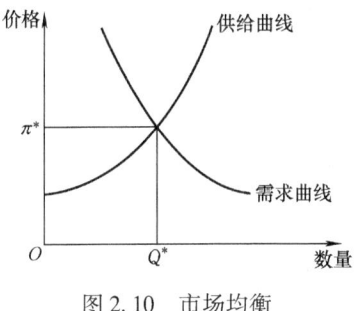

图 2.10 市场均衡

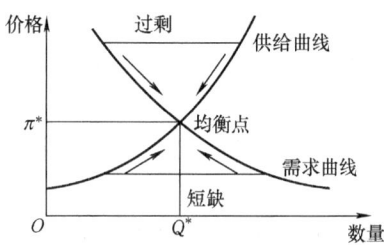

图 2.11 市场均衡的稳定性

2.1.4 帕累托效率

以上分析了竞争市场的运行机理。那么,市场如何保证不生产错误的商品,而且生产恰当数量的恰当商品?在自由竞争的市场体制中,每个参与者都在不断追求自身利益最大化。一般说来,尽管他并不打算促进公共利益,也不知道他对此正在促进多少,但在他追逐个人利益的同时,却经常增进了社会利益,其效果比他真的想促进社会利益时所能得到的还要好。由此,经济学家证明,竞争市场是迄今为止最有效的资源配置方式,社会的各类人群对自身利益最大化的不断追求,可以使整个社会的经济资源得到最合理的配置。帕累托(Pareto)效率,也称帕累托最优,常用来表征资源分配的理想状态,它是指针对固有的一群人和可分配的资源,没有一个人的境遇能在不使其他人的境遇变得更糟的情况下变得更好。也就是说,在市场达到帕累托效率的情况下,如果任一市场参与者要增加利益的话,只能通过使其他参与者的利益减少来实现。

帕累托效率可以指消费的帕累托效率、生产的帕累托效率以及社会一般的帕累托效率。社会一般的帕累托效率是指资源在生产者和消费者之间的分配达到最优,它是通过商品交换实现的。如图 2.12 所示,假设商品交易不是发生在市场均衡点,如交易数量为 Q,小于均衡数量 Q^* 时,则最终交易价格可能介于生产者愿意出售的价格 π_1 与消费者愿意支付的价格 π_2 之间,但不管具体价格是多少,生产者和消费者的利益都有所增加,因此这种情形不

是帕累托效率的;同理,非均衡价格的交易也不是帕累托效率的。

实现帕累托效率需要满足下列条件:

1) 任意两个消费者对任意两种商品进行交换时边际替代率都相同;

2) 任何两个厂商使用一种生产要素生产同一种产品的边际产量都相等,两种生产要素生产同一种商品的边际技术替代率都相等,任意两个厂商使用既定生产要素生产任意两种产品的边际产品转换率都相等。

3) 消费者对任意两种产品的边际替代率都等于生产者对这两种产品的转换率。

在完全竞争市场中,如果经济当事人的行为满足连续性的假设,那么,总可以找到一组价格比,使得经济系统处于一般均衡状态,即达到帕累托最优状态。可见,完全竞争的市场可以实现帕累托效率。

2.1.5 社会效益和无谓损失

消费者剩余和生产者利润之和称为社会效益(Global Welfare),它是交易中获得的全部利益的总量。在自由竞争的市场中,市场价格由供需曲线的交点确定,此时社会效益是最大的。基于图 2.12 的分析可表明这一点。如图 2.12 所示,消费者剩余等于 A、B、E 的面积之和,生产者的利润为 C、D、F 的面积之和。

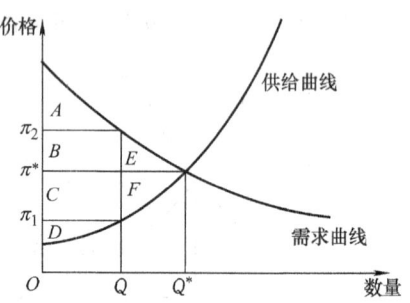

图 2.12 竞争市场的效率及社会效益

外界干预会影响商品的市场价格,使其不能处于自由竞争市场下的均衡价格。考察三种情况:

首先,为了帮助生产者,政府可能实行商品的最低限价。如果这个价格定为 π_2,高于竞争市场的均衡价格 π^*,这个最低限价便是市场价格,消费者将把他们的消费量从 Q^* 减少至 Q。在这样的条件下,消费者的剩余减至面积 A,而生产者的利润则为面积 B、C、D 的总和。

同样,政府可能出于保护消费者的目的对商品实行最高限价。如果价格限定为 π_1,低于竞争市场的均衡价格 π^*,生产者将把产量减少至 Q。在这种情况下,消费者的剩余为 A、B、C 的面积之和,生产者的利润仅为面积 D。

最后,考察政府对某商品实行税收的情况。假设税收全部加在全体消费者身上,它就会在消费者支付的价格(如 π_2)与生产者获得的价格(如 π_1)之间产生一个差额,交易的每单位商品的差额 $\pi_2 - \pi_1$ 集总起来就是政府的税收。在这种情况下,需求再次从 Q^* 减少至 Q,消费者剩余降为面积 A,生产者利润为面积 D,政府征收的税收总量等于面积 B 与 C 之和。

外界干预在分别有利于生产者、消费者、政府的条件下,对社会效益进行了重新分配。不幸的是,所有这些干预都产生了负面效果,社会效益减少了面积 E 和 F 之和。社会效益的下降称为无谓损失,是价格扭曲引起交易量减少的结果。为简明起见,这里的分析假设三种形式的外界干预引起的需求下降量相同,显然,实际情况并非一定如此。

在下一章中将看到,一些电力市场中,电价由电能的集中拍卖确定,而不是由生产者和消费者之间的双边相互作用决定。因此,为使交易利润最大化,集中拍卖应该模拟社会效益最大化时自由市场的运作。

2.2 企业组织理论的概念

本节主要介绍生产、成本等重要概念,并分析企业是如何利用生产和成本理论来决定其产量的。

2.2.1 投入与产出

假设有这样一个企业,生产数量为 y 的某种商品。为了能够有产出,企业就需要有投入,称为生产要素。产品种类不同,其生产要素是千变万化的,分为许多类别,如原材料、劳动力、土地、厂房或是机器等。为简明起见,设该企业只需要两种生产要素,则投入与产出之间的关系可用以下生产函数表示,它反映了在生产商品时企业使用的技术:

$$y = f(x_1, x_1) \tag{2.10}$$

例如,y 可能表示一个果农生产的苹果的产量。x_1 为他投入资金购买的肥料、农药等的数量,x_2 为这位果农所拥有的苹果树的数量。

生产函数表征生产要素变化对产量的影响。考察上面的例子,果农拥有的苹果树数量一定的情况下,显然产出将随肥料等投入的增加而上升,但是达到一定密度后,肥料的效力将起反作用,产量的增加越来越少。同样,在投入的肥料、农药等保持定量的情况下,起初拥有更多的苹果树将增加苹果的产量,然而当苹果树数量增加到肥料、农药等因为必须施于更多的苹果树上而使效力减小时,产量增加的速率将不可避免地减小。对于几乎所有的商品和技术,随着生产要素的增加产量增长的速率都会减小,这种现象称为边际收益递减规律,是生产函数的重要特性。

2.2.2 长期与短期

生产不仅需要前面提到的各种生产要素,还需要时间。果农不可能在一个季节当中改变所种植的水果品种;大的发电厂要花费几年的时间来设计、建造、验收和投运。因此,根据时间在生产和成本中所起的作用可分为两种不同的时期:短期和长期。在短期内,企业能够通过改变可变要素,如原料和劳动,但不能改变固定要素(如资本)来调整生产。在长期内,时间足够长,以致于包括资本在内的所有要素都可以得到调整。例如,果农可以增加其所使用的肥料等使水果增产,或者在水果成熟时雇佣更多的劳动力采摘水果,这些调节措施的功效将在本收获季节中体现。果农也可以通过种植更多的果树来增产,这种情况下的效果直到几年后新果树逐渐成熟才会显现出来。

如果假设第二个生产要素有一个固定值 $\bar{x}_2$,则生产函数变成了一个单变量的函数,即

$$y = f(x_1, \bar{x}_2) \tag{2.11}$$

图 2.13 显示了一个典型的短期生产函数的曲线形状。

在短期,产出通常依赖于单一的生产要素,可由此定义输入输出函数,它是生产函数的反函数,即

$$x_1 = g(y)|_{x_2 = \bar{x}_2} \tag{2.12}$$

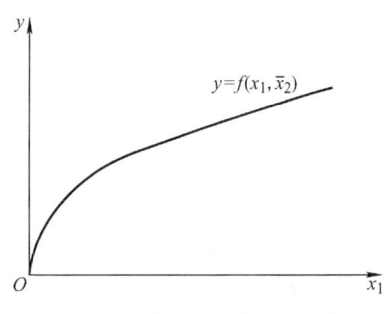

图 2.13 典型的短期生产函数

输入输出函数表明了生产一定量的商品需要多少可变生产要素。例如，一个热电厂的输入输出曲线表示用这个工厂进行一小时的电力生产需要多少燃料。

2.2.3 成本

成本是企业进行决策的依据，除了要知道总成本，了解产品的成本结构以及各组成部分的特性也是非常重要的。

1. 固定成本与可变成本

从短期来看，某些生产要素是确定的，即与这些要素有关的成本和产量无关，因此称为固定成本。例如，一个发电公司购买了土地并在该土地上建立了一个电厂，土地和电厂的成本并不随这个电厂的发电量而改变。从另一角度看，电厂运行所消耗的燃料量以及人力一定程度上取决于发电量的多少，因此燃料和人力成本是可变成本。还有第三类成本，称为准固定成本，如果工厂有生产就有该成本，不生产就不会发生该成本。例如，对于一个发电厂，启动该电厂所需的燃料成本不依赖于电厂将来的发电量，从这个意义上讲，该成本是固定的。然而，如果电厂闲置，这个启动成本也不存在。

如果考察的时期足够长，是没有固定成本的，因为企业可以改变所有生产要素的资金投入。搁浅（沉没）成本（Sunk Cost）是一个企业购买某种生产要素的成本与该资产若变现后所获得的金钱之间的差值。例如，对于一个发电厂，建设电厂的土地的成本不是搁浅（沉没）成本，因为土地总是可以被再次卖出的，因此它是一个可回收成本；但另一方面，如果这个电厂因为无法盈利而决定退出生产，则建设电厂的成本与其作为废品的价值之差就是搁浅（沉没）成本。

2. 短期成本与长期成本

根据生产函数，短期成本函数可表示为

$$C_{\text{short}}(y) = w_1 x_1 + w_2 \bar{x}_2 = w_1 g(y) + w_2 \bar{x}_2 \tag{2.13}$$

式中，w_1 和 w_2 分别是生产要素 x_1 和 x_2 的单位成本。

图 2.14 表示了一个典型的短期成本函数。由于边际产量递减规律，这个函数是凸的。

长期成本函数的定义要复杂一些，因为从长期来看，企业在决定怎样生产上有更大的灵活性，因此生产函数不再能表示成单一变量的函数。假设仅考虑两种生产要素，则企业运作于最佳状态，即是从长期来看企业会以最低的成本选择生产要素组合来生产其产品。因此，长期成本函数可表示成如下的一个优化问题：

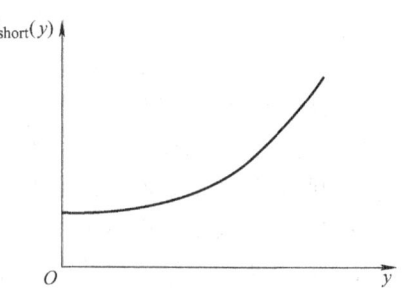

图 2.14 典型的短期成本函数

$$C_{\text{long}}(y) = \min_{x_1, x_2}(w_1 x_1 + w_2 x_2) \tag{2.14}$$

式中，$y = f(x_1, x_2)$。

在本书的第 3~6 章，考察现有电力系统的运营时，将采用短期成本函数；在第 7、8 章考虑电力系统的扩展时，将采用长期成本函数。

3. 边际成本与平均成本

边际成本是可以用来研究企业在完全竞争市场下短期行为的一个重要概念。边际成本表示增加 1 单位产出而增加的成本。由于短期成本函数 [式 (2.13)] 是凸函数,因此边际成本函数作为成本函数的导数,是产量的单调递增函数。当生产的成本用元表示时,边际成本用元/单位产量来表示。

在竞争市场中,任何企业都不可能影响市场价格,企业可使利润最大化的唯一措施是调节产量。由于企业的利润是他们的收益与成本之差,因此生产的最佳水平可由下式确定:

$$\max_y \{\pi y - C_{\text{short}}(y)\} \tag{2.15}$$

在最优点,一定有

$$\frac{\mathrm{d}\{\pi y - C_{\text{short}}(y)\}}{\mathrm{d}y} = 0$$

或者

$$\pi = \frac{\mathrm{d}C_{\text{short}}(y)}{\mathrm{d}y} \tag{2.16}$$

就是说,企业的最佳产量是边际成本等于市场价格时对应的产出。如果企业产量对应的生产边际成本低于当前的市场价格,它多生产一单位的产品并在市场上出售就可增加利润。同样,如果企业生产的边际成本高于市场价格,则不再多生产产品将是有利的。

如果生产要素的成本 w_1 和 w_2 是不变的,则式 (2.13) 可进一步表示成产量 y 的函数,即

$$C(y) = C_v(y) + C_f \tag{2.17}$$

式中,$C_v(y)$ 表示可变成本;C_f 表示固定成本。

平均成本函数衡量的是每单位产量的成本,它等于平均可变成本与平均固定成本之和

$$AC(y) = \frac{C(y)}{y} = \frac{C_v(y)}{y} + \frac{C_f}{y} = AVC(y) + AFC(y) \tag{2.18}$$

图 2.15 所示为平均成本曲线的典型形状。由于固定成本是不依赖于产量的,所以平均固定成本在零产出时是趋于无穷大的。随着生产量的增加,固定成本分摊到增加的产量上,因此平均固定成本曲线是一个单调递减函数。平均可变成本曲线一般开始时下降,然后上升。这是因为在中等生产水平下,可变成本一般随产量呈线性增长,如果随产量的增加生产效率提高,平均可变成本实际上可能随产量增加而下降。但随着生产的增加,固定要素开始限制商品的生产,平均可变成本最终必然上升。例如,一个工厂的产量经常可

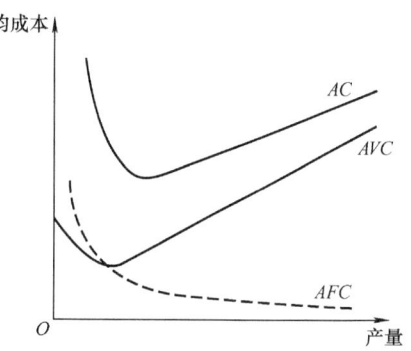

图 2.15 平均成本曲线的典型形状

超出该厂的设计生产能力,然而这可能意味着支付工人加班费,更频繁地维护机器,以及通常要采用低效率的生产流程等。类似的,对于发电厂,最高效率通常也是出现在发电量稍微低于最大容量时。平均成本曲线结合这两种影响,具有典型的 U 字形特征。

正确理解平均成本和边际成本之间的不同是十分重要的。实际上,平均成本可以比边际成本高得多或者低得多,如图 2.16 所示。这两个量都使用元/单位产量来表示,但边际成本仅反映生产最后一单位商品的成本,而平均成本把所有已生产商品的成本都计算在内。由于

固定成本是不随产量变化的,所以它们不影响边际成本。在低生产水平下,由于固定成本的影响,边际成本小于平均成本。反之,在高生产水平下,边际成本高于平均成本,边际成本曲线交于平均成本曲线的最低点。

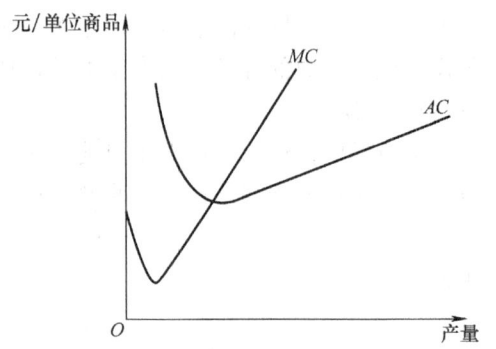

图 2.16 平均成本曲线与边际成本曲线的典型关系

如前所述,从长期来看,由于所有生产要素都可变,因此企业生产是没有固定成本的。然而,部分生产成本由于生产技术原因仍可能是独立于产量水平的,即在长期里可能出现一些准固定成本,则长期平均成本曲线也趋于 U 字形,如图 2.17 中 AC_{long} 曲线所示。图中同时表示了短期平均成本与长期平均成本的关系。在长期里,企业在任何产出水平下都可以追求生产成本最小化,因为所有的生产要素都是可以调节的。而在短期里,一些生产要素是固定的,因此只有当产量为 y^* 时,短期平均成本才等于长期平均成本,此时固定生产要素已被最优化了;在其他产量水平下,短期平均成本高于长期平均成本。所以除了固定生产要素已被最优化的产量点 y^* 以外,短期平均成本曲线在长期平均成本曲线之上;在最优产量点 y^*,两曲线相切,如图 2.17 所示。当然,如果选择其他的固定生产要素配置,则可能使其他的产量值 $y_1, y_2, \cdots, y_n$ 实现短期平均成本最小化。换言之,对于不同生产能力的工厂,每个工厂的短期平均成本只会在产量为设计生产能力时等于长期平均成本。因此,如图 2.17 所示,长期平均成本曲线是短期平均成本曲线的下包络线。

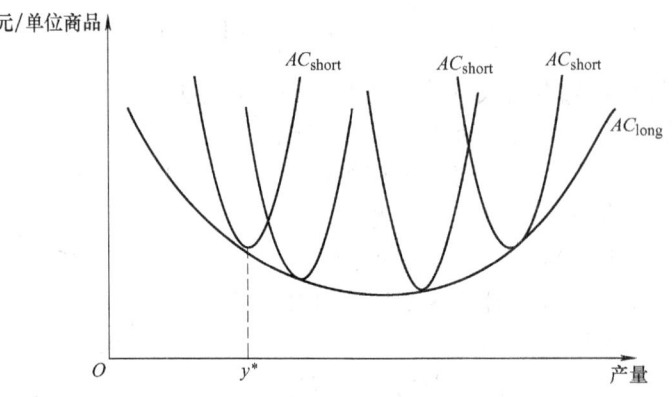

图 2.17 短期平均成本与长期平均成本的关系

对于长期边际成本,有两点结论成立:
1) 仅在产量水平为 y^* 时长期边际成本与短期边际成本相等,此时固定生产要素被最优化。
2) 长期边际成本曲线交于长期平均成本曲线的最低点。只要长期边际成本小于长期平均成本,则长期平均成本下降,只要平均成本下降,则生产就被称为呈现规模经济效应。

4. 电能生产成本

火电机组,包括燃煤、燃油、燃气机组和核电机组等,是电能生产的主要承担者。火电机组的生产成本一般采用机组的输入输出模型表示，即输入的一次能源或费用与输出的有功功率之间的关系，如图 2.18 所示。

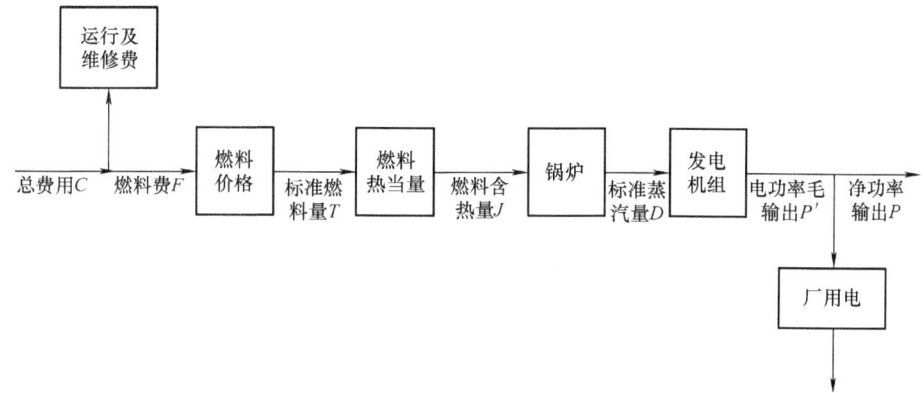

图 2.18 火电机组生产成本的输入输出关系

通过试验、理论分析或统计的方法，可得出电能生产的总费用 C 与输出功率 P 之间的关系模型。一般而言，二次型 C—P 曲线即有足够的精度，也不至使问题过于复杂，因此使用最为广泛。$C(P)$（元/h）的数学表达式为

$$C(P) = aP^2 + bP + c \tag{2.19}$$

在满足计算精度的条件下，为简化计算，有时也采用线性或分段线性曲线（分段点设为 e_1、e_2），与式（2.19）对应的线性和分段线性曲线分别表示为

$$C(P) = C(P_{\min}) + \frac{C(P_{\max}) - C(P_{\min})}{P_{\max} - P_{\min}} P \tag{2.20}$$

$$\begin{aligned} C_1 &= noload - price_1 + linear - price_1 P & \text{当 } P_{\min} \leqslant P < e_1 \\ C_2 &= noload - price_2 + linear - price_2 P & \text{当 } e_1 \leqslant P < e_2 \\ C_3 &= noload - price_3 + linear - price_3 P & \text{当 } e_2 \leqslant P \leqslant P_{\max} \end{aligned} \tag{2.21}$$

式中

$$linear - price_1 = aP_{\min} + ae_1 + b$$

$$linear - price_2 = ae_1 + ae_2 + b$$

$$linear - price_3 = ae_2 + aP_{\max} + b$$

$$noload - price_1 = c - aP_{\min}e_1$$

$$noload - price_2 = noload - price_1 + (linear - price_1 - linear - price_2)e_1$$

$$noload - price_3 = noload - price_2 + (linear - price_2 - linear - price_3)e_2$$

三种形式输入输出成本模型的曲线如图 2.19 所示，分别用实线、虚线和点画线表示。

除了输入输出成本特性，火电机组还有起动成本，表示为

$$S = \alpha + \beta(1 - e^{-T_{\text{off}}/\tau})$$

式中，α、β 分别为汽轮机和锅炉的启动成本；τ 是锅炉冷却时间常数；T_{off} 是机组关停时间。

典型的机组参数和煤耗数据见表 2.1 和表 2.2。

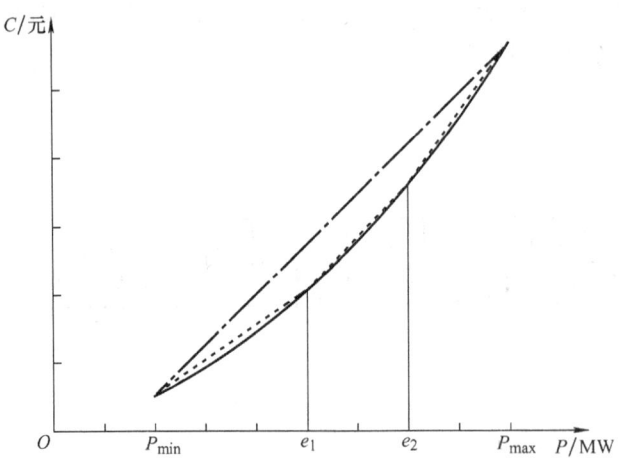

图 2.19 机组的三种形式输入输出成本模型的曲线

表 2.1 典型的机组参数

机组	$P_{min,i}$ /MW	$P_{max,i}$ /MW	a_i /(元/MW²·h)	b_i /(元/MW·h)	c_i/(元/h)	α_i/元	β_i/元	τ_i/h
U12	2.4	12.0	0.02533	25.5472	24.3891	0	0	1
U20	4.0	20.0	0.01199	37.5510	117.7551	20	20	2
U100	25.0	100.0	0.00623	18.0000	217.8952	70	70	4
U400	100.0	400.0	0.00195	7.5031	311.9102	500	500	10

表 2.2 我国火电机组发电和供电煤耗的典型数据

机组容量 /MW	发电煤耗 /(g/kW·h)	发电效率 (%)	厂用电率 (%)	供电煤耗 /(g/kW·h)	供电效率 (%)
12	480	25.60	15	552	22.26
25	440	27.92	13	497	24.71
100	400	30.71	11	444	27.67
300	330	37.23	7	353	34.79
600	320	38.39	6	339	36.22
1000	273	45	5	287	42.86

机组的成本特性不同,决定了它们在电力系统经济运行中的地位不同,据此机组可分为三类:

1) 峰荷机组:这类机组的固定成本低,运行成本高,如燃气机组,它们在短时间内的平均运行成本低,适合运行于峰荷时段,而不宜长时间运行。

2) 基荷机组:这类机组的固定成本高,运行成本低,如大型核电机组和燃煤机组,它们长时间运行的平均成本最低,适合承担基荷。

3) 腰荷机组:这类机组的固定成本和运行成本都处在中间水平,通常是一些现有的旧机组。

在第 3 章中将看到，对不同成本类型的机组发电商会在电力市场中采取不同的交易策略。

2.3 市场的类型

2.1 节揭示了市场的原理，说明市场是商品供需匹配的一种机制。但是商品交易涉及的因素是多方面的，除了买卖双方普遍关心的商品数量、质量和价格等因素外，还有三方面的问题，即商品的交付日期、交易的结算方式以及交易成立可能需要的条件，决定着市场的运作。因此，根据买卖双方解决这三方面问题方式的不同，可将市场划分为不同的类型。

2.3.1 实时市场

实时市场（Spot Market）也称为现货市场。顾名思义，实时市场是买卖双方及时响应，以足够快的速度进行交易处理的市场。在实时市场中，卖者与买者"一手交钱，一手交货"，没有任何条件与商品的交付和交易的结算有关，这也意味着任何一方都不能取消该交易。农贸市场便是实时市场的一个典型例子。例如买苹果，你可以在市场上查看各摊档苹果的质量并询问价格，一旦找到合适的，就告诉摊贩你想要的苹果数量，他将苹果给你，你按说定的价格付钱，交易便完成；没有特殊原因，你绝不可能把苹果退掉并将钱要回来。尽管现代的实时市场表面上看形式要复杂一些，如交易的数量很大，并且交易的双方可能并不直接见面，而是借助互联网或通信设施进行沟通，但是交易的基本原则是完全一样的。

实时市场的优点是简单、灵活、迅速。然而，实时市场价格的波动范围也是很大的。需求的突然增加（或者是生产的下降）会导致价格飞涨，这是因为可立即交付使用的商品可能是有限的。同样，生产供过于求或是需求的下跌会使价格下滑。某些商品的实时市场还会受到未来的供需信息的影响。例如，由于人们普遍认为未来住房需求会不断增加而土地的供应量有限，因此目前销售的商品房价格呈上涨趋势。实时价格的变动本质上是不可预测的，因为如果它是可预测的，则市场参与者将会有所准备。

商品价格不可预测的突变，是商品的供给者和消费者所面临的价格风险。除此之外，买卖双方还会面临技术的或外部的等各种风险。例如，机组故障停运，发电商就无电可卖；夏天持续凉爽，则空调经销商的营业额将大受影响。虽然身处生意场就意味着要冒一定的风险，但过量的风险会令买卖双方感到难以应付，使正常的交易失去生存空间。所以，大多数市场参与者都会采取一定的风险管理措施来设法规避风险。控制风险、共享风险和转移风险是风险管理的三种主要的方式。发电商采取各种现代化的监控手段管理机组的生产是控制风险的行为；为财产进行保险则是典型的共享风险的行为。每个人对风险的喜好度是不一样的，部分群体会是风险喜好者，他们并不生产商品或消费商品，但乐于参与到市场中并有能力在不同的投资行为中化解风险。他们的参与将转移商品生产者和消费者所面临的价格风险。下面介绍的几种市场，引入了其他类型的交易形式，都可有效地规避实时市场中普遍存在的剧烈价格波动。

2.3.2 远期合同和远期市场

远期合同（Forward Contract）是指交易双方约定在未来的某一确定时间，按照事先商定的价格，以预先确定的方式买卖一定数量的某种标的物的合约。其中，合同中规定在将来买入标的物的一方称为买方（或多头），在将来卖出标的物的一方称为卖方（或空头）。合约中规定的未来买卖标的物的价格称为交割价格。远期合同是一种非标准化的合同，合同的内容和形式不规范，交易地点也不固定，一般由买卖双方私下协商签署。同时，无论发生什么变化，远期合同到期都必须按合同规定进行实物商品交收。远期合同的细节主要有：标的物的数量和质量，交货日期，交货之后的付款日期，如果任何一方违约应交的罚金以及交割价格等。

远期合同实现了一种预买预卖，商品供给者预知了商品的销路和价格，商品需求者预订了商品的来源与成本，有利于他们更好地安排未来的生产和经营活动。另一方面，远期合同的交割价格经买卖双方讨价还价确定后，就不再像实时市场价格那样受各种外界因素的影响而变化，使买卖双方能够避免或在一定程度上减少市场风险。远期合同早在古希腊、古罗马时代就已出现，发展到13世纪，凭商品样品的质量、品种、规格等签订远期合同已成为普遍的交易方式。

例如，在初夏季节，当看到葡萄长势非常好时，果农一方面会期待今年有好的收获，另一方面又会非常担心葡萄上市后价格走低，不能卖个好价钱，因此他很希望能提早锁定一个可接受的价格。与此同时，葡萄酒厂的厂长也对葡萄上市后的价格非常关心，他担心的是价格会不会太高，从而导致生产成本的提高，如果可以达成一个可接受的价格，他会愿意现在就与果农签订合同，购买两、三个月后收获的葡萄。当双方都可接受的价格能够经过协商达成时，远期合同交易就出现了。那么，交割价格是如何形成的呢？这基于双方对交货时实时价格可能值的认真估计，这种估计考虑了实时价格的历史资料和双方可获得的收成、长期天气预测以及需求预测等其他信息。由于大量的这类信息是公开的，因此在某一确定时期内双方的估计不可能出现很大的差异。然而，考虑到时间因素的影响，合同上达成的价格可能与最佳估计不同。如果果农更关心实时价格偏低的可能性，他就会接受一个比他预计的实时价格要低的价格。他所预计的实时价格与在远期合同中接受的价格之差代表保险费，是他为规避价格下跌的风险所愿意支付的。从另一角度看，如果葡萄酒厂对价格上涨的风险敏感，他们就会接受一个比预测的实时价格要高的价格，两者的差额作为保险费。

如果交货时的实时价格比交割价格要高，则远期合同意味着卖者吃亏而买者获益。反之，如果实时价格低于交割价格，则远期合同意味着买者吃亏而卖者获益。这种收益和亏损仅是字面意义上的，它们只是反映了一个事实：如果在实时市场交易，一方可以做得更好，而另一方则较差。较差的一方可能以比同业竞争对手要糟糕的价格买进或卖出了商品，因此会在竞争中处于不利地位。

远期合同使双方能够以均可接受的价格进行交易，因此提供了一种共享风险的途径。经过几年，双方可能有类似的多次远期合同，而合同价格或高于或低于预测的实时价格。如果他们在预测未来的实时价格时无偏见，从长远来看，平均实时价格与平均远期价格的差额就等于平均保险费。因此得到保险费的一方是因接受价格风险而获得回报。回到上面的例子中，假设葡萄酒厂每年都与果农签订远期合同，其价格总是低于葡萄交货日期时的预测实时价格，则从长期来看，该公司将从承担风险中获利。然而，就短期来看，如果某一年他预测失误，葡萄上市时的实时价格走低，他可能就不得不承受巨大损失。要应付这些损失，他一定要有强大的实力或是要求更高的保险费。但如果他所要求的保险费太高，即要求签约的交割价格更低，果农可能认为同他签订远期合同是不合算的，会寻找与其他葡萄酒厂或水果经销商签订更高交割价格的合同的机会。同样，葡萄酒厂也有寻找与其他果农签订远期合同的可能。如果足够多的果农和葡萄酒厂或水果经销商愿意在葡萄成熟之前进行交易，葡萄的远期市场（Forward Market）将发展起来。这种市场的建立方便了所有参与者接近大量可能的交易对象，并且有助于他们确定合同的价格是否合理。

远期合同能够为需求方提供稳定的商品供应，同时为生产方带来长期稳定的需求，能够提前锁定商品的交割价格从而使供需双方规避实时市场的价格风险。但远期合同也有两点不足：一是交易成本高。每一份远期合同的内容可能都是不一样的，交易双方需要对合同的所有细节进行磋商，可能有特殊条款需要讨论，谈判的代价是高昂的。二是交易不够灵活。例如，葡萄酒厂因为生产设备出问题，其需要的葡萄量将小于其所签合同的量；或由于一场冰雹毁坏了即将成熟的葡萄，果农因此无法拿出足量的葡萄交货。当这些情况发生时，葡萄酒厂或果农都会希望能将手中的合同转让出去，否则他们不得不将葡萄拿到市场上去卖或从市场中购入葡萄用于交货，再次面临实时价格的风险。但由于远期合同是按照合同双方的意愿签订的，其细节不一定满足其他人的需要，因此合同的转让并不容易。如果将远期合同的条款标准化，则远期合同的交易成本会下降，转售也成为可能，可克服上述两点不足。这样，就出现了期货合同和期货市场。

2.3.3 期货合同和期货市场

期货交易是从远期交易发展起来的，远期合同的标准化是形成期货合同（Futures Contract）的重要标志。标准化的内容包括商品的质量、商品的计量单位和数量、交货日期和交货地点等，标准化的期货合同可使交易更加规范和顺畅。期货合同与远期合同的比较见表2.3。

期货交易的主要目的在于规避价格风险，它不以交割实际商品为主，实际商品的交割量一般只占成交总量的百分之几，它交易的是一种与商品所有权有关的价格风险。为达到转移商品生产者和消费者价格风险的目的，期货市场鼓励支持投机资本的注入，并通过执行严格的保证金制度，防止违约行为的发生，维护期货市场的正常运行。从这个意义上讲，期货交易与证券、股票交易相似，也是一种金融投资的工具。

表 2.3 期货合同与远期合同的比较

	远期合同	期货合同
交易对象	商品实物	期货合同
交易目的	商品所有权转移	与商品所有权有关的价格风险转移
签约方式	供需双方私下协商签订	在交易所内交易
合同规范程度	不规范	标准化合同
交割日期	通常指定一个交割日，在合同到期时结算	在一个期限范围内均可交割，每日结算
合同终结方式	通常进行交割	通常到期之前对冲
参与者	商品的生产者和消费者	商品的生产者、消费者以及投机商

期货合同能够规避价格波动风险的经济机理在于，商品的期货价格和实时价格应受相同的经济因素的影响和制约，如果市场是充分竞争的，并且所有参与者都能够接触到足够的信息，期货价格就应该能反映实时价格的期望值，两者的走势一致。即，实时价格上升，期货

价格也会上升；反之，实时价格下降，期货价格也下降。而且，当期货合同接近交割日期时，实时价格与期货价格的差（叫做基差）往往趋近于零。市场参与者利用期货合同规避价格波动风险的交易活动称为套期保值。例如，假设 5 月 15 日铝锭的实时价格是 15000 元/t，某厂商预测铝锭的价格将上涨，但受各方条件的限制（如流动资金、仓库空间等），他无法现在就购入三个月后生产所需的一批铝锭。为规避价格风险，他可以现在就在期货市场上以 15000 元/t 的价格购入三个月后到期的铝锭期货合同。这样，到 8 月 15 日，假设铝锭的实时价格涨到了 16000 元/t，他可以 16000 元/t 卖出等量的期货合同（对冲行为），在期货市场上获取 1000 元/t 的盈利，这部分盈利恰好抵消他在实时市场上以 16000 元/t 购入所需铝锭的亏损，相当于将 8 月 15 日的实时价格锁定在了 5 月 15 日的水平上。当然，这里的分析是理想化的，忽略了基差的影响以及期货合同的买卖佣金。

期货市场（Futures Market）中的投机商是一些不参与商品实际交付的组织，他们买进未来某日期交付的合同，是希望过一段时间能够以更高价格卖出；同样，他们可以先卖出一个合同，再待机以更低价格补进一个。因为投机商既不生产、消费，也不储存商品，所以随着合同交付日期的临近，他们必须采取对冲行为，平衡自己的交易位置。投机商之所以能在期货市场中生存，并赚取利润，是由于以下因素：

1）一些公司的股东是风险厌恶者，他们希望稳定的而非特别的回报，因此公司的管理层尽量规避收益可能大幅度地低于期望值的风险。而另一方面，喜好风险的投机公司的股东期望高利润并且偶尔遭受巨大损失也不介意，因此公司的管理者甘愿冒大风险以追求更大的利润。厌恶风险的公司通常为现在能获得一个稳定的价格而接受可能比未来要糟糕的价格，但投机商为获得更高的利润却宁愿去接受未来价格波动的风险。这样，厌恶风险的公司实质上就为投机者愿意承担风险而支付给他们酬劳。

2）商品的生产者和消费者除了价格风险外还面临着其他风险，因此通常他们都很愿意付钱给其他团体以减少他们遭遇额外风险的可能性。投机商不会面临其他风险，并且有强大的金融实力保证他们可承受较长时期的利润损失。

3）投机商是具有风险管理专业知识的人，这保证他与其他市场参与者相比，通常较少在风险中处于不利位置。此外，大多数投机商并不把自己限制在一种商品交易上，通过参与不同商品的市场，他们进一步减少风险。

尽管投机商从交易中获利，似乎减少了商品生产者和消费者的利润，但市场作为一个整体也从他们的行为中获益，因为他们的存在增加了市场参与者的数量和多样化。于是，实质的参与者（即商品的生产者或消费者）能更容易找到他们的交易对象。这种流动性的加强，有利于市场发现商品的价格。

2.3.4 期权

由上面的讨论可知，期货和远期合同都是必须无条件交付的，属于固定合同。如果卖者不能交付合同数量的商品就必须到实时市场购买不足的部分。同样，如果买者不能接受全部货物也必须到实时市场上将多余部分卖掉。换句话说，不平衡量要在交付日期以实时价格清算。实际上，市场参与者可能更喜欢附带执行选项的合同，这种合同允许其持有者只在认为执行合同对其有利时才令合同生效。这种合同称为期权（Option，或 Option Contract），也称选择权，是指在特定期限内以事先商定的价格购买或出售某种商品的权利。期权购买者通过支付期权费（Option fee），便拥有按事先商定的价格（称为敲定价格或行权价格，Exercise Price）买入或卖出特定的商品或期货合同的权利。

期权的买卖对象可以是现货也可以是期货。期权按其行权的灵活程度可分为欧洲式期权和美国式期权。欧洲式期权仅在双方约定的日期才能行权；而美国式期权在合同的有效期内任何时刻都能要求行权。因此，在其他条件相同的情况下，美国式期权的期权费应高于欧洲式期权的期权费。

按期权合同标的物的流向又可将期权分为看涨期权（Call Option）和看跌期权（Put Option）。看涨期权赋予其持有者以行权价格购买一定量商品的权利。看跌期权赋予其持有者以行权价格卖出一定量商品的权利。一个期权持有者是否行使他的权利取决于该商品的实时价格。期权合同一旦签订，无论期权持有者是否行权，期权的卖方都已不必退还期权费了。期权的履约有三种情况：买卖双方都可以通过对冲的方式实施履约；买方将期权转换为现货或期货合约的方式履约；期权到期不用，自动失效。

期权交易为商品的生产和销售提供了风险规避的手段，通过购买期权，当日后价格走势不利时，期权买方可以规避价格风险，而当日后价格走势有利时，期权买方又可以获得额外利润。例如，在6月1日这天，A公司向B公司购买了一份100t铜的欧洲式看涨期权，截止日期为9月1日，行权价格是1850美元/t。如果到9月1日，铜的实时价格是1905美元/t。在实时市场购买铜将比行使期权每吨多花55美元。因此A公司将履行该期权合同，该买入期权有100×55美元=5500美元的价值。如果签订合同时A公司支付的期权费为5美元/t，则获得了50美元/t（1905－1850－5）的额外利润，而B公司损失50美元/t（1850－1905＋5）。反之，如果9月1日的实时价格低于合同的行权价格，A公司从实时市场上购买铜将更便宜，因此它会放弃期权，令其自动失效，则A公司损失100×5美元=500美元的期权费，B净赚500美元。

再看一个看跌期权的例子。假设在7月1日，B公司向A公司购买了一份100t铜的欧洲式看跌期权，行权价格是1750美元/t，期权费为5美元/t，截止日期是9月1日。如果到9月1日铜的实时价格是1695美元/t，B可以按1695美元/t的价格从市场上买入铜，再以1750美元/t的价格卖给A，A必须接受，B从中获利50美元/t（1750－1695－5），A损失50美元/t。如果铜价格上涨，B就会放弃这个权利而损失500美元期权费，A则净赚500美元。

由此可见，购买期权合同可以作为合同持有者抵御风险、保护自身的一种方式，可避免以不利的实时价格交易商品。期权的最大魅力在于，它将权利和义务分开进行定价，期权的买方在支付期权费后即取得履行或不履行买卖期权合约的权利，而不必承担义务，这可以使期权的买方将风险锁定在一定的范围之内。期权买方的收益随市场价格的变化而波动，但其亏损只限于购买期权的期权费；卖方的收益只是出售期权的期权费，其亏损则是不固定的。因为买卖双方的权利义务不对称，因此在期权交易中，买方不需交纳履约保证金，只要求卖方交纳履约保证金，以表明他具有相应的履行期权合约的财力。

2.3.5　差价合同

某些商品的生产者和消费者有时被迫通过集中市场进行单一的交易。由于不允许他们进行双边协商，所以他们没有选择采用远期、期货或是期权合同来规避价格风险的权利。在这种情况下,市场参与者通常借助差价合同(Contracts for Difference),它与集中市场并列运作。在差价合同中,双方就履约价格(Strike Price)和商品数量达成协议,然后他们像其他参与者一样加入集中市场。一旦集中市场的交易完成,差价合同结算如下:

- 如果履约价格高于市场价格,买方付给卖方两价格的差额乘以合同数量;
- 如果履约价格低于市场价格,卖方付给买方两价格的差额乘以合同数量。

因此差价合同切断了集中市场的价格波动对合同签订者的影响却不妨碍他们参与市场。差价合同可以认为是有相同行权价格的买入期权与卖出期权的结合。除非市场价格与履约价格完全相等,否则这两个期权之一必被执行。

例如,某钢铁公司在其所属的电力市场中购买电能,由于该市场的电价变化很大,钢铁公司想减少价格波动带来的风险。于是,钢铁公司就与一家发电公司签订了差价合同,合同规定:在一年期限里的每个小时,交易数量为不变的 500MW,价格为 360 元/MW·h。假设在某时段,市场电价为 380 元/MW·h,钢铁公司购买了 500MW 电能,因此付给电力交易中心 380×500 元 = 190000 元,同样,发电公司卖出了 500MW 电能,从电力交易中心获得 380×500 元 = 190000 元。为结算他们之间的差价合同,发电公司付给钢铁公司(380 - 360)×500 元 = 10000 元。因此两个公司实际上以 360 元/MW·h 交易了 500MW 的电力。如果市场价格低于 360 元/MW·h,为结算合同,钢铁公司将付款给发电公司相应的差价。

商品的生产者和消费者都面临着各种类型的风险,因此他们一般都会采取措施规避价格波动带来的风险,这些措施是远期、期货、期权和差价合同的有机组合。大多数商品都有这些不同类型合同的市场。市场参与者只用实时市场处理由于需求或生产意外波动而导致的不平衡交易量,因此实时市场的交易量只占其他市场交易量的一小部分。

尽管实时市场交易量可能相对较小,但实时价格是所有其他市场运作的信号。由于实时市场是最后可依赖的市场,因此实时价格代表了其他市场与之相比的机会成本。实时价格持续上升将驱使其他市场价格上扬,而实时价格持续下降将使它们也下跌。

人们常以是否有效率来评价市场的优劣,这可以从几方面来看。首先,市场应该是透明的,这样商品交易才容易迅速地发生,也就意味着总会有足够的参与者要买入或卖出物品,市场的公平性也就有保证。其次,市场的信息传播机制必须是良好的,正确的市场状况信息的广泛传播对价格的发现是必不可少的,这样发现的市场价格才是值得依赖的。最后,交易的成本(税费、行政管理费和市场信息获取费)应该只占每个交易价值的一小部分。如果交易的商品在数量和质量上都标准化,将大幅减少这些交易成本。

2.4 不完全竞争的市场

2.4.1 市场力

本章前面的讨论始终是在一个重要的前提下进行的,即市场是完全竞争的。在市场参与者众多的情况下,任何一个要价高于市场价格的供给者和任何一个出价低于市场价格的消费者都将被排除,因为其他人可以代替他们对市场的作用。因此,没有一个参与者能通过自己的行为影响市场价格,价格是由买方和卖方两个集合的相互作用来确定的,每一个市场参与者只能是市场价格的接受者。在完全竞争市场中,生产的边际成本等于消费者认定的该商品的边际价值，市场的社会效益最大，因此完全竞争是一个令人向往的目标。考察现实经济生活中的商品市场可发现，这种理想化的市场是很罕见的，只有农产品市场近似是完全竞争的，因为农产品的生产者和消费者的数量非常庞大，单个参与者只占市场微不足道的份额，不可能左右市场价格。其他的商品市场，几乎都不符合完全竞争市场的定义，这些市场中都会有部分生产者或消费者能够控制市场中足够大的份额，以致他们能够控制产品的价格。市场参与者所具有的这种影响价格的能力，叫做市场力。可实施市场力的市场，称为不完全竞争市场，参与者可通过控制产量（物质抑制）或者抬升要价（经济抑制）来操纵价格。例如，假设一家公司生产了 10 件商品，以每件商品 900 元的价格卖出，则它将获收益 9000元。如果在该公司仅提供 9 件商品待售时，商品的市场价格会升高，则该公司就具有市场力。若价格上升至 1000 元/件，则该公司即使卖出较少的商品（9 件）也可获得与原来卖出 10 件商品一样的收益。而且由于它仅生产了 9 件而非 10 件商品，成本的减少会使利润增加。另一方面，如果该公司仍然生产 10 件商品，但以 100 元/件出售 9 件商品，而以更高的价格出售最后 1 件，同样可以增加收益。

2.4.2 博弈论基础

在完全竞争市场中，市场价格是企业无法控制的一个参数。由前面的讨论可知，在这种情况下，每个厂商都将增加产量到其边际成本等于市场价格时为止。当竞争不完全时，每个厂商必须考虑它的产量会如何影响市场的价格；或者必须考虑如何选择价格才能尽可能多的占有市场，以实现其利润最大化。不完全竞争市场中的厂商行为，可用博弈论来分析。

博弈论是一种方法论，它使用严谨的数学模型来解决现实中的利害冲突问题。博弈论与常规的优化决策理论的不同之处在于：

1) 博弈论中参与者在利益上有冲突。
2) 参与者要各自做出优化决策，并企图使个人的利益最大化。
3) 每个人的决策和他人之间有相互作用，即他人的决策会影响某个人，而某个人的决策也会影响他人。
4) 参与博弈的个体都是理智的，其决策过程是理性的逻辑推理。

博弈问题的种类很多，相应的求解方法也各不相同。非协作博弈是其中最重要的一类问题，它是指参与者相互独立，各自争取自身最大利益的博弈。古诺模型（Cournot model）和伯特兰德模型（Bertrand model）是分析非合作博弈的经典模型，它们分别用来分析厂商对产量的决策和厂商对产品出售价格的决策。

1. 古诺模型

古诺模型用来分析厂商通过决策产量来竞争的情形。假设只有两家公司在某商品市场中竞争，两家公司必须同时决策产量，则每家在做决策时都将估计另外一家的预期产量。假设公司 1 估计公司 2 的产量等于 y_2^e（上标 e 表示是估计产量），则公司 1 将其产量定为 y_1 以使预期利润最大化，即

$$\max_{y_1} \pi(y_1 + y_2^e) y_1 - c(y_1) \tag{2.22}$$

式中，$\pi(y_1 + y_2^e)$ 表示预期总产出为 $y_1 + y_2^e$ 时的市场价格。

因此，公司 1 的最佳生产取决于它对公司 2 产量的估计。可以直接用一个反映函数来表示这个关系，即

$$y_1 = f_1(y_2^e) \tag{2.23}$$

同理可得，公司 2 的产量为

$$y_2 = f_2(y_1^e) \tag{2.24}$$

起初，每个公司对其竞争对手产量的推测可能是不正确或不准确的。然而，随着他们不断地观察市场并收集更多的信息，估计的偏差会逐步修正，产量将相应地调整。最终，他们的生产将调整到任何一方都不想再改变的位置，即达到古诺均衡

$$y_2^* = f_2(y_1^*), \quad y_1^* = f_1(y_2^*) \tag{2.25}$$

在古诺均衡点上，任何一个公司都将发现，单方面改变其产量是无益的。

将上述分析推广到市场上有 n 个参与者的情况，此时该产业的总产出为

$$Y = y_1 + \cdots + y_n \tag{2.26}$$

与前面的分析相同，公司 i 寻求其利润最大化，即

$$\max_{y_i}[y_i\pi(Y) - c(y_i)] \tag{2.27}$$

式中，市场价格 $\pi(Y)$ 是产业总产出的一个函数，这个最大值实现的条件是

$$\frac{\mathrm{d}}{\mathrm{d}y_i}[y_i\pi(Y) - c(y_i)] = 0 \tag{2.28}$$

即

$$\pi(Y) + y_i\frac{\mathrm{d}\pi(Y)}{\mathrm{d}y_i} = \frac{\mathrm{d}c(y_i)}{\mathrm{d}y_i} \tag{2.29}$$

在等式左边，将 $\pi(Y)$ 作为因子提出来，并把第二项乘以 Y/Y，可得

$$\pi(Y)\left[1 + \frac{y_i}{Y}\frac{Y}{\mathrm{d}y_i}\frac{\mathrm{d}\pi(Y)}{\pi(Y)}\right] = \frac{\mathrm{d}c(y_i)}{\mathrm{d}y_i} \tag{2.30}$$

等式的右边即为公司 i 生产的边际成本。如果定义公司 i 的市场份额为 $S_i = y_i/Y$，并利用式 (2.3) 需求价格弹性的定义，则式 (2.30) 可以写成以下形式：

$$\pi(Y)\left[1 - \frac{S_i}{|E_d(Y)|}\right] = \frac{\mathrm{d}c(y_i)}{\mathrm{d}y_i} \tag{2.31}$$

式 (2.31) 表明，当一个公司的市场份额不可忽略的时候，它可以将产量定在其边际成本小于市场价格的水平上来达到利润最大化。同时还揭示，低的需求价格弹性和高的市场集中度有利于市场力的实施。但值得指出的是，因为提高了产品的出售价格，一个公司实施市场力将使市场中的所有生产同类商品的公司获利，因此以减小市场力为目的的措施必须由代表消费者利益的监管机构发起，这种措施通常不会受到任何生产者的支持。

式 (2.31) 也适用于极端情况，即一个公司完全垄断市场（$S_i = 1$）的情况和其市场份额微不足道（完全竞争市场）（$S_i = 0$）的情况。价格与边际成本之间最大的差额发生在垄

断的情况下，此时垄断者提高价格的能力仅受限于需求弹性。在公司只有很小市场份额的情况下，式（2.31）还原为与式（2.16）相同的形式，该公司成为价格接受者。

2. 伯特兰德模型

伯特兰德模型用来分析厂商通过制定价格来竞争的情形。假设市场上两个生产相同产品的公司有相同的边际成本曲线，每个公司能售出多少产品由市场需求决定。由于没有一家公司能够将其价格定得低于产品的边际成本（这样将导致亏损），因此，如果公司1决定将其价格定在边际成本以上，公司2可以将其价格定得略低于公司1的定价而获得整个市场。这是因为两个公司生产的产品是相同的，所有理智的消费者都会选择价格较低者。下一次，公司1又可以将其价格定得低于公司2的价格而夺回市场。经过多次回合后，当价格与产品的边际成本一致时，市场达到一个相对稳定的均衡。

伯特兰德模型的分析结果是违反直觉的，因为人们常认为双寡头竞争者有能力获得一个比完全竞争市场要高的价格。因此，伯特兰德模型可以看作是不能相互勾结的公司之间的竞争。在这种情况下，竞争价格就是公司能够理性地期望达到的最好价格了。

然而现实中公司之间的勾结时有发生。不完全竞争市场中的寡头往往合并或形成一个托拉斯或卡特尔。卡特尔（Cartel）是生产相似产品的独立企业联合起来以提高价格和限制产量的一种组织，以使整个产业达到利润最大化。石油输出国组织（OPEC）就是一个石油卡特尔。在20世纪70年代石油价格飞涨时，它要求其成员国限制生产以维持高价，并获得了成功。当然，每隔一段时间，一个或多个OPEC国家也会超出自己的配额进行生产，他们之间就会爆发一次价格战。

大多数情况下，公司相互勾结起来共同确定价格或瓜分市场的行为是非法的。因此，公司间的勾结就会以一种隐蔽的、心照不宣的方式发生，各公司在一定规则的基础上竞争，通过公开价格互相发送信号。当公司能够相互勾结时，他们就可能将价格提高到高于边际价格，并获得满意的利润。这种情形需要用协作博弈的理论来分析。

2.4.3 垄断

在一个产业中，企业的最低有效规模（Minimum Efficient Size，MES）决定了产品市场中可能的竞争者的数量，如图2.18所示。MES为该行产业中一个典型企业的平均成本最低点的产量水平。图2.20c是MES较低的情况，此时一旦企业想扩大生产超越这一点，它的成本就会很快地随之上升，因此这个产业就可以支撑完全竞争所需的为数众多的企业。图2.20b显示的是在某一产业中，企业享有一定的规模经济，但在MES点之后，规模经济已全部实现，平均成本开始上升，该产业的需求所提供的市场只能确保为数较少的企业共存，这就会导致寡头。最后，图2.20a表示了自然垄断的情形。这种情况下，企业有一直下降的平均成本和边际成本，随着产量的提高，它可以不断地降低成本，多个企业想和平地竞争共处是不可能的，垄断的格局必然会形成。电话、电力以及自来水等公用事业都是自然垄断的产业，因为它们的固定成本都很高，但增加一个电话或多发一瓦电的边际成本却相对很低。近年来，由于科技的进步，这种状况有了一定的改变。

由式（2.31）可知，只要有机会，垄断者就将减少产出，抬升价格到高于产品的边际成本，以达到利润最大化。这种行为损害了消费者的利益，因此，对垄断行业实施监管是通行的做法。监管机构监督生产者的行为，并将价格设置在一个可接受的水平上。理想情况下,监管者应该将价格设定为垄断公司的边际成本,但这是不可能的。这一方面是因为监管者不可能接触到垄断者的全部信息,因此确定边际成本并不是一件容易的事;另一方面,即使监管者能够成功地确定精确的边际成本,价格也不能定在该水平上,因为这将使垄断者倒闭。由图 2.20a 所示的情况可看出,需求与边际成本曲线的交点提供了一个价格 π_{MC},它低于需求与平均成本曲线的交点 π_{AC}。为避免垄断者被迫退出市场,监管者至少应该把价格定为 π_{AC}。

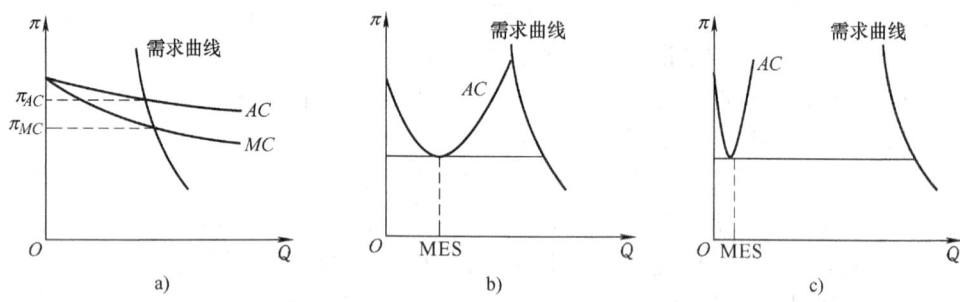

图 2.20 市场结构取决于相对成本与需求
a) 自然垄断 b) 寡头 c) 完全竞争

思 考 题

2.1 已知某商品的需求函数为 $Q = 200 - 5\pi$,供给函数为 $Q = -100 + 10\pi$。试回答如下问题:

(1) 当价格 $\pi = 15$ 元/单位商品时,计算消费量、消费者的总效用、生产者的收益以及消费者的剩余;

(2) 如果价格提高 20%,计算消费量的变化,并计算消费者的总效用、生产者的收益以及消费者的剩余的变化;

(3) 求出均衡价格 π^* 和均衡数量 Q^*,并计算消费者的总效用、生产者的收益以及消费者的剩余;

(4) 推导消费者总效用和消费者剩余关于需求和供给的函数表达式,并用上面的计算结果验证。

2.2 已知某市场中消费者的需求函数可表达为 $Q = 200 - 0.1\pi$,生产者的供给函数可表达为 $Q = 0.2\pi - 40$,试计算如下市场干预措施对市场均衡的影响:

(1) 每件商品的最低价格为 900 美元;
(2) 每件商品的最高价格为 600 美元;
(3) 每件商品的销售税收为 450 美元。

在每种情况下,计算市场价格、交易数量、消费者剩余、生产者利润和社会效益。将计算结果用图表示。

2.3 根据统计研究结果,1998 年美国小麦生产的供给曲线为 $Q = 52.9 + 0.15\pi$;对美国生产的小麦的需求曲线为 $Q = 88.3 - 0.21\pi$。式中,价格以美元每吨为单位,数量以百万吨每年为单位。试回答如下问题:

(1) 该年每吨小麦的平均价格是多少?小麦的均衡数量是多少?
(2) 小麦的需求价格弹性和供给价格弹性分别是多少?
(3) 假设小麦的价格上涨至每吨 110 美元,计算需求量和需求的价格弹性分别是多少?

2.4 电力企业通常向用户提供分时电价来鼓励他们将负荷从峰荷期转移到低谷负荷期。在高峰和低谷时期电力商品的消费可看作是替代品。表 2.4 列出了关于分时电价的测试结果。请利用这个结果确定高峰和低谷时期电力商品需求的弹性和交叉弹性。

表 2.4 题 2.4 表

	峰值价格 π_1 /(元/MW·h)	低谷价格 π_2 /(元/MW·h)	峰值需求 D_1 /MW·h	低谷需求 D_2 /MW·h
基本情况	620	310	1000	500
测试 1	620	280	992	509
测试 2	650	310	985	510

2.5 假设生产某产品的边际成本函数（元/单位商品）是 $MC = 3Q^2 - 8Q + 100$，若生产 5 单位产品时总成本是 595 元，Q 为产品数量，试求总成本函数、可变成本函数及平均可变成本函数。

2.6 一家铝制品厂和一家发电公司签署了一个差价合同，然后双方一起参与本地区电力市场的集中交易，合同规定以 380 元/MW·h 的价格持续交易 200MW 的电力。试解答下列问题：

（1）当市场电价分别为 380 元/MW·h，410 元/MW·h，350 元/MW·h 时，分析该交易的资金结算情况。

（2）如果在某时段，这家发电公司只向铝制品厂提供了 50MW·h 的电能，且此时的实时电价为 410 元/MW·h，这将会出现什么情况？

（3）如果在某时段，铝制品厂只消费了 100MW·h 的电力商品，且此时的实时电价为 350 元/MW·h，又将出现什么情况？

第 3 章 电能的市场交易

3.1 引言

一般的商品交易，可以是买者和卖者面对面的直接交易的方式，也可以是借助于各种中介，如经纪人、经销商等进行的方式。但由于电力商品具有特殊性，是由电力技术特有的物理规律所决定的，也是电力市场中很多问题的根源所在，认识电力商品的特殊性对于深入理解电能的市场交易至关重要，因此本章首先对此进行讨论。价格是市场经济中"看不见的手"，电价理论在电力市场中的重要性不言而喻，本章 3.3 节将介绍电价的理论基础。随后，本章围绕电能交易所依托的市场结构、电能交易的方式以及竞价算法等内容逐一展开。

本章内容的核心是电能交易，因此为简单起见，假定所有发电机与负荷都连接在同一母线上，或者说都连接在无穷大容量且无损的网络上，即忽略输电网络的影响。考虑输电网络的电能交易将在第 6 章中详细讨论。

3.2 电力商品的特殊性

在电力市场中，电能作为商品进行交易，然而电力商品与服装、小麦或石油等其他商品有着本质的不同，这种不同对电力市场的结构与规则产生了深刻的影响。

首先，电力供需必须瞬时平衡，并且电力在传输中具有融合特性。所有发电商生产的电能在向负荷传送时是融合在一起的，某一发电商生产的电能不会直接供应某一具体用户；反过来说，一个用户也不可能仅从一个特定发电商那里获得电能。事实上，因为不同发电商生产的电能都需满足统一的电能质量标准，所以电力商品的融合成为可能，而且考虑到系统的规模经济性，这种融合也是必要的。在这种商品融合的电力系统中如果出现需求波动、输电阻塞或故障等情况，将会影响到每一个参与者，而不是仅仅影响其中引起问题的特定参与者，因此，系统运行调度人员必须及时处理各种情况。如果不能维持系统的安全稳定运行，系统崩溃的后果是灾难性的，对社会及经济生活影响严重，并且需经过一个复杂的过程才能将一个完全崩溃的大电力系统恢复至正常状态。因此，至少在短期内，电力的供需平衡不能完全交给市场。就是说，电力市场的运行离不开系统运行调度人员的管理，事先计划和实时调度是他们不可推卸的责任。而为了保证电能质量和电网的安全运行，系统运行调度人员需要备用、无功的支持，这就带来了电力市场的辅助服务问题。

其次，电力传输依赖于输电网，并遵循特定的物理规律。电力遵循基尔霍夫电压、电流定律在错综复杂的输电线路中传输，其流向并不遵守人们达成的电能交易方向。系统运行调度人员必须确保所有电能交易形成的系统潮流不会违反物理规律的制约，并且应最合理有效地利用系统的传输能力。当某条线路的潮流达到其承受极限时，运行调度人员必须重新安排发电计划。如果在制定发电计划时就考虑到网络的安全约束，则将取得最佳的效果；而如果是在制定发电计划后进行校正,则往往要付出更高的代价。网络对电能交易的制约体现了物理规律与市场规律的冲突,是电力市场特殊性的重要表现。另一方面,输电损耗降低了远距离交易的经济性,无形中削弱了市场竞争。

最后,电能无法储存。如果商品可以储存,则它在不同时段的交付价格之间就会存在明确的关系,后一时段的价格约等于前一时段的价格加上"存储成本"。这样,市场就不言而喻地包括了未来时段的参与者,因而增加了市场上买卖双方的数量,使市场更有效率。由于电能无法储存,根据本月的电力交付价格无法预测下一个月的价格,电价的预测需要收集大量电能生产、燃料供应以及需求变化的信息,并经复杂的计算。因此,电力市场比其他商品市场的透明度低,也就降低了市场的效率。同时,由于电能的合同交易量与发电商或用户实时生产或消费的电量之间不可避免地存在着差异,因此电能无法储存的特性将加大电力市场供需平衡的难度。

另外,电能在国民经济和社会生活中的作用举足轻重,电力需求呈现较大的周期性波动,这些其他商品市场中所不具有的特点,都对电力市场的设计和运行产生影响。

3.3 电价理论基础

电能和其他产品一样是商品,商品的销售,一方面应向消费者供应质量合格的产品,另一方面应从客户处取得相应的货币收入。电价,就是电力商品价值的货币体现。由于电力是公用事业,广泛应用于各行各业、千家万户,电价水平不仅影响到能源的开发利用、国家的财政收入和电力工业的发展速度,而且还影响到其他行业的发展水平、劳动生产效率和人民的生活习惯,因此电价的制定至关重要。特别在市场环境下,市场机制成为配置资源的主要方式,而市场机制的主力就是价格机制。换句话说,价格的调节作用扮演着配置市场资源的重要角色。

3.3.1 电价概述

电价,是与电力发、输、供有关的各类型电力商品和服务的价格的总称,或称电价体系。《中华人民共和国电力法》(简称《电力法》)第三十五条规定,电价是指电力生产企业的上网电价、电网间的互供电价和电网销售电价。电力市场环境下,发、输、供一体的垄断格局被打破,厂网分开,输电网开放,市场参与者的类型增多,运营模式市场化,因此电力商品的种类和相关的服务也呈现多样性,从不同的分类角度,出现了多种不同的电价。例如,从电力商品的功能上,有电能电价、备用电价和无功电价;从电力商品交付的时间上,有远期合同电价、期货合同电价、日前市场电价和实时电价;从电力发、输、配流程上,有上网电价、输电电价、配电电价;从电力生产成本的组成结构上,有一部制电价和两部制电价等。

在电力生产和供应的垄断时期,电价的制定采取政府定价的形式,由物价部门负责管理,电力主管部门予以协助。《电力法》第三十六条规定了制定电价的基本原则,"应当合理补偿成本,合理确定收益,依法计入税金,坚持公平负担,促进电力建设",也就是说,电价应等于成本、利润和税金之和。在上网电价的制定中,我国先后出台了"还本付息电价"和"经营期电价"政策,通过控制电力投资利润率水平调控电力建设的发展。还本付息电价的出台背景源于20世纪80年代中期的严重电力短缺,为调动社会各方面投资办电的积极性,1985年国务院实行了多家办电和多渠道集资办电的政策,对集资兴建的电厂实行还本付息电价,允许新建成的电力项目按照还本付息需要核定电价,即上网电价由发电单位成本、税金和利润构成。其中,电力发电利润按电力项目贷款办法,在规定的期限内还清投资本息和发电企业平均的留利水平计算;还清贷款后,按发电企业平均留利水平计算。到20世纪90年代中后期,经营期电价政策取代了还本付息电价政策,对新建成的电力项目改为按电力项目经济寿命周期平均核定电价,即在综合考虑电力项目经济寿命周期内各年度的成本和还贷需要的变化情况的基础上,通过计算电力项目每年的现金流量,按照使项目在经济寿命周期内各年度的净现金流量能够满足按项目注册资本金计算的财务内部收益率为条件测算电价。这在一定程度上修正了还本付息电价缺乏激励机制、不利于提高电力投资效率的弊端。

竞争市场中,电能拍卖在实现供需平衡的资源配置的同时发现价格,因此上网电价的形成不再采用政府定价的形式,而由市场竞争定价。但对仍处于垄断地位的输配电服务,为限制电网经营企业的过高利润,保障市场的良好秩序,保护电力消费者的利益,输配电价格仍采用政府定价的方式加以确定。

3.3.2 电价的制定方法

电价的制定方法必须有利于电价职能的发挥。电价职能是指电价本身内在所具有的功能和作用,主要有表价功能、调节功能和传递信息功能等。表价功能,是指电价应尽量正确地反映电力商品内在的价值量,是电价最基本的一种职能;调节功能,是指电价在社会再生产全过程中处于调节者的地位,可以调节电力的建设、生产和消费;传递信息功能,是指电价是一种信息载体,能够反映、传递经济信息。电价制定的基本方法是综合成本法和边际成本法。

1. 综合成本法

综合成本(Embedded Cost)定价是一种常用的、传统的定价方法。它根据历史记载的账面成本,即发电企业会计记录与财务报表中的成本项目来核算在未来给定的电价计算期内供电所需的全部成本,记为$C_{produce}$,再计及税金C_{tax}和利润C_{profit},并将其在全部供电量中平均分摊,即

$$\pi = \frac{C_{total}}{P_{total}} = \frac{C_{produce} + C_{tax} + C_{profit}}{P_{total}} \tag{3.1}$$

式(3.1)中,P_{total}是指电价计算期内企业的总供电量,一般根据机组的容量和年利用小时数来计算。例如,设发电企业拥有N台机组,机组i的容量为$P_{max,i}$,机组的年利用小时数均为5500h,计算期为Y年,并计及厂用电率η,则

$$P_{total} = Y(\sum_{i=1}^{N} 5500 P_{max,i})(1-\eta) \tag{3.2}$$

综合电价也可针对单台机组分别计算。

综合成本定价可以较好地补偿成本,满足财务指标,因此也具有不错的筹资功能,可以吸引更多资金进入电力行业。综合成本法的优点是直观、简便,易操作;并且计算周期较长,相对稳定,有利于避免因投资高峰带来的电价波动。但是综合成本法只根据以往账面计

算折旧费，无法体现未来通货膨胀、能源和环境开支增加等因素，有可能导致折旧费不足和企业资金状况恶化；并且不能对现阶段的生产和消费提供正确的经济信号，因此也不能合理有效地配置资源和引导生产和消费，市场效率不高。

2. 边际成本法

边际成本（Marginal Cost），又称为经济学成本，是指生产的微增所产生的成本微增。根据经济学原理，在完全竞争市场中，单个企业根据边际成本等于边际收益的原则定价，可以使自身的利益最大化；整个商品市场根据边际成本等于边际收益的原则定价，则可以使社会总效益最大化。因此，边际成本定价的数学模型为

$$\max \quad B - C$$
$$\text{s.t.} \quad g(x) = 0$$
$$h(x) \leq 0 \quad (3.3)$$

式中，B 代表用户使用电能后获得的效益；C 表示系统总的供电成本。由式（3.3）可知，为保证系统的安全可靠运行，系统运行状态的表征向量 x 必须满足一定的等式约束条件 $g(x)=0$ 和不等式约束条件 $h(x) \leq 0$，主要有：

1）系统有功功率、无功功率平衡方程。
2）有功电源出力上、下限约束。
3）可调无功电源出力上、下限约束。
4）节点电压模值上、下限约束。
5）电力潮流及损耗应满足的电路物理规律。
6）线路传输或变压器等元件中允许通过的最大电流或视在功率约束等。

上述条件中，除1）为等式约束条件外，其余均为不等式约束条件。该模型可根据优化数学的原理求解，设电能生产量以 P_{sys} 表示，则有

$$\frac{\partial B}{\partial P_{\text{sys}}} - \frac{\partial C}{\partial P_{\text{sys}}} = 0 \quad (3.4)$$

用户用电的净收益为

$$B_{\text{net}} = B - \pi P_{\text{sys}} \quad (3.5)$$

其最大值出现在 $\frac{\partial B_{\text{net}}}{\partial P_{\text{sys}}} = 0$ 的点，此时，有

$$\frac{\partial B}{\partial P_{\text{sys}}} = \pi \quad (3.6)$$

再考虑到式（3.4），于是

$$\frac{\partial B}{\partial P_{\text{sys}}} = \frac{\partial C}{\partial P_{\text{sys}}} = \pi \quad (3.7)$$

电价等于供电成本的微增率，即边际成本，同时也等于用电的边际收益。

在计算用电收益和供电成本时，考虑的计算周期不同，计及的影响因素也不同。例如，在短期内，电力生产边际成本的增加主要表现为燃料费、人工费等可变成本的增加；而在长期内，投资建设新电厂的费用必然构成电力生产边际成本增加量的一部分。因此，以时间因素对电力生产成本的影响为区分，边际成本法又分为长期边际成本法和短期边际成本法。

边际成本法的优点是可获得最大的社会效益，并能正确反映电能的未来价值，给予用户正确的用电信号；缺点是边际成本电价不能保证收支平衡，这是由于边际供电成本与平均供

电成本有差异而造成的。另外，短期边际成本电价受供需变动的影响较大，波动剧烈；长期边际成本电价由于计算周期较长，电价相对稳定，但某些与时间有关的宏观因素难以精确描述，定价模型的准确性难以把握。

3. 其他方法

选择定价方法依据的基本准则是，能够保证收支平衡，具有调节市场供需并提供经济信号的作用，方法本身有较好的可行性和透明度，有利于加强市场竞争。无论是综合成本法还是边际成本法，都不能完全满足这些准则。综合成本法强调了收支平衡，有利于吸引投资，保证电力产业的持续发展，但欠缺调节及信号作用，不利用促进竞争和提高市场效率，不符合市场机制的要求；而边际成本法无疑具有最佳的调节及传递信息的作用，有利于资源优化配置，最符合市场经济规律，但缺陷是不能保证收支平衡。因此，电力市场中，对已引入竞争机制的环节，如发电环节，上网电价的制定多采用边际成本法，而对仍保持垄断的环节，如输配电服务的定价，则多采用综合成本法。

从成本分类的角度看，电力生产成本分为固定成本和可变成本两部分，固定成本主要是发电厂的基建投资，与装机容量有关，可变成本主要是电厂的日常运营消耗，与发电量有关。边际成本法不能保证收支平衡的根本原因就在于其定价机制不反映固定成本，固定成本的回收完全依靠机组的运营利润。运营利润取决于市场的运行状况，变化很大，大大增加了电力投资的风险，特别是系统的边际机组，长期运行于微利情况下，难以收回投资成本。因此，边际成本法虽然市场效率高，但不利于市场的长期稳定。一些以边际成本法为基础，兼顾固定成本回收的定价方法相继被提出，部分已应用于实践，如两部制电价。

针对电力生产成本两部分的特点做不同处理，是两部制电价的基本思想。两部制电价由容量电价和电量电价组成，容量电价用于保证固定成本的回收，可按照综合电价法的原理制定，即将总的容量成本在总可用容量中分摊；电量电价则由市场竞争所发现的边际成本确定。两部制电价的特点是，电量电价促进了竞争，资源得到优化配置；容量电价保证了成本回收，可以很好地吸引投资。但容量电价制定不当会使发电商之间竞争变弱，影响市场效率，而且容易造成容量投资过渡。为此，一些电力市场尝试了其他的固定成本补偿方式，如早期英国电力市场采用的高负荷期分摊法，美国PJM市场采用的按复合报价补偿的方法等。也有学者提出当量电价法、附加函数法等，同样是针对此问题的，读者可参考相关文献。

3.3.3 实时电价

实时电价的概念和理论是由美国的F. C. Schweppe教授在20世纪80年代提出的。实时电价是经济学边际成本概念在电力商品价值上的具体应用，它在理论上解决了各种影响电力商品价值的因素，如负荷水平、发电设备和输电设备的运行与维护成本、系统的安全性和可靠性等，如何体现在电价中的问题，可以更真实地反映系统供电成本，并为供需双方提供价格信号。因此，实时电价建立了电力商品市场化运营的调节"杠杆"，是电力市场的理论基石。在实践中，由于可操作性差，因此通常所称的实时电价往往是在一定简化假设条件下得出的，如在不考虑其他约束条件、仅考虑短时期内（1h或0.5h）满足供需平衡情况下的供电成本常被称为实时电价。当考虑输电网对电能交易产生的制约作用时，电网中不同地点的实时电价将会不同，此时也常把实时电价称为节点电价（Nodal Price）。关于节点电价，在

第 6 章中详细讨论。

根据实时电价理论，实时电价由在给定时段（1h，0.5h 或更短）向用户供电的边际成本确定，因此本质上实时电价是由短期边际成本决定的，其数学模型同式（3.3）。当各种影响电力商品价值的因素均以约束的形式出现于模型中时，则实时电价可真实全面地反映系统的供电成本。Schweppe 教授建立的数学模型中，第 k 个用户在第 t 时段的实时电价可表示为

$$\pi_k(t) = \gamma_F(t) + \gamma_M(t) + \gamma_{QS}(t) + \gamma_R(t) + \eta_{L,k}(t) + \eta_{M,k}(t) + \eta_{QS,k}(t) + \eta_R(t) \quad (3.8)$$

式（3.8）中，边际发电燃料成本 $\gamma_F(t)$、边际发电维护成本 $\gamma_M(t)$、发电质量成本 $\gamma_{QS}(t)$ 和发电收支平衡分量 $\gamma_R(t)$ 合称为发电分量；边际网损成本 $\eta_{L,k}(t)$、边际网络维护成本 $\eta_{M,k}(t)$、网络供电质量成本 $\eta_{QS,k}(t)$ 和网络收支平衡分量 $\eta_R(t)$ 合称为输电分量。

各分量都有物理或经济的意义。边际发电燃料成本是实时电价中最大的分量，该量可以由电能竞价交易直接发现，与系统负荷水平密切相关，一般随系统负荷水平的上升而增加，同时也受互联系统间经济功率交换的影响。

实时电价的输电分量之所以与用户有关是因为不同的用户位于电网中不同的位置，由此引起不同的边际网损成本和边际网络维护成本。

发电质量成本分量和网络供电质量成本分量与供电可靠性有关。在正常情况下这两者都很小，但当供电趋于发电容量或电网输电容量的极限时，这部分分量迅速增长，成为实时电价的主要成分。

由于边际成本法本身有无法保证收支平衡的缺陷，因此加入发电收支平衡分量和网络收支平衡分量，以调整电力公司的收益，使其既不致亏损又不致盈利过大。

3.4 电能的市场交易

电能与其他商品一样，其市场交易的方式本质上可分为双边交易和集中交易两类。双边交易可以是买者和卖者面对面的直接交易的方式，也可以是借助于各种中介，如经纪人、经销商、电子公告牌等进行的方式。当中介的作用极大化，所有买卖交易都由同一个机构来负责确定时，就形成了集中交易。由于电力需求时刻处于波动之中，因此电能的边际生产成本也不是固定不变的，它属于没有标准价格的商品。这类商品进行集中交易的最好方式是拍卖，又称为"竞买"，即通过中介组织，以公开竞价的形式，将特定的物品或财产权利出售给最高应价者。拍卖的形式可以是公开的英国式拍卖（价格上行）和荷兰式拍卖（价格下行），也可以是密封的第一价格拍卖（获胜者按投标价格支付）和第二价格拍卖（获胜者按中标价格中的第二高价支付）。密封式拍卖还可以是买卖双方均竞争报价的双向竞价方式。电能拍卖的目的是平衡供需，合理分配资源，而不是追求最高价值，因此密封式拍卖是最合适的。特别是第二价格拍卖，由于避免了第一价格拍卖所具有的中标者会后悔自己出价最高的风险，因此可促使投标者按真实意愿报价，更有利于社会效益的最大化。实践中，集中交易的电力市场多采用密封式第二价格拍卖的方式进行电能交易。电能拍卖在实现电力商品交易的同时，还可确定电价，并且这样形成的价格，不是人为规定和制造出来的，而是一种竞争定价，其发现的价格是一种供给和需求均衡状态下的价格。

由于电力需求的周期性波动较大和电力不可存储的特点，为保证电力系统的稳定运行，

电力市场一般由多个不同时间级的子市场组成,如长期市场、日前市场、实时市场等。长期市场包括远期合同、期货及期权等,一般采用双边交易形式。由于长期市场的交易标的物是合同而非实物,因此常统称为期货市场,与之对应,日前市场和实时市场统称为现货市场。日前市场交易形式可以是双边交易、集中交易或两者的混合,由于电力市场的目标之一是将电能像其他商品一样进行交易,因此随着市场的成熟,日前市场中集中交易的成分将越来越少。对每一种商品来说,合同规定的买卖量和实际需求量间往往存在不平衡。实时市场提供了控制这种不平衡的机制,因此实时市场也常称为"平衡机制"。如前所述,发电与负荷的不平衡要快速校正,而这是双边交易做不到的。将电能作为商品交易时,电力实时市场的建立是必要的,而且应有系统运行人员专门管理,即实时市场必然采用集中交易。各时间级市场的结构关系如图 3.1 所示。下面分别对远期合同的分解以及日前市场和实时市场交易进行详述。

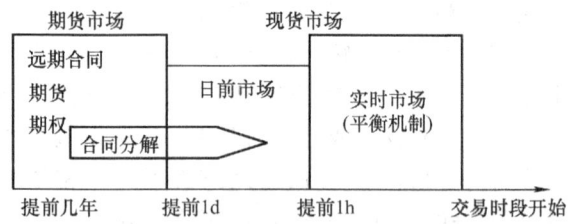

图 3.1　各时间级市场的结构关系

3.4.1　远期合同及其分解

电力远期合约是市场参与者为了回避价格风险,减少由于未来市场价格波动带来的利益损失,通过谈判等方式达成的一种协议。交易双方在远期合约中规定:在未来某一段时期按约定的价格购买或销售一定的电能。远期合约提供了类似于其他可存储商品的某种事先保存功能,它使电能可以被"虚拟"地以双方议定的价格储存起来,一方面可以满足合约签订双方对于未来获利和风险两方面的要求,另一方面也有助于对实时电价的突变、波动起到平滑作用,降低市场电价风险,形成合理的市场价格,从而维持电力市场的稳定。

世界各国的电力市场都大量存在中长期合约交易。例如,英国在电力市场运营的初期,几乎超过 80% 的电力交易都是通过远期差价合同市场来进行的。我国的电力市场目前完成了厂网分家,开放了发电侧电力市场,中长期合约作为交易双方规避风险的一种工具也已被广泛采用。例如,试运行的华东电力市场采取限量竞价交易模式,竞价电量只占全年负荷电量的 10%~20%,超过 80% 的电量交易都是通过签订中长期电力合约的方式来进行的。

在单一买方模式下,电网公司首先预测系统下年度负荷总量,然后拿出预测总电量的一定比例作为年度合约电量,与各发电公司签订年度合约。传统调度模式下,年度合约电量根据火电机组年利用小时数相等或相当并适当考虑其他因素编制给各发电公司的机组。市场模式下,则是在一定的市场竞价规则下,由各个发电公司通过报价竞争来取得相应的合约份额。

由于电力供需瞬时平衡的特点,合约电量的执行最终必须与现货市场衔接,并分解为机组实时发电计划的组成部分。具体过程如下:年度合约电量按照一定的分解方法分解到各月,与该月度的新增合约电量构成月度发电计划,按照一定方法分解到日,最后再与日新增电量一起分解到各个时段,形成各个发电商(机组)的发电计划。

远期合同与现货市场是互为补充和相互协调的。远期合同可以稳定电力商品的供求状况、稳定电价，有利于保障电力系统的安全稳定运行和电力市场的稳定运营；而现货交易可以增加市场的竞争度，更好地发挥市场的调节作用。通过调整两者间的比例关系，可以改变市场的竞争程度。一般而言，为了增大市场竞争力度，可以减少合约交易电量的比例、增加现货交易电量的比例，但同时应提供更灵活的金融衍生工具以规避市场风险。因此，电网公司在远期合同的分解中，会根据对未来电力市场出清电价的预测，在满足系统安全约束及维持市场平稳的情况下，将合约电量尽量分配到电价预测值较高的月份，而在电价预测值较低的月份尽量通过购买竞价电量来满足负荷需要，以达到总购电费用的最小化。

3.4.2 日前市场

各种金融性的长期合同、期货和期权合同等必须在日前市场中具体化，再加上现货交易，因此日前市场是电力市场框架体系中的重要一环和最主要的特色之一。在日前市场上，发电商按照报价规则向市场运营机构申报下一个交易日的电价和电量，由市场运营机构根据竞价规则进行竞价，确定市场的出清电价和各发电商的发电计划。设置日前市场的优点在于：

1）在日前市场中优化调度决定的时段是以天计，而不是以小时或更短的时段计，市场运营机构可以将机组的起停指令纳入调度程序中，这有利于减少具有较高启动成本和日运行周期的发电商的损失，并有利于降低购电成本。

2）日前市场提前一天锁定了发电商的价格，有助于遏制发电商在实时市场中操纵市场的行为，避免发电商通过临时退出运行的手段抬高市场电价。

3）日前市场能促进需求侧响应。日前价格是对未来一天内实时价格的预测，用户可根据日前价格调整自身的用电安排，控制电费。

日前市场一般是分时进行的，交易形式主要有双边交易和集中交易。

1. 双边交易

如名所示，双边交易（Bilateral trading）只涉及双方：买方和卖方。因此参与者不受第三方影响，买卖双方会依照交易时间、数量来采取不同形式的双边交易。

1）长期合同（Customized long term contract）：买卖双方根据自己的目的与需要进行相互协商而签订的合同。由于合同谈判有较高的交易成本，因此这种方式一般适应双方想在较长时间内（几个月甚至几年）买卖批量的电力商品（几千 kW·h 或几百 MW·h）时采用。

2）"柜台"交易（Trading over the counter）：依照规定的标准（交易时段、数量等）在电能交易所的"柜台"所进行的小额电力商品的交易。这种形式的交易有相对较低的交易成本，在交易实施时刻临近时，买卖双方可用它来改善各自的状况。

3）电子交易（Electronic trading）：参与者可以直接在电子化的市场中竞投买入标（offer）和卖出标（bid）来买卖电能。所有参与者都能看到投标的价格与数量，但不知道具体投标人信息。当某个卖方提出一个新的卖出标时，交易所的软件系统会检查同时段内是否有与之相配的买入标，如果发现有大于或等于卖出标价格的买入标，交易便自动敲定，交易价格与数量会显示给所有参与者；如果没有相匹配的，这个卖出标就会添加到未完成竞标的列表中，并会一直处在其中，直到有合适的买入标相配、投标被撤回或者因所在时段的市场已关闭而流标。同样，每次当某个买电方进入系统时，也会执行相似的过程。这种交易模式极其快速和方便。由于发电商和零售商常在交易实施前进行微调，所以在市场关闭前的几分钟或几秒钟往往发生大量的交易。

这三类双边交易模型的本质特点是，每一个交易的价格都是参与者独立设定的，因此没有官方价格，交易合同的细节一般是不公开的。当然，一些咨询机构可能会进行市场研究，发布关于市场交易价格及数量的汇总信息和分析报告，这有助于市场参与者把握市场状态与方向，可以提高市场的效率。

日前市场中双边交易运作的一般流程如下：

首先，发电公司会对自己机组的成本特性进行分析，针对不同特性的机组采取不同的经营策略。例如，起动成本较大，但运行成本低的机组（基荷机组），公司会保持其不间断运行；既有起动成本，运行成本也略高的机组（腰荷机组），公司会在其开起运行的情况下尽可能多发电；起动成本忽略不计的小机组（峰荷机组），公司将在市场价位合理时适时起动它，并可在价位走低后随时关停。

其次，在某时段的市场开放前，发电公司先明确该时段远期合同交易的分解情况，并按照发电成本最低的原则优先安排机组完成合同交易。在承担合同任务后仍有富裕容量时，则考虑在市场开放后，在市场投标中寻找可能的售电机会，以实现更多的赢利。

最后，如果一切正常，发电公司在这一时段的交易就告结束。但日前市场的开放都会保持一定的时间，如果此期间发电公司遇到一些意外情况需要调整发电计划，那它还可以继续在市场上寻找交易机会，这有助于其控制发电成本，减少损失。一般而言，公司因自身原因不能完成合约电量时有三种选择：

1）什么也不做，等待系统运行员在实时市场上进行平衡，并按实时电价支付电量缺额。

2）启用自家的备用机组，承担缺额的发电任务。

3）如果时间允许，尽量在日前市场上寻找售电投标较低的替代者，通过买入电量来填补缺额。

因为实时市场的价格相当大的可能是高于日前市场价格的，因此，发电公司为减少损失，不会留有缺额，而是尽可能在市场上以比备用机组边际成本还低的价格买入电力商品。

【例3.1】 发电公司的双边交易分析。设优能发电公司拥有三台发电机组，类型和参数见表3.1。

表3.1 优能发电公司三台机组的类型和参数

机组	类型	最小输出功率/MW	最大输出功率/MW	边际成本/(元/MW·h)
A	大型煤电机组	100	500	360.0
B	中型煤电机组	50	200	430.0
C	燃气机组	0	50	600.0

在某交易日下午2:00~3:00时段，该公司分解到该时段的长期合同情况见表3.2。日前市场开放后，交易所公告牌上显示的此时段的投标情况随着双边交易的进行时有变化，初始时，变化见表3.3，临近结束时，变化见表3.4。

考察该发电公司的交易情况。

表 3.2　优能发电公司的长期合同情况

类型	卖出/买入	数量/MW·h	价格/(元/MW·h)
远期合同	卖出	200	375.0
远期合同	卖出	250	390.0
期货	卖出	100	450.0
期货	买入	50	435.0
期货	卖出	50	440.0

表 3.3　某电力市场 2:00~3:00 时段初始时的投标情况

	交易代号	数量/MW·h	价格/(元/MW·h)
售电方（卖出标）	B5	20	610.0
	B4	25	550.0
	B3	20	500.0
	B2	10	480.0
	B1	25	460.0
买电方（买入标）	O1	30	450.0
	O2	30	445.0
	O3	20	440.0
	O4	30	420.0
	O5	50	410.0

表 3.4　某电力市场 2:00~3:00 时段临结束时的投标情况

	交易代号	数量/MW·h	价格/(元/MW·h)
售电方（卖出标）	B5	20	610
	B4	25	550
	B3	20	500
	B6	20	480
	B8	10	460
买电方（买入标）	O4	30	420
	O5	50	410
	O6	50	390

解：该发电公司的交易情况可分析如下：

1）机组特性分析与经营策略确定。很明显，机组 A 为基荷机组，应保持不间断运行；机组 B 为腰荷机组，应在开起运行后尽可能多发电；机组 C 为峰荷机组，可根据市场电价的高低择机运行或停运。

2）远期合同分解情况分析及合同任务分配。由表 3.2 可见，分解到该时段的该公司合同共有 5 份，卖出合同电量共计 600MW·h，但由于在期货市场上以低价买入了一份合同，因此可对冲掉一部分卖出合同,在减少自己产量的同时获得了一定的赢利。为完成合同,该公司需发电 550MW·h,因此公司会优先安排低成本的 A 机组满发,承担 500MW·h 的发电任务,并开起 B 机组,承担剩余的 50MW·h。

3) 在市场上实现更多赢利。因为该公司的总装机容量为 750MW,在承担合同任务后仍有富裕容量,所以在该时段交易开始后,该公司会在日前市场上寻找可能的售电机会,以实现更多的赢利。由表 3.3 可见,买入标中的 O1、O2、O3,都高于 B 机组的生产成本,而 B 机组也还有 150MW 的容量可用,于是公司的交易员抓紧时间赶在其他竞争者之前,与 O1、O2、O3 达成交易。完成此交易后,公司的生产计划要做出相应的调整,B 机组将增加发电至 130MW·h(增发 80MW·h),而由于市场价位不高,C 机组没有开机的必要。

4) 意外发生后的调整。现假设在这一时段的交易临近结束时,发电公司的机组出现了预料之外的机械问题,虽然 B 机组仍能继续运行但最多只能发电 80MW·h。如前所述,最好的选择是尽可能在市场上以比 C 机组边际成本还低的价格买到电力商品。此时市场上的投标情况已发生变化,见表 3.4。显然,售电标 B8、B6 和 B3 的出价都低于 C 机组的边际成本,因此,公司交易员应选择与它们达成交易,这样公司的合同在该交易时段达到了平衡而花费比开启 C 机组带来的损失少。于是,这一时段的交易结束后公司承担的生产任务是 580MW·h,其中 A 机组承担 500MW·h,B 机组承担 80MW·h。

2. 集中交易

电能在从发电机发出到输送给负荷的过程中是融合在一起的,负荷消耗的电能具体来自哪家发电商并不能被辨识,因此在电力市场改革的初期,具有明确交易对象的双边交易曾被认为不适用于电力交易。由一个机构负责集中达成所有生产者与用户间交易的方式因此而产生,这就是竞争性的电力库(Electricity Pools)模式,也称为联营体模式。库模式是中介机构的作用极大化的一种很不寻常的商品交易形式,但是将其应用于大型电力系统非常合适。因为,在电力市场出现之前,一些服务区域相邻的垄断电力集团公司已经采用合作性电力库的运行方式,具有发展为竞争性电力库的良好条件。

电力库模式为市场的供需平衡提供了一种系统性的机制,避免了生产商与用户的重复沟通。电力库交易的基本特征主要表现在以下几个方面:

1) 市场设有交易中心,负责电能供需双方的集中交易,根据发电公司和用户(允许用户投标情况下)的卖出和买入投标,匹配合适的交易量,并对成交的交易进行结算。

2) 在某设定交易时段,发电公司按照市场投标规则就其可提供的电能数量和期望的售出价格进行投标,并同时申报市场可能要求的其他技术约束。将所有发电商投标按售电价的升序排列(忽略技术约束条件下),可形成市场的供给曲线。

3) 同样,用户也可以按照市场规则就其计划用电的数量和价格提交买入标。将买入标按价格的降序进行排列,可以得到市场的需求曲线。但是,在仅开放发电侧市场的情况下不存在用户投标,需求曲线依照负荷预报的数值设定,是一条垂直线,反映需求是非常缺乏弹性的。

4) 集中交易的匹配原则是社会效益最大化,即依序将出价最低的发电商匹配给出价最高的用户,直到没有用户的出价高于发电商的出价为止,此时得到需求曲线与供给曲线的交点,代表市场达到平衡,交点处的数量和价格就是市场出清电量和出清电价。所有低于或等于市场出清价的卖出标都被接受,发电商要在第二天规定时段按其投标的数量生产电能。同样，所有大于或等于市场出清价的买入标都被接受，用户可从系统获得电能。

5）市场出清价代表系统生产下1kW·h电的价格，因此也称做市场的边际价格（System Marginal Price，SMP）。在采用边际价格结算的市场中，不管发电商和用户的原始出价是多少，发电商生产的每1kW·h电都以边际价格获得收入，用户也按照此价来支付购电费用。

【例3.2】 某电力库在某交易日9：00～10：00的电力供给与需求报价情况见表3.5，请确定市场供需平衡的出清电量及边际电价。

表3.5 电力库的投标情况

	公司	数量/MW·h	价格/(元/MW·h)
卖出标	甲	200	360.0
	甲	50	390.0
	甲	50	440.0
	乙	150	400.0
	乙	50	420.0
	丙	100	375.0
	丙	50	430.0
买入标	东城	50	375.0
	东城	100	465.0
	西城	50	350.0
	西城	150	450.0
	南城	50	340.0
	南城	200	480.0

解：根据表3.5的卖出标和买入标，分别进行排列，可形成市场的供给与需求曲线，如图3.2所示。由两曲线的交点可得：在这一特定时间段，电力库的边际价格SMP确定为400元/MW·h，市场出清电量为450MW·h。表3.6给出了发电商和用户的中标结果，同时给出了按边际电价计算的每个参与者的收益和电费支付情况。

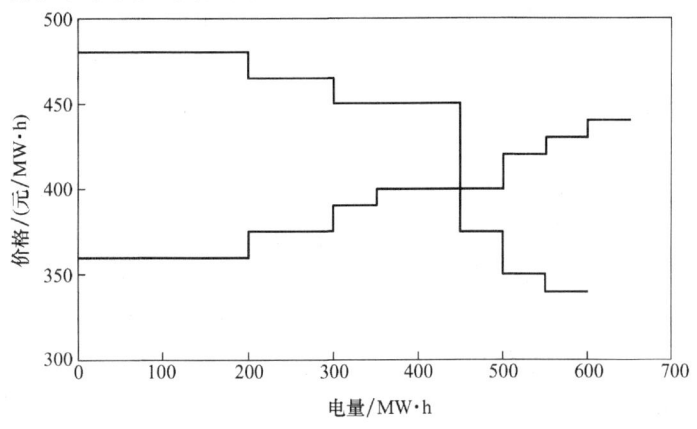

图3.2 电力库的供需均衡

表3.6 市场参与者的中标结果及边际电价结算

公司	产量/MW·h	消费量/MW·h	收益/元	购电费/元
甲	250		100000	
乙	100		40000	
丙	100		40000	
东城		100		40000
西城		150		60000
南城		200		80000
总计	450	450	180000	180000

在不开放用户投标的市场，电力库将依靠负荷预报来代替需求侧信息。若这一时段负荷预测为450MW·h，得到的结果是相同的。

在这个例子中，发电商的投标仅由价格/电量对组成，称为简单标。实际上，在一些电力库中还规定有另一种投标形式，称为复合标，即发电厂在投标中不仅为每个机组提交成本参数（包括开机成本、无负荷成本以及多个递增的边际成本），也提交一些技术参数（最大最小出力、爬坡速率等）。有别于本例题中简单标可以方便地进行叠加，复合标情况下要确定市场出清电量和价格需要进行类似于机组组合的运算，详见3.5节竞价算法的讨论。复合标竞价方式在PJM市场以及早期的英格兰和威尔士电力库中都有应用。

3. 双边交易与集中交易的比较

电力库模式的集中交易与双边交易在电力市场中都有应用，它们的特点可比较如下：

1) 革新力度不同。电力库交易通常是建立在不同集团已有的合作基础之上的，它转向竞争性运作，革新的力度比创立一个全新模式要小。而双边交易更趋同于一般商品的交易模式，需要对电力工业的垄断体制进行较大力度的重构。

2) 发电商的风险不同。双边交易中发电商以简单标为基础来出售电力商品，由于每一个市场时段单独运作，因此发电商可能遭遇在某些时段因中标电量不够多而不能维持机组运行的风险。此时它必须决定是承担一定的损失继续售电而维持机组运行还是将机组关闭并承担下次开机的起动费用，无论哪种选择都会增加发电商的生产成本，迫使他提高平均投标价格。而电力库模式下，如果发电商以复合标为基础参与交易，电力库的交易规则将保证发电商收回他投标中的开机费用和无负荷费用。而且，电力库运行的复合标竞价算法通常尽力避免不必要的停机，可减少发电商面对的风险。

3) 竞争程度不同。双边交易下发电市场将有众多的买方，用户与发电商直接协商，有利于通过竞争形成经济的价格。而集中交易下，要么依靠负荷预报来决策，要么由供电公司或零售商代表中小用户参与投标，由于需求侧无法直接通过调整价格来调节消费量，因此它仅仅是一个处于管理之下的近似的市场而不是真正的市场。复合标的电力库交易以交易规则的复杂化为代价优化了机组的起停机操作，虽然这会降低市场交易成本，但也同样降低了价格制定的透明度，增加了操控价格的机会。因此，复合标的电力库模式是否可确实降低电价尚不明确。

4) 对系统运行的影响不同。电力库模式提供了一种集中化的系统管理形式，它不仅掌握所有物理上的电力商品交易，而且还对输电网络的运行承担责任，因此有利于维护系统的安全稳定运行。双边交易中市场交易部门与系统运行部门分立，市场的各种功能分工明确，便于监管，但输电网络对电能交易产生制约时，如果部门间协调不力，将明显影响系统运行的经济性和安全性。

3.4.3 实时市场

任何商品的交易中，合同规定的买卖量和实际需求量都有可能产生不平衡，电力市场也不例外。实际发电量或用电量偏离合同量的原因可分为以下几类：

1) 电网运行具有不确定性。电力系统是一个包含各种平衡关系的复杂系统，其中每一个因素都在不断变化，如系统负荷随机变化，发、输、配电环节的电力设备随时可能发生故障。而电力生产与消费具有必须等量同时进行的特殊性，上述不确定性必然导致不平衡量的出现。

2) 由于存在输电约束，电能交易合同无法实现。

3) 发电商或供电商出于经营策略的考虑故意不执行合同电量，如一次能源（煤、天然气）价格升高，发电商可能为减少亏损而故意不履行合同，造成发电量短缺。

实时市场的名称源于它是在日前市场关闭之后，交易电量接近物理交割时开始的，所以称之为"实时"，如英国电力市场，每半小时为一个交易时段，实时交易开始于交易时段前1h。实时市场提供了一个能实时调整发电和负荷运行水平的机制，可消除不平衡电量，以维护电力系统的安全稳定运行和电能质量，因此是十分必要的。而且，如前所述，发电与负荷的不平衡要快速校正，这是双边交易机制做不到的，因此电力实时市场应由系统运行人员专门管理，以确保系统供需平衡。但是，运行人员的管理是在市场参与者们按其意愿的电量和价格自由投标的基础上进行的，因此用来维持系统平衡的电能仍是由市场机制获取的，只是投标由第三方选择而不是双边交易达成，属于集中交易模式。实时市场也常常被称为"备用市场"或"平衡机制"等。

1. 平衡资源的获取

如果市场参与者都能高度准确地预测将来要消费的电量，并据此进行交易，市场运行人员就不必采用平衡机制了。虽然在可能的情况下，市场参与者总会通过交易来修正预测，填补亏空或消化冗余，以实现利益最大化，但在实际中，系统还是经常有小的不平衡电量，必须由系统运行员来调整。为了与市场机制的理念保持一致，这些调整应通过自由买卖来完成，即应允许任一个参与者通过竞价的方式调整自己的生产与消费。这些调整也将为系统运行员提供大量可选择的平衡手段，并有助于减少平衡引起的费用，同时以实时价格反映市场响应调节的意愿。这些平衡资源既可在特定的交易时段提供，也可长期提供。某一时段的平衡服务通常在该时段的开放市场关闸后，由市场参与者向系统运行员提供。

实时市场的目的是快速调整系统平衡，因此平衡资源的提供者可以是发电，也可以是负荷。但无论是发电还是负荷，参与实时市场的一个重要前提是，必须具备与系统运行员之间的良好通信条件，因为实时交易需要双方之间高速有效的信息交互。由此可见，分散的中小用户是不具备直接参与市场的能力的。

未满载的发电机组可以投标增加产出，也可以投买入标，减少出力并获得补偿。当买入电力商品的边际价格小于这台发电机组生产电能的边际成本时，这种做法是有利的，这相对于在实时市场上购买便宜的电来代替自己的发电。需求侧同样可提供平衡资源。在某一时段，电价高于可接受的价格时消费者可投标减少用电量，而且这些负荷削减可以快速实施。同样，当电价有降低趋势时，消费者可投标增加他的用电量。

因为平衡资源的投标提交仅比交易时段稍微提早一点儿，为避免到时平衡资源数量不足或价格过高，系统运行员还可以购买平衡资源的长期合同。这种合同一般为期权合同，约定有期权费用和行权价格，如与发电商签订的合同，将支付发电商期权费用来保证一定的可用发电容量，同时规定当系统运行员需要这些容量时每千瓦时电可获得的价格。当行权价格低于在实时市场中支付的价格时，系统运行员才会选择执行这种合同，这既保护了消费者免受实时价格上升带来的风险，也保证了发电商的合理收益。

系统不平衡的另一个重要来源是设备故障，相比于由参与者预测失误带来的不平衡，由故障引起的不平衡往往较大且难以预测。调整这种不平衡需要发电机能快速地提高输出功率且能将这种增发状态维持一定的时间。因此，当发电商与用户提供平衡资源时，他们的竞标中不仅要细化数量与价格，还要说明其实现功率变化的速度。在第 5 章讨论系统的安全性时，将更加细致地探讨这个问题。

同时应该注意，各种平衡资源的成本是不一样的，由发电机稍微增加出力所发出的 $1kW \cdot h$ 电的成本可能低于为了保持系统安全而切除的 $1kW \cdot h$ 负荷的补偿。因此，在实时市场的规则设计中，应考虑系统运行员的激励机制，以鼓励他们尽可能地利用多种平衡资源，以最小成本保持系统平衡。

2. 闭市

设置闭市（Gate Closure）时间的目的是确定合同市场与实时市场的分界点，以便给系统运行员留出平衡系统的时间。发电商与用户的自由交易活动允许持续进行到关闸，在关闸时刻，买卖双方签订的合同的合同量必须通知系统运行部门，以便确定每个市场参与者的不平衡电量。因此，关闸实际上起到了屏蔽合同交易对实时市场产生影响的作用。例如，对 2：00～2：30 的交易时段，如果有一个发电商在 1：00 关闸后又购买了一定量的电能，则系统运行部门在确定这个发电商的不平衡电量时将不考虑这部分交易，所以其所需电量仍必须在实时市场中购买。

关于在关闸与交易时段之间要留多少时间应从两方面考虑。一方面，较长的时间间隔对系统运行人员有利，因为这样可以给他们更多的时间去制定交易计划，也可提供更加灵活的平衡资源供选择。例如，如果在交易时段前半小时关闸，则不会有足够的时间去起动一台火力发电机来补偿发电量的缺额。另一方面，电力市场的参与者一般喜欢较短的时间间隔，因为这样可以减少他们的风险。负荷预测的时间越短准确度越高，因此零售商更乐意将自由交易延续到实时前 1min 从而使他们的合同购买量与预测负荷相适应，因为实时价格不可控，依赖实时市场是不可取的；而发电商会面临突然停机的风险，也极其希望较短的时间间隔，因为如果一个机组在关闸后故障，发电商将无能为力，只能寄希望于实时市场的价格不要太高，但在关闸之前发生的停机，发电商可通过以最合适的价格在双边交易中购得电能来补偿缺额。一般来说，市场参与者更喜欢流动性强的市场，而实时市场是系统运行员管理下的市场，交易以安全为约束条件，经常因考虑复杂的技术约束而受到严重影响。

3. 实时市场的运行

图 3.3 总结了实时市场的运行。在实时市场每个交易时段关闸后，发电商与供电商必须向系统运行员报告他们的合同状况，即在接下来的交易时段内他们计划生产或消费的电量。系统运行员汇总这些信息并结合他所做的负荷预测来确定系统可能的不平衡量。如果发电量多于负荷，则系统被称为过剩的；反之，即认为是短缺的。系统运行员采用拍卖方式决定选择哪些投标来补偿不平衡电量。在以电力库为基础的电力市场中，市场的平衡功能经常与电能交易功能结合在一起，难以分开。

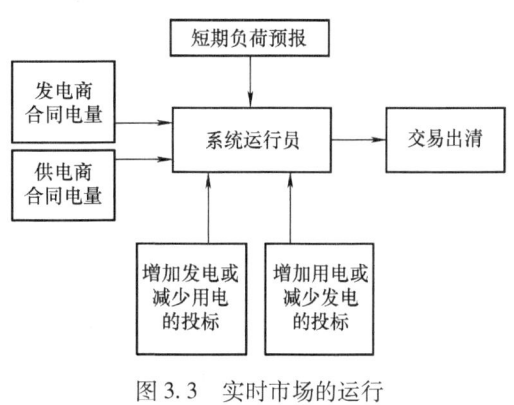

图 3.3 实时市场的运行

【例 3.3】 在例 3.1 中，当日前市场关闭时，优能发电公司交易员签订了在 2:00 ~ 3:00 交易时段生产 550MW 电能的合同，在实时市场中她应该如何交易？

解：首先，交易员必须向系统运行员申报他们公司的生产计划，即机组 A、B 预定发电功率分别为 500MW、80MW，机组 C 不生产。然后，交易员就要决定在实时市场中如何投标。为此，她要考虑优能发电公司的计划生产情况及机组特性，见表 3.7。

表 3.7 优能发电公司的计划生产情况及机组特性

机组单元	计划发电功率/MW	最小发电功率/MW	最大发电功率/MW	边际价格/(元/MW·h)
A	500	100	500	360.0
B	80	50	80	430.0
C	0	0	50	600.0

因为机组 A、B 的计划输出已经达到它们的最大输出功率，因此交易员如果进行上调发电量的投标，则只能针对机组 C 进行决策。显然，这个卖出标的最大数量可为 50MW·h，价格可为 600.0 元/MW·h 或更高以获利（开机成本忽略）。

对于下调发电量的投标，交易员可考虑减少 A、B 机组出力的可能性。根据这些机组的发电边际成本，在电价低于 360.0 元/MW·h 时减少 A 的出力，以及低于 430.0 元/MW·h 时减少 B 的出力都是有利可图的，因为此时机组的生产成本高于售电的收益。假定机组的出力调整不受技术条件（如爬坡速率）的限制，则机组 A、B 的出力可以分别减少 400MW 和 30MW 而不会影响下一个时段的生产计划。若再进一步减少就必须将它们关机，这会造成机组在后几个交易时段不能继续运行从而影响到公司的合同履行。另外，重新开机的成本也将减少公司的盈利。

虽然在不完全竞争的电力市场中，一些参与者可通过高于边际成本或低于边际效用的投标来增加收益（见第 4 章），但完全竞争市场中每个发电商的最优生产策略就是边际成本等于边际效用（电价）。因此，交易员可进行表 3.8 的投标以尽可能地增大公司的利益。

表 3.8　优能发电公司在实时市场的投标

类型	交易代码	价格/（元/MW·h）	数量/MW
上调发电量	UMB-1	620.0	50
下调发电量	DMB-1	415.0	30
下调发电量	DMB-2	345.0	400

电力市场与其他商品市场一个很大的不同之处在于，实时市场中出售的电能往往是由运行灵活但边际成本差异较大的小机组生产的，而不是那些发电边际成本平稳的大机组，因此当系统负荷水平及系统不平衡量需求变化时，决定实时电价的边际机组会很不相同，导致实时电价波动剧烈。图 3.4 所示为美国 PJM 市场的日平均电价的示例。

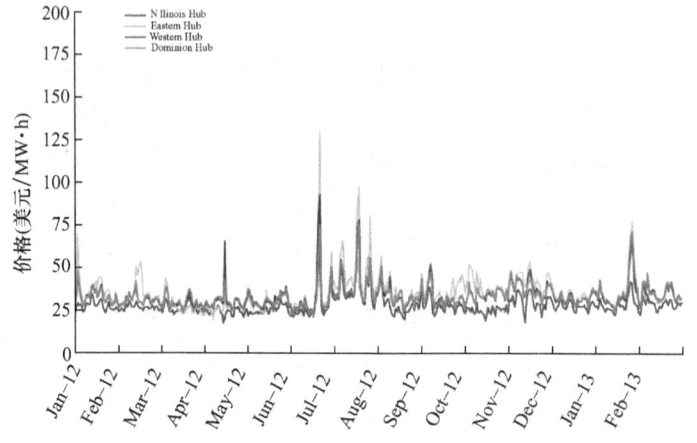

图 3.4　美国 PJM 市场的日平均电价
注：引自美国能源监管委员会网站，www.ferc.com/oversight

这种情况在机组仅提供辅助服务的情况下可能进一步加剧。辅助服务是确保电力系统平稳安全运行而必需的调节手段，一些运行比较灵活但成本较高的机组难于在电能市场中竞争，可通过提供辅助服务获得另一种增加收益的机会。但辅助服务的提供往往表现为对系统的容量支持，其实际提供的电量很少，如果这些机组仅以发出的电量为基础来取得报酬，那么他们要想获得足够多的收益则需要收取相对较高的电价，因此他们在实时市场的投标价格会很高，从而带来实时价格的急剧上升。这种上升并不代表电能市场突然的资源短缺，只是市场缺乏灵活性的一种暂时现象，是因为在短时间内能够提供这种服务资源的参与者不足，以及用户不能或不愿在电能短缺时段少用电造成的。第 5 章将详细讨论辅助服务的提供及定价问题。

尖峰电价对从实时市场上购电的公司来说代表着一种风险，这会鼓励他们在日前及期货市场中更多地购买，由此提高这些市场的价格。反之，实时市场价格平稳，消费者就会更多地在实时市场购电而减少在其他市场的需求，从而拉低这些市场的电价。长期来看，实时市场与其他市场的价格走势将趋于一致。

3.5 竞价的模型和算法

集中交易的电力市场通过竞价交易的方式匹配参与投标的发电商与用户，或在众多参与投标的发电商中进行取舍以确定发电任务分配。在现代经济学中，对于竞价机制的研究是由拍卖理论完成的。将一般商品的拍卖机制用于电力市场，并考虑电力商品的特殊性，便可设计出电力市场的各种竞价机制。电力市场的竞价机制按照不同的分类标准可以分为静态竞价和动态竞价，开放式竞价和密封式竞价等。静态竞价时电厂只有一次投标机会，又分为歧视性竞价和统一竞价，前者是指赢得了投标的电厂按其报价获得报酬，后者是指对所有中标电厂统一按市场边际电价给付报酬。动态竞价时电厂可以在观察市场出清价和其他对手的出清情况后修改自己的报价。目前大多数电力市场都是采用密封统一价格竞价的形式。

报价规则对于竞价来说是一个至关重要的问题。电能竞价交易中采用的报价形式主要有两种：简单标和复合标。前者要求电厂以电量-价格对的形式给出每个时段的报价曲线，机组运行的技术约束必须由电厂自己考虑，电力交易中心不负责机组的起停安排。后者要求电厂上报的电价曲线可包含更多参数，除含增量价格外，还有开机价格、无负荷价格，甚至还可包括机组爬坡速率等技术参数。两种报价方式各有优缺点，复合标报价能够考虑发电商的真实成本特性，从而有可能更有效地使系统购电成本最小化，并有利于降低发电商的风险，而缺点是竞价算法复杂，透明度低，缺乏激励机制；简单标报价情况下的竞价算法简明易操作，透明度高，但缺点是发电商必须使很多决策内部化，面临较大的风险。有些电力市场，如澳大利亚，允许市场参与者在简单标形式下多次修改或更新报价信息，为发电商规避市场风险提供了有效的手段。

电能的交易与出清是电力市场的核心任务。电能竞价交易通常采用分时竞价方式，在交易周期开放后，参与竞价的发电商（或用户）按照报价规则向市场组织者，如调度中心或者交易中心，上报自己在每交易时段的电价和电量曲线及相关技术参数，然后市场组织者根据社会效益最大化的市场经济原则，在满足系统运行约束的前提下进行供需匹配，得到市场出清价和出清负荷，并根据各个参与者的报价情况决定其中标电量。可见，市场竞价是典型的最优化问题。

3.5.1 竞价模型

最优化问题是指在一定的约束条件下，决定某个或某些可控制的因素应有的合理取值，使所选定的目标达到最优的问题。竞价问题的控制变量是投标机组的中标电量，目标函数与不同的评价标准相关，可表现为多种形式。对于不同时间级的市场，系统运行调度人员在进行竞价时所掌握的信息、市场的投标及结算规则等是不同的，竞价模型因而在目标函数与约束条件上有所差异，但基本原理是相似的。本节以日前市场为例给出竞价模型的描述。

1. 目标函数

根据市场经济原则，商品交易的目标是最大化社会效益，因此电能竞价的目标函数可表示为

$$\max(B_\text{D} - C_\text{G}) \tag{3.9}$$

式中，B_D 表示用户使用电能的收益；C_G 表示从发电商处获取电能的成本。

当用户侧不参与市场竞争时,所有用户执行的是统一的固定电价,式(3.9)中 B_D 项将是固定值,在优化问题中失去意义,目标函数可转化为

$$\min C_G \tag{3.10}$$

即市场的总购电费用最小。根据结算规则的不同,购电费用可表示如下:

1) 按边际电价统一结算

$$F_M = \min \sum_{t=1}^{T} \sum_{i=1}^{N} \pi_{SMP}(t) P_i(t) \tag{3.11}$$

$$\pi_{SMP}(t) = \max_i \{\pi_1[P_1(t)], \cdots, \pi_i[P_i(t)], \cdots, \pi_N[P_N(t)]\} \tag{3.12}$$

式中,F_M 表示按边际电价统一结算下的购电费用;T 为交易周期的时段数,日前市场通常以一小时或半小时为一个交易时段;$P_i(t)$ 为第 i 个发电机组(或发电厂、发电公司)在 t 时段的中标电量,当 t 以小时表示时,$P_i(t)$ 即机组出力;i 为机组序号,N 为机组总数;π_{SMP} 为系统边际电价;$\pi_i[P_i(t)]$ 表示机组 i 出力为 P_i 时的报价。

2) 按各机组实际报价结算

$$F_B = \min \sum_{t=1}^{T} \sum_{i=1}^{N} \pi_i[P_i(t)] P_i(t) \tag{3.13}$$

式中,F_B 表示按各机组实际报价结算的购电费用。

在不完全竞争市场中,发电商有机会通过博弈行为获取更大利润(见第 4 章),因此其报价常偏离真实成本。但在完全竞争市场中,每个发电商都是价格接受者,合理的市场规则设计将促使其按真实成本报价,此时系统的最小购电费用等同于最小发电成本。采用复合标时,竞价模型就与传统垄断体制下的日前发电计划制定问题,即机组组合问题本质上是一样的,目标函数可表示为

$$\min \sum_{t=1}^{T} \sum_{i=1}^{N} \{C_i[P_i(t)] + S_i(t)\} U_i(t) \tag{3.14}$$

式中,$C_i[P_i(t)]$ 表示机组的发电成本;$S_i(t)$ 表示机组的起动成本;$U_i(t)$ 为开关变量,以 0、1 分别表示机组开、停机状态。

2. 约束条件

竞价模型需满足的约束条件包括以下三类:

1) 功率与容量约束。与发电机组功率、容量有关的约束条件,具体如下:

① 系统功率平衡的等式约束

$$\sum_{i=1}^{N} P_i(t) U_i(t) = P_D(t) \quad t = 1, 2, \cdots, T \tag{3.15}$$

式中,$P_D(t)$ 为系统总负荷功率。

② 机组出力不等式约束条件

$$P_{\min,i} \leq P_i(t) U_i(t) \leq P_{\max,i} \quad t = 1, \cdots, T; i \in N \tag{3.16}$$

③ 系统备用不等式约束

$$\sum_{i=1}^{N} R_i(t) \geq R(t) \quad t = 1, 2, \cdots, T \tag{3.17}$$

$$R_i(t) = \max[P_{\max,i} - P_i(t), UR_i/DR_i]$$

式中,$R_i(t)$ 表示机组可提供的备用,它取决于机组当前的出力状况与爬坡能力。

2) 时间相关约束
① 发电机组最小开停机时间约束

$$[X_i^{on}(t-1) - T_i^{on}][U_i(t-1) - U_i(t)] \geq 0 \quad (3.18)$$

$$[X_i^{off}(t-1) - T_i^{off}][U_i(t) - U_i(t-1)] \geq 0 \quad (3.19)$$

式中，X_i^{on}/X_i^{off} 表示机组已经开/停机的持续时间；T_i^{on}/T_i^{off} 表示机组的最小允许开/停机时间。

② 发电机组爬坡速率约束。
机组升出力时为

$$P_i(t) - P_i(t-1) \leq UR_i \quad (3.20)$$

机组降出力时为

$$P_i(t-1) - P_i(t) \leq DR_i \quad (3.21)$$

3) 网络安全约束。网络安全约束包括线路传输约束、电压安全约束以及系统安全校验等。竞价问题的基本模型常假设所有机组位于同一电气节点，不计线路约束及其他系统安全约束，因此会出现电能交易不可行的情况，需调度人员进行重新调整。这种调整往往是经验式的，很难保证结果的最优性，因此有必要在竞价中直接考虑网络安全约束。这些约束可表示如下：

① 线路传输约束

$$-\underline{P}_l \leq P_l(t) \leq \overline{P}_l \quad l \in K \quad (3.22)$$

② 系统无功平衡及发电机无功上、下限约束

$$\sum_{i=1}^{N} Q_i(t) U_i(t) = Q_D(t) \quad t = 1, 2, \cdots, T \quad (3.23)$$

$$Q_{min,i} \leq Q_i(t) U_i(t) \leq Q_{max,i} \quad t = 1, \cdots, T; i \in N \quad (3.24)$$

③ 系统电压和变压器分接头约束

$$V_{min} \leq V \leq V_{max} \quad (3.25)$$

$$TF_{min} \leq TF \leq TF_{max} \quad (3.26)$$

上述为竞价问题的典型描述，此外，可消耗的一次能源、环境、网损、交换功率、市场均衡等约束也会出现在具体的竞价问题中。

3.5.2 竞价算法

竞价是典型的混合整数优化问题，可采用各种数学及人工智能的优化算法解决，常用的如排队法、等报价法（或等微增率法）、动态规划法、拉格朗日松弛法、混合整数规划法等。不同的算法分别适应于不同类型的报价曲线，并适合解决不同类型的约束条件。本节介绍两种最常用的算法——排队法及拉格朗日松弛法。

1. 排队法

排队法也称优先级表法，既可以用于解决机组经济组合或机组开停问题，又可以用于解决经济功率分配问题。排队法可以用于各种周期，包括年、月、日的计划、校正和控制以及实时调度之中。排队法的使用条件是报价必须是分段水平线（阶梯形）。

排队法就是把所有机组按照报价高低排序，优先将报价低的发电匹配给负荷，最终达到供求平衡时，最后一台满足系统负荷的机组称为边际机组，其报价即为系统边际价格。

下面以两台机组的小系统为例说明排队法。设两台机组的报价数据，见表3.9，则其报价曲线如图3.5所示。其中，i 为机组序号，$i=1,2$；(P_{ik}, π_{ik}) 为机组 i 的第 k 个报价，表示期望在价格为 π_{ik} 时发出 P_{ik} 的功率；k 为报价曲线的分段序号。当系统负荷给定后，两台机组通过竞争确定供电的机会，为此，需建立表3.10所列的排队表。

表3.9 机组的报价数据

i	k	P_{ik}/MW	π_{ik}/(元/MW·h)
1		50	340
	1	100	340
	2	150	380
	3	200	420
	4	250	460
2		100	380
	1	150	380
	2	200	400
	3	250	420
	4	300	440

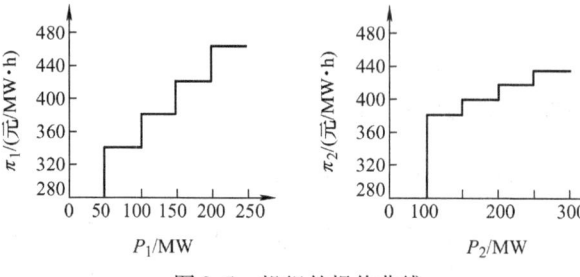

图3.5 机组的报价曲线

表3.10 中，按照机组每段报价 π_{ik} 的高低依次列出了其报价 π_{ik}、机组号 i、报价的分段号 k，以及计算得出的各排队号对应的系统最大发电功率 $\sum P_{ik}$，同时给出了此时系统各机组的最小功率之和 $\sum P_{i,\min}$ 和最大功率之和 $\sum P_{i,\max}$。

表3.10 机组竞价的排队表

排队号	π_{ik}/(元/MW·h)	i	k	$\sum P_{ik}$/MW	$\sum P_{i,\min}$/MW	$\sum P_{i,\max}$/MW
1	340	1	1	100	50	250
2	380	1	2	150	50	250
3	380	2	1	300	150	550
4	400	2	2	350	150	550
5	420	1	3	400	150	550
6	420	2	3	450	150	550
7	440	2	4	500	150	550
8	460	1	4	550	150	550

当给定系统负荷 P_D 后,通过查表 3.10,即可得到竞价结果。表 3.11 列出了 P_D 分别取值 250MW、350MW、500MW 时,系统的竞价结果。以时段 2($P_D = 350$MW)为例,说明表 3.11 的计算过程。在表 3.10 中,查到 $\sum P_{ik} = 350$MW 时排队号为 4,边际成本 $\pi_{SMP} = 400$ 元/MW·h,再查表 3.9,可知此时 $P_1 = 150$MW,$P_2 = 200$MW。由此,可计算系统按报价结算的费用 F_B 和按边际成本结算的费用 F_M。其中

$$F_B = \pi_{12}P_1 + \pi_{22}P_2 = 13700 \text{ 元/h}$$

$$F_M = \pi_{SMP}P_D = 14000 \text{ 元/h}$$

表 3.11 机组竞价及结算结果

时段	P_D/MW	排队号	π_{ik}/(元/MW·h)	P_1/MW	P_2/MW	F_B/(元/h)	F_M/(元/h)
1	250	3	380	150	100	95000	95000
2	350	4	400	150	200	137000	140000
3	500	7	440	200	300	216000	220000

排队法在实用中有两个难点:

1)报价相同时的公平性问题。以 $P_D = 420$MW 为例,由表 3.10 可见,此时机组 1 和机组 2 报价相同,而两机组能提供的总电量大于 420MW,因此在保证 $P_1 + P_2 = 420$MW 的前提下,在 $P_1 = 150 \sim 200$MW、$P_2 = 200 \sim 250$MW 之间有多种选择,如 $P_1 = 180$MW、$P_2 = 240$MW,或 $P_1 = 190$MW、$P_2 = 230$MW 等。这两种答案,机组的报价以及边际电价都等于 420 元/MW·h,因此 F_M 是相同的,F_B 也是相同的,无论以哪种目标函数,都无法区分它们之间的不同。但不同的中标电量下两个机组自身的效益是不同的,为公平起见,这种情况需要在市场规则设计中事先加以明确,如规定以报价的时间次序先到先得,或对报价相等的部分平均分配。

2)时间关联约束,即机组的爬坡速率及起停时间等约束难以处理。这可通过对约束进行时间解耦的动态排队来解决。所谓动态排队,即在竞价中,排队表不是一成不变的,而是在每一负荷水平下重新计算,并将时间关联约束解耦处理,将其作用加入排队表的计算中。例如,若 $t-1$ 时段机组出力记为 $P_i(t-1)$,则根据机组爬坡约束[见式(3.20)和式(3.21)],可将机组出力约束

$$P_{min,i} \leq P_i(t)U_i(t) \leq P_{max,i}$$

修正为

$$\underline{P}_i \leq P_i(t)U_i(t) \leq \overline{P}_i$$

式中

$$\underline{P}_i = \min[P_i(t-1) - DR, P_{min,i}]$$

$$\overline{P}_i = \max[P_i(t-1) + UR, P_{max,i}]$$

2. 拉格朗日松弛法

对于复合标竞价模型,其目标函数可由式(3.14)表示,决策变量增加了整数型的机

组起停机状态 $U_i(t)$，求解时，需在确定 $U_i(t)$ 的基础上，再进一步进行开机机组间的经济功率分配，即确定 $P_i(t)$。在传统电力系统调度中，这称为机组组合问题。机组组合是典型的混合整数优化问题，维数高时求解困难，但鉴于该问题的约束条件明显可分为只与单一机组有关的机组约束及与系统所有机组有关的系统约束两类，因此非常适用基于对偶分解技术的拉格朗日松弛法。拉格朗日松弛法计算量与机组数目成线性关系，且机组数目越多算法效果越好，可灵活处理多种约束条件，并且算法中系统功率约束相关的拉格朗日乘子即等于系统边际发电成本，有实际经济意义。拉格朗日松弛法在工程上得到成功应用。

针对目标函数式 (3.14)，可引入拉格朗日乘子对系统功率平衡约束进行松弛处理（其他的系统约束可同理处理），建立对偶函数

$$L = \sum_{t=1}^{T} \sum_{i=1}^{N} \{C_i[P_i(t)] + S_i(t)\} U_i(t) + \sum_{t=1}^{T} \lambda(t) [P_D(t) - \sum_{i=1}^{N} P_i(t) U_i(t)] \quad (3.27)$$

在给定拉格朗日乘子 $\lambda(t)$ 的前提下，式 (3.27) 具有按机组可分解的特点，即

$$L = \sum_{t=1}^{T} [\sum_{i=1}^{N} \{C_i[P_i(t)] + S_i(t) - \lambda(t) P_i(t)\} U_i(t) + \lambda(t) P_D(t)] \quad (3.28)$$

考虑到式 (3.28) 中最后一项 $\lambda(t) P_D(t)$ 为常数，对最优解的求取无影响，因此各机组有子问题

$$L_i = \sum_{t=1}^{T} \{C_i[P_i(t)] + S_i(t) - \lambda(t) P_i(t)\} U_i(t) \quad (3.29)$$

式 (3.29) 可决策拉格朗日乘子 $\lambda(t)$ 给定条件下，满足机组约束的机组起停状态，一般采用动态规划法求解。对于任一台 $U_i(t) = 1$ 的机组，有

$$\begin{cases} P_i = P_{\min} & \lambda(t) < \dfrac{\partial C_i[P_i(t)]}{\partial P_i} \\ P_{\min} < P_i < P_{\max} & \lambda(t) = \dfrac{\partial C_i[P_i(t)]}{\partial P_i} \\ P_i = P_{\max} & \lambda(t) > \dfrac{\partial C_i[P_i(t)]}{\partial P_i} \end{cases} \quad (3.30)$$

为方便求解，式 (3.14) 中的发电成本函数 $C_i[P_i(t)]$ 在机组组合中常采用如 2.2.3 小节中 4. 所述的三段式分段线性曲线的形式。此时，由于成本曲线的每一段都是线性的，因此在边际成本曲线上的对应段就是常数。由于边际成本定义为发出下一单位电能时所需成本，因此在成本曲线的断点处边际成本等于下一段的斜率。于是，式 (3.30) 的单机优化调度变得简单，有如下表达：

$$\begin{cases} P_i = P_{\min} & \lambda(t) < linear-price_1 \\ P_i = e_{1i} & linear-price_1 \leq \lambda(t) < linear-price_2 \\ P_i = e_{2i} & linear-price_2 \leq \lambda(t) < linear-price_3 \\ P_i = P_{\max} & \lambda(t) \geq linear-price_3 \end{cases} \quad (3.31)$$

拉格朗日松弛法的原理框图如图 3.6 所示。

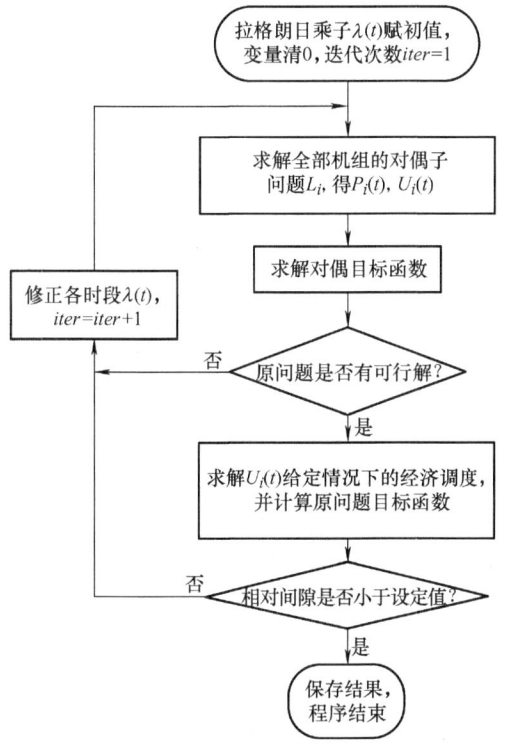

图 3.6 拉格朗日松弛法的原理框图

算法中,拉格朗日乘子 $\lambda(t)$ 的修正有至关重要的作用,常采用下式的方法:

$$\lambda^{iter+1}(t) = \max\left\{\lambda^{iter}(t) + \frac{1}{\sigma + \mu iter}\left[P_{\mathrm{D}}(t) - \sum_{i=1}^{N} P_i(t)\right], 0\right\} \quad (3.32)$$

式中,σ、μ 为常数,其值影响收敛速度,选取时与系统规模有关,需根据经验确定。

拉格朗日乘子初值可取零,或采用排队法经济调度所形成的系统边际成本(收敛性更好)。

由式(3.27)最优解存在的条件

$$\frac{\partial L}{\partial P_i} = \frac{\partial C_i[P_i(t)]}{\partial P_i} - \lambda(t) = 0$$

可得

$$\lambda(t) = \frac{\partial \sum_{i=1}^{N}\{C_i[P_i(t)] + S_i(t)\}U_i(t)}{\partial P_i} = \frac{\partial C_i[P_i(t)]}{\partial P_i} \quad (3.33)$$

即拉格朗日乘子 $\lambda(t)$ 等于系统边际机组的增量成本,也称为系统边际电价的影子价格。$\lambda(t)$ 反映了发电资源在系统内的稀缺程度,$\lambda(t)$ 越大,说明发电资源在系统内越稀缺,发电成本高的机组越容易开机。如式(3.30)中,第 1 式表示了机组强迫开机的情况;第 2 式表示的是系统边际机组的情况;而第 3 式表示的是发电成本低于系统边际电价机组的情况,这些机组多发电对系统的经济性是有利的,但机组的出力上限制约了它们的发电量。

由于机组组合问题的目标函数是非凸的,因此需要根据对偶问题的优化解采取一定的措施构造原问题的优化可行解,并根据相对对偶间隙判断求解是否收敛。相对对偶间隙的表达

式如下:

$$relative-duality-gap = \frac{primal - dual}{dual} \tag{3.34}$$

式中，primal 与 dual 分别表示式（3.27）与式（3.14）的目标函数。

拉格朗日松弛法的求解机理与电能拍卖的交易机制恰好吻合。其求解过程可以这样来解释：式（3.14）模拟独立系统运行机构（ISO）对电能交易的集中调度，目的是以最小的购电成本满足负荷需求，并确定电价。当给定 $\lambda(t)$ 时，相当于 ISO 发布次日 T 个时段的预测电价；然后，在单机子问题式（3.29）中，每个发电商将根据利益最大化原则决策 $\lambda(t)$ 下自己最优的起停方案和机组出力，并将决策结果告知 ISO；一次迭代结束后，ISO 根据发电商的决策情况判断系统负荷是否得到了满足，如果电能供给过多或过少，则调整预测电价 $\lambda(t)$，引导发电商进行新的决策；对 $\lambda(t)$ 的调整直到 ISO 找到最优的发电计划为止。单机子问题的求解机理则完全反映了电力市场中发电商追求最大化利润的目的，式（3.29）的前半部分是机组的发电成本，后半部分是机组的收益，加在一起恰好是发电商利润的计算式（L_i 为利润的负值），当利润为负时，最优的机组状态是关机，表示发电商有权选择以退出运行的方式避免自己的损失。但是，由于每个发电商都是独立进行决策的，因此 ISO 需在发电商决策机组的起停状态后调整机组的出力以保证系统的供需平衡，这就使实际的电价并不等于 $\lambda(t)$，也就完成了复合标拍卖中对部分峰荷机组的固定成本补偿。

【例 3.4】 试用拉格朗日松弛法求解复合报价的三个机组 4 个时段的竞价问题。假设根据机组报价，可列出其发电成本函数如下：

$$C_1(P_1) = 500 + 10P_1 + 0.002P_1^2 \quad 100\text{MW} \le P_1 \le 600\text{MW}$$

$$C_2(P_2) = 300 + 8P_2 + 0.0025P_2^2 \quad 100\text{MW} \le P_2 \le 400\text{MW}$$

$$C_3(P_3) = 100 + 6P_3 + 0.005P_3^2 \quad 50\text{MW} \le P_3 \le 200\text{MW}$$

式中，$C_1(P_1)$、$C_2(P_2)$、$C_3(P_3)$ 分别为三个机组的发电成本函数，单位为美元/h；P_1、P_2、P_3 的单位为 MW。

系统预测 4 个时段的负荷分别为 170MW、520MW、1100MW 和 330MW。

解： 本题所给条件较简单，因此不必对发电成本曲线做分段线性处理，可按式（3.30）直接进行单机优化决策。由于未给开机成本，所以原问题的目标函数为

$$\min \sum_{t=1}^{4} \sum_{i=1}^{3} C_i[P_i(t)] U_i(t)$$

引入拉格朗日乘子 $\lambda(t)$，写出对偶函数为

$$\sum_{t=1}^{4} \sum_{i=1}^{3} C_i[P_i(t)] U_i(t) + \sum_{t=1}^{4} \lambda(t) \left[P_D(t) - \sum_{i=1}^{3} P_i(t) U_i(t) \right]$$

则单机问题表达式为

$$L_i = \sum_{t=1}^{4} \{ C_i[P_i(t)] - \lambda(t) P_i(t) \} U_i(t)$$

第一次迭代：$\lambda(t)$ 的初值均取 0，这相当于系统电价为 0，任一机组都不赢利，因此对偶问题的解为 $P_i(t) = 0$，$i = 1, 2, 3$；$t = 1, 2, 3, 4$。很明显，此时原问题没有可行解，求解进入第二步。

第二次迭代：本例中 $\lambda(t)$ 采用如下的简化修正方法：

$$\lambda^{iter+1}(t) = \lambda^{iter}(t) + c(P_D - \sum_{i=1}^{3} P_i)$$

其中，当 $P_D(t) > \sum_{i=1}^{3} P_i(t)$ 时，c 取 0.01，当 $P_D(t) < \sum_{i=1}^{3} P_i(t)$ 时，c 取 0.002。于是拉格朗日乘子可修正为 1.7、5.2、11.0、3.3。在一些时段，如时段 3，$\lambda(t)$ 的值代表的系统电价已较高，则有的机组会因赢利而开机。下面以机组 3 为例，说明单机优化决策（本题未考虑机组的时间相关约束）：

$\lambda(t)$	1.7	5.2	11.0	3.3
$C_3[P_3(t)] - \lambda(t)P_3(t)$	327.5	152.5	-700.0	247.5
$P_3(t)$	$P_{3,\min}$	$P_{3,\min}$	$P_{3,\max}$	$P_{3,\min}$
$U_3(t) = 1$	●	●	●	●
$U_3(t) = 0$	●	●	●	●

可见，机组 3 在时段 3 将会开机，而在其他时段因无赢利不会开机。对偶问题求解后，因为各时段均不存在原问题的可行解（$P_D(t) > \sum_{i=1}^{3} P_i(t)$，$t = 1, 2, 3, 4$），因此无需进行机组起停确定后的系统经济调度，$P_i^{ED}(t) = 0$，$i = 1, 2, 3$；$t = 1, 2, 3, 4$。计算结果汇总见表 3.12。

表 3.12 拉格朗日松弛法求解的计算结果汇总

$\lambda(t)$ /(美元/MW·h)	$U_1(t)$	$U_2(t)$	$U_3(t)$	$P_1(t)$ /MW	$P_2(t)$ /MW	$P_3(t)$ /MW	$[P_D(t) - \sum P_i(t)]$ /MW	$P_1^{ED}(t)$ /MW	$P_2^{ED}(t)$ /MW	$P_3^{ED}(t)$ /MW
第二次迭代										
1.7	0	0	0	0	0	0	170	0	0	0
5.2	0	0	0	0	0	0	520	0	0	0
11.0	0	1	1	0	400	200	500	0	0	0
3.3	0	0	0	0	0	0	330	0	0	0
第三次迭代										
3.4	0	0	0	0	0	0	170	0	0	0
10.4	0	1	1	0	400	200	-80	0	320	200
16	1	1	1	600	400	200	-100	500	400	200
6.6	0	0	0	0	0	0	330	0	0	0
第六次迭代										
8.5	0	0	1	0	0	0	-30	0	0	170
9.92	0	1	1	0	384	200	-64	0	320	200
15.4	1	1	1	600	400	200	-100	500	400	200
10.7	0	1	1	0	400	200	-270	0	130	200

由表3.12可得，第六次迭代后原问题的目标函数值为20170，对偶问题的目标函数值为19442，相对对偶间隙为

$$\frac{20170-19442}{19442}=0.037$$

可认为达到了收敛条件。求解结束，最终结果见表3.12。

3.6 电能交易的结算

商业交易一般由交易双方直接结算：卖方向买方供货，买方向卖方按协定价格支付货款。如果供货量小于合同量，买方有权收回部分货款；同样，如果买方进货大于合同量，则卖方有权要求追加付款。但在电力市场中，电能在从生产者到用户的过程中发生了融合，生产与消费并非一一对应，从而使结算变得复杂，这就需要集中的结算，如图3.7所示。

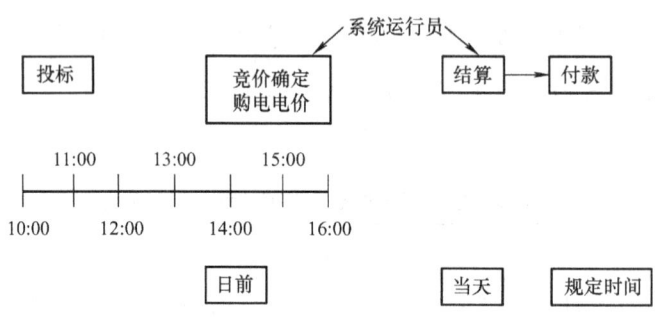

图3.7 电力市场的结算

集中结算时，系统运行员可按系统边际电价或按发电商报价来支付中标电量的购电费。乍一看，依照边际价格来支付发电商费用很令人困惑，因为大部分发电商的报价是低于边际电价的，这样做比按报价付费多支付了一些购电费，似乎提高了电能的平均价格。之所以这样做，是因为按边际电价结算可以促使发电商们提交真实反映电能生产边际成本的报价，并能最终形成购电成本最小的发电计划。而如果采取按报价支付，所有发电商都会猜测边际电价会是多少，并以此确定投标来获得最大的收益。如此，一些低成本发电商就会不可避免地向边际电价看齐，抬高报价。如果不幸高估了边际电价，这些发电商就得不到发电任务，被生产边际成本较高的厂商所取代，从而使边际电价比其应有的价格高起来，并造成资源利用效率的降低。另外，按报价结算增加了边际电价的不确定性，还会促使发电商略微提高他们的报价来补偿收益损失的风险。因此按报价结算本来试图降低电价，结果却会带来电价的上升。

在电力市场的双边交易中，买方向卖方支付协定价格，好像交易的电能完全等于合同数量。同样，电子交易由电能交易所进行结算，彷佛它们被完全执行了。然而，合同的执行总是不准确的：一方面，如果发电商没有生产合同数量的电能，缺额不能简单地从用户处收回；另一方面，为了维持系统稳定运行，系统运行员要组织实时市场消除不平衡量。同样，如果大宗用户或零售商消费得比合同少，系统运行员会在现货市场里卖掉多余的电力商品，这种平衡行为让双边交易看上去达到了平衡，但也需要成本。在大多数情况下，系统运行员

购买替代电能的成本与卖掉多余电能的成本是不一样的,这也造成电量不平衡的市场参与者应支付平衡措施所产生的费用。

因此,结算过程的第一步是确定每一个市场参与者的最终位置,这要求每个发电商都向结算中心报告其合同交易量,包括在日前市场上进行的电能交易。将合同交易量从实际生产的电量中减去,如果结果是正值,则可认定发电商向系统多出售了这部分电能;反之,如果结果是负值,则这部分电能按照是他们从系统购买来对待。

同样,所有的用户和零售商也要报告其每个时段的合同交易量及日前市场的交易量,从实际消费量中减去上述交易量后,依据结果的正负,确认消费者或零售商是从系统买电还是向系统售电。

日前市场在财务上可以是无效的,也可以是有效的。当市场规则采用后者时,实时市场的电价只能对日前和实时市场的出力差有财务意义,这样的结算方法称为"多结算系统"。例如,某机组在日前市场竞价的结果为100MW,但在实时市场上售电80MW,则该机组在日前市场得到100MW的卖电收入,结算价格为日前市场,另外,它还必须按实时市场价格退还20MW的收入。一般而言,在多结算系统下发电方会认真对待日前市场,市场运行比较稳定。例如,假设某台发电机在日前市场中标100MW,日前市场的价格为400元/MW·h,如果它在实时市场只出力90MW,而实时市场的价格为500元/MW·h,则它不得不为少发的10MW·h电能支付5000元。综合起来看,少发的10MW·h电能会造成这台机组有1000元的经济损失。因此这台机组会尽力提高机组的可用率,以确保在实时市场同时中标100MW。这样,实时市场就不会因机组的原因产生较大的电量平衡差额。

多结算系统的另一个显著特点是,负荷可通过对用电量进行投标,并锁定日前电价,以保护自己免受实时市场价格尖峰的冲击。另外,如果实时市场电价很高,负荷还可以通过在实时市场减少需求,变相地售出自己在日前市场中标的电量,最大化自身的效益。方便引入需求侧响应是多结算系统的优点。

【例3.5】 对优能公司的交易情况进行结算。

解: 例3.1和例3.3分别对优能公司在某交易日下午2:00~3:00在双边交易和实时市场上的交易情况进行了讨论。进一步假设,在日前市场关闭后:

1) 实时市场出现电能短缺,系统运行员以620元/MW·h的价格在实时市场购买优能公司的电能50MW·h。

2) 公司的机组B问题越来越严重,在这一时段刚开始不久就被迫停机,因而会造成80MW·h的缺额。

3) 这一时段的实时市场价格为645元/MW·h。按照多结算原则,对优能公司的全部交易进行结算,见表3.13。

需要指出,双边交易由公司和其合作方直接结算;由于日前市场基于电子公告牌的电能交易是匿名敲定的,因此它们将由电力交易机构进行结算;而实时市场的交易(自愿的或强制的)由系统运行员或其代理结算。

表3.13最后一行表明公司本时段收益为310750.0元 - 83350.0元 = 227400元。要确定本时段的交易是否有利润,还必须计算该公司生产这些电能的成本。但针对单一交易时段,因为没有一种分摊起动费用和无负荷费用的好办法,不容易完成这一计算。

表 3.13 优能公司的交易结算

市场	交易代号	数量/MW·h	价格/(元/MW·h)	收入/元	支出/元
期货和远期市场		200	375.0	75000.0	
		250	390.0	97500.0	
		100	450.0	45000.0	
		-50	435.0		21750.0
		50	440.0	22000.0	
日前市场	O1	30	450.0	13500.0	
	O2	30	445.0	13350.0	
	O3	20	440.0	8800.0	
	B3	-20	500.0		10000.0
	B6	-20	480.0		9600.0
	B8	-10	460.0		4600.0
实时市场	UMB-1	50	620.0	31000.0	
	不平衡量	-80	645.0		51600.0
总计		570		306150.0	97550.0

思 考 题

3.1 在非市场化的系统中，电厂的上网电价由综合成本法确定。假设某电厂机组容量为400MW，设备年利用小时数为8000h，厂用电率为10%。机组的生产成本（单位：万元）见表3.14。

表 3.14 题 3.1 表

燃料费	30000
水费	14
工资福利	2400
维修费	2200
其他费用	5400

（1）试计算机组每发1kW·h电的生产成本是多少？
（2）如果燃料价格上涨一倍，上网电价应提价多少？

3.2 选取一个电力市场，了解其电能交易的模式，确定哪些方面是基于双边交易的，哪些方面是集中运营的，并了解其价格形成机制。

3.3 在某交易时段，集中模式电力市场接到的投标见表3.15。

表 3.15 题 3.3 表

公司	交易量/MW·h	价格/(元/MW·h)
甲公司	100	250
	100	280
	50	360
乙公司	200	210
	200	260
	100	300
丙公司	50	270
	50	290
	50	310

（1）建立该市场的供给曲线；
（2）假若市场是单边竞价的，即需求方不参与投标而由负荷预测所代替，试计算在下列负荷情况下的市场价格及每个公司的发电量和收益情况：400MW、600MW、875MW；
（3）若负荷由需求曲线 $D = L - 0.2\pi$ 表示，其中 D 为需求量，L 为预报的负荷，π 为价格，试计算需求的价格弹性对市场价格和交易量的影响。

3.4 设某小型电力市场中仅有两家发电商的机组竞价，某交易时段两公司机组的报价见表 3.16。

表 3.16 题 3.4 表

公司	交易量/MW·h	价格/(元/MW·h)
东能公司 （机组1）	100	340
	50	380
	50	420
	50	460
西电公司 （机组2）	150	380
	50	400
	50	420
	50	440

试对负荷水平分别为 300WM、450WM 和 100WM 的连续三个时段，求解以下问题：
（1）计算各时段机组的中标电量、系统的边际电价以及按报价结算的购电费用；
（2）若机组1、2 的最小开、关机时间分别为 2h 和 3h，初始时两机组的状态符合开机条件，重新进行（1）的计算；
（3）在（2）的基础上进一步设置机组2 的爬坡速率约束为 100WM/h，重新进行（1）的计算。

3.5 某市场由三台发电机组竞价供电，机组的成本函数（单位：美元/h）如下：

$$UnitA: 15 + 1.4P_A + 0.04P_A^2$$

$$UnitB: 25 + 1.6P_B + 0.05P_B^2$$

$$UnitC: 20 + 1.8P_C + 0.02P_C^2$$

三台机组的出力范围分别为 $40 \leq P_A \leq 100\text{MW}$，$30 \leq P_B \leq 80\text{MW}$，$100 \leq P_C \leq 250\text{MW}$。假设系统在 4 个

时段的负荷分别为 200MW、300MW、350MW 和 400MW，如果采用复合标竞价，那么这三台机组的竞价结果如何？

3.6　一家发电公司拥有一个核电厂和一个燃气电厂，其在 3 月 20 日的合同交易情况如下：

(1) 远期合同：在任意时段，以 21.00 美元/MW·h 的价格提供 50MW·h；
(2) 远期合同：在谷时段，以 14.00 美元/MW·h 的价格提供 300MW·h；
(3) 远期合同：在峰时段，以 20.00 美元/MW·h 的价格提供 350MW·h；
(4) 期权合同：执行价格为 23.50 美元/MW·h，数量为 250MW·h 的电能卖出期权；
(5) 期权合同：执行价格为 22.50 美元/MW·h，数量为 200MW·h 的电能买入期权；
(6) 期权合同：执行价格为 18.75 美元/MW·h，数量为 100MW·h 的电能卖出期权。

另外，在日前市场的 2:00~3:00 交易时段，它进行了以下交易：

(1) 以 20.00 美元/MW·h 的价格购买 600MW·h 的电能；
(2) 以 22.00 美元/MW·h 的价格售出 100MW·h 的电能。

它在实时市场的投标情况如下：

(1) 当实时市场价格达 19.0 美元/MW·h 时，燃气电厂发电为 50MW；
(2) 当实时市场价格达 22.0 美元/MW·h 时，燃气电厂发电为 100MW。

若期权的费用为 2.00 美元/MW·h，用电高峰时间定为 8:00~20:00。该公司还直接通过零售方式向小型用户供电，3 月 20 日的供电量为 500MW，价格为 25.30 美元/MW·h。

图 3.8 表示实时市场在 3 月 20 日下午 2:00~3:00 的交易时间内的投标情况。为了平衡发电量与负荷，系统运行员需购入 225MW 的发电，由此确定实时市场价格。

设 2:00~3:00 时段核电厂实际发电 400MW，平均成本为 16.00 美元/MW·h；燃气电厂实际发电 200MW，平均成本为 18.00 美元/MW·h。假设所有的不平衡问题均在实时市场中解决。试求解：

(1) 该发电公司在 2:00~3:00 交易时段的收益或损失；
(2) 如果核电厂在下午 2:00 突然停机，实时市场的价格会是多少？影响到期权合同吗？
(3) 在 (2) 的情况下，重新计算这一时段的损失或收益。

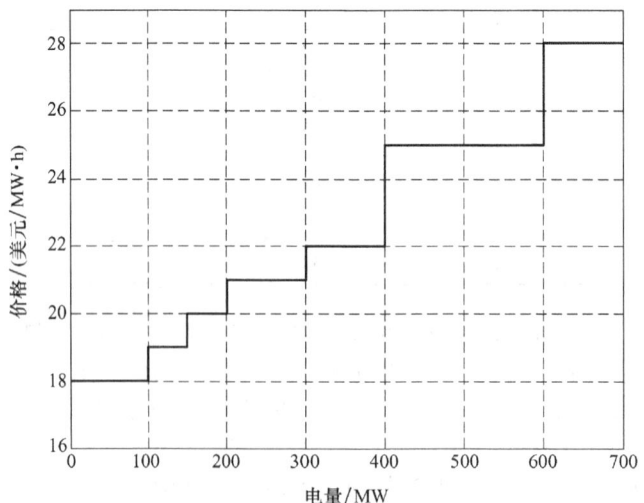

图 3.8　题 3.6 的投标情况

第 4 章 电力市场供需参与者的特性分析

4.1 引言

从技术特点上,电力系统一般划分成发电、输电、配电及用电 4 个环节。电力市场改革打破了发、输、配的垂直垄断,经过纵向与横向的拆分,市场中出现了发电商、输电公司、配电公司、零售商等众多参与者(见第 1 章)。这种拆分并不改变电力系统运行的物理规律,但随着利益主体的多元化,在引入竞争的发电环节与用电环节,参与者的特性与行为变得与他们的利益密切相关。本章将就发电商、用户以及其他参与者如何采取措施在电力市场中获取最大化的利益进行详细探讨。

电力市场的实施,为用户发挥更积极的作用提供了条件,本章将首先对电力需求侧的特点、作用及需求响应措施进行讨论。

对发电商而言,在完全竞争市场中,由于个体的行为对价格没有影响,因此每个发电商都是独立于其他发电商或用户的行为进行发电量的优化决策的。而在实际电力市场中,由于短期电力需求弹性非常小,并且大部分电能通常由少数发电商提供,因此完全竞争的情况是不存在的,此时发电商最大化利润的行为应采用不完全竞争市场的分析理论进行讨论。

最后,本章对既能向市场供给电能、又要从市场消费电能的混合参与者,如储存设施与拥有自备电厂的大用户等进行讨论,分析他们如何能从电能交易中获取利润。

4.2 需求侧与需求响应

4.2.1 电力需求侧的特点

同其他商品的消费一样,电力用户的电能消费量也是由电能的边际效用等于用户支付的电价决定的。例如,增加照明的亮度如果不能为商城带来更多的顾客,商城就不会这样做;在寒冷的季节,若调高空调温度将面对一大笔电费,一部分人就会增加衣物穿着,而不会调高。本章只考虑用户的短期消费行为,即仅考虑价格对用户消费的影响,而不考虑用户消费方式的改变,如购买新家电等。

微观经济学将商品的需求量随着市场价格变化的程度定义为需求价格弹性

$$\varepsilon = \frac{\dfrac{\mathrm{d}Q}{Q}}{\dfrac{\mathrm{d}\pi}{\pi}} = \frac{\pi}{Q}\frac{\mathrm{d}Q}{\mathrm{d}\pi} \tag{4.1}$$

式中,Q 表示数量;π 表示价格。

需求价格弹性也简称为需求弹性,是表征需求侧模型的重要参数。电力商品作为一种必需品，相近替代品的可获得性非常的小，它的短期需求弹性与长期需求弹性有很大不同。一般来说，商品往往随着时间变长而需求更富有弹性。

如果电价稳定不变，不受供求变化的影响，那么用户的电力需求就只与其活动的周期有关，也反映了在短期内他们按此价格支付的意愿。那么，当电价波动时，情况是否有变化呢？一般商品市场的规律是，短期价格上涨将导致需求减少，但电力需求随电价的变化很小。以英国电力市场为例，英格兰&威尔士电力库2001年1月至3月的电价情况如图4.1所示，但同一时期，停电损失值（Value of Lost Load, VOLL）为2768英磅/MW·h。VOLL指标是通过大量用户调查得到的，它反映了用户在偶然被迫停电时而愿意接受的平均电价。显然，实时市场电价远低于用户愿意停止用电的心理价位。电力需求侧的短期需求缺乏弹性是其重要特点。

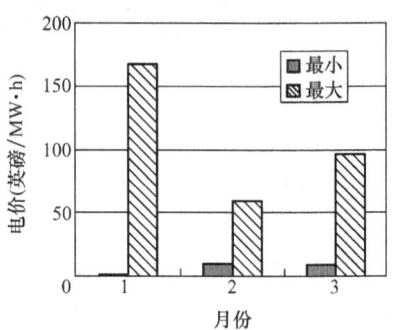

图4.1　英格兰与威尔士电力库
2001年1月至3月的电价

电力需求的弱弹性有两方面的原因：第一个因素是，相对于大部分工业产品的总成本和家庭生活开销而言，电力支出只占很小比例。而在工业生产和人们生活中，电力扮演着不可或缺的角色。因此，大多数工业用户不会为了避免电力成本的微小增加而大幅度减小工业产量，短期内，节约用电成本或许会损失更多利润；同样，大部分居民用户也不会为了少支付很小比例的电费，而舍弃用电带来的舒适生活。第二个因素是历史性的，自电力开始商业化生产时起，关于电力方便易用的宣传已使人们形成了根深蒂固的印象，很少有人会在每次用电之前进行成本核算或收益分析，以决定要不要打开电器。

当电力商品价格突然上涨时，用户绝不是简单地减少消费需求，而可能决定将需求转移到电力商品价格降低的时候。例如，如果预期在夜班时间电力商品价格会下降，生产者可能将生产推迟到夜间再进行。同样，居民用户会将洗涤、烘干、加热等电器的开启时间定在价格低的时间里进行。把电力价格较高时的需求转移到电力价格较低时的方式，节约的资金有可能不能抵消为此多投入的成本。另外，需求管理需要更多灵活性或者愿意舍弃一些本可以获得的方便性。

电力需求侧的另一个重要的特点是其需求弹性更多地表现为互弹性。自弹性是指某时段负荷随该时段电价变化的情况，互弹性则是指某时段负荷随另一时段价格变化的情况，简单地说，互弹性就是负荷在时段间转移情况的描述，即

$$\varepsilon_{i,j} = \frac{\dfrac{dQ}{Q_i}}{\dfrac{d\pi}{\pi_j}} = \frac{\pi_j}{Q_i} \frac{dQ}{d\pi} \tag{4.2}$$

【例4.1】　假设某用户一天的生产共需要60MW·h的电能，该用户所能接受的最高电价为700元/MW·h，每小时用电量最多为40MW·h。当全天电价不变，为600元/MW·h时，用户将平均安排其电能消费，在每个时段消耗20MW·h，那么当实施分时电价时，用户必然会为节省电费而重新安排用电计划，试分析用户的用电安排并计算电费节省。若用户将生产转移到晚间的谷时段必须给工人支付加班费2000元，用户又该如何安排用电？

解：显然，用户为完成生产任务，不能减少消费需求，仍然为 60MW·h，因此只能把峰时段的需求转移到平时段和谷时段，而且在价格最低的谷时段达到最大用电量，这种需求转移便是用户对价格的需求响应，见表 4.1。如此调整用电后，用户的电费节省为

$$600 \times 60 \text{ 元} - (300 \times 40 + 600 \times 20) \text{ 元} = 12000 \text{ 元}$$

表 4.1 用户在分时电价下的用电安排

时段	市场价格/(元/MW·h)	用电量/MW
谷时段	300	40
平时段	600	20
峰时段	900	0

如果用户必须在谷时段给工人支付加班费 2000 元，那么表 4.1 所列用电安排的总成本为

$$300 \times 40 \text{ 元} + 600 \times 20 \text{ 元} + 2000 \text{ 元} = 26000 \text{ 元}$$

若用户采用谷时段用电 20MW，平时段用电 40MW 的安排时，则总成本为

$$300 \times 20 \text{ 元} + 600 \times 40 \text{ 元} = 30000 \text{ 元}$$

用户多转移需求到谷时段仍然是获利的。

然而当所有用户都把生产转移到晚间时，晚间的电价必然会上升，假设晚间电价上升为 400 元/MW·h，此时需求转移增加的成本（加班费 2000 元）恰好等于节约的电费

$$30000 \text{ 元} - (400 \times 40 + 600 \times 20) \text{ 元} = 2000 \text{ 元}$$

当谷时段电价大于 4000 元/MW·h 时，假设变为 450 元/MW·h，节约电费为

$$30000 \text{ 元} - (420 \times 40 + 600 \times 20) \text{ 元} = 1200 \text{ 元}$$

就不足以抵消生产成本的增加，因此此时的需求转移反而会遭受亏损。

4.2.2 需求弹性对市场的作用

电力需求弹性过低会对电力市场的运作产生不良影响，特别是在不完全竞争市场中，会诱导发电商行使其市场力。

市场的均衡是供给和需求双方相互作用的结果，需求弹性的大小对市场的均衡有重要的作用。图 4.2 示意了市场供需均衡的几种情况，图中横轴表示数量 Q，纵轴表示价格 π。

1）图 4.2a 所示是一般商品市场的描述，需求有弹性，供需相互作用形成市场均衡点 A。

2）图 4.2b 所示是电力市场的情况，需求缺乏弹性，当需求 D_1 不是很高时，市场在 B 点达到均衡；但当需求 D_2 较高时，此时发电机已接近容量极限，发电成本很高，供给弹性很大，市场必须在很高的价格上均衡，即 C 点。而一旦需求 D_2 甚至大于系统的最大装机容量 $G_{\max}$，则市场就根本无法均衡了，呈现为图 4.2c 所示的情况。

3）图 4.2c 示意了价格限制的情况，为避免供需无法均衡而导致系统崩溃，美国的电力市场中普遍采用了价格限制，设置价格上限 π_{cap}。由价格上限 π_{cap} 确定的供电量为 Q_1，即 E 点。此时，用户实际需电量为 Q_2，但为保证成本回收，发电商只愿卖出 Q_1 的电，其中的差额只能通过限电或停电措施来解决，市场在人工干预下达到暂时的均衡。如果此时需求是有

弹性的，用户在电价升高后主动减少需求，需求曲线将变为曲线 D'，则市场可在供需双方作用下在 E 点达到稳定的均衡。

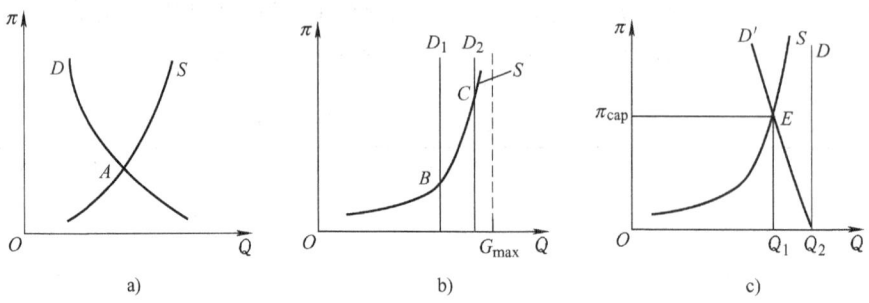

图 4.2　市场供需均衡示意图
a）一般市场均衡　b）电力市场的供需均衡　c）电力市场的价格限制

可见，需求侧对市场的均衡有重要作用。那些认为产品物非所值而拒绝购买的用户（减少的需求）起到了限制价格的作用。因此，需求弹性较高的市场，那些不进行实际购买，而只是拒绝购买物非所值产品的用户，其实际效果也仍是一种"市场参与"行为。

4.2.3　需求侧管理与需求响应

电力需求侧管理（Demand Side Management，DSM）是指为提高电力资源利用效率，改进用电方式，实现科学用电、节约用电、有序用电所开展的相关活动。

电力需求侧管理发源于美国。1973 年第一次世界石油危机爆发后，燃料价格飞涨，美国能源界意识到单纯依靠增加供应来满足不断增长的能源需求，对全社会而言是不经济的，需求侧应该节约不合理的能源使用。电力需求侧管理正是适应这一变化而兴起的能源管理方法。第二次石油危机（1979~1980 年）爆发后，更多国家开始重视电力需求侧管理的研究和应用，目前已逐渐扩散到欧美主要国家和地区。电力需求侧管理已成为国际上先进的能源管理活动和发达国家可持续发展战略的重要手段。

20 世纪 90 年代，随着我国经济的快速发展，电力消费增长速度加快，同时电力装机不足，全国电力供需形势出现紧张局面，电力需求侧管理被引入我国。随后，由于我国电力供需总体上长期紧张，电力需求侧管理为社会各界所关注，在相关政策的制定、理念的传播、项目的投入上都取得了一定的进展。2005 年以来，国家发改委充分发挥了电力需求侧管理的主导作用，积极进行电力需求侧管理组织体系建设，我国电力需求侧管理进入了深化发展阶段。

实施电力需求侧管理可提高电力系统的可靠性，有利于充分利用系统的发、输及配电设备，延缓对新电厂、新输配电设施的需求，并降低由此引起的环境及土地侵占等问题。同时，电力用户也可通过改变用电方式减少电费支出，降低产品成本。有预测（2005 年研究）表明，如果实施有效的电力需求侧管理，到 2020 年，我国可减少电力装机 1 亿 kW 左右，超过 5 个三峡工程的装机容量，同时还可以节约 8000~10000 亿元的电力投资，不仅能大大化解资源、环境和投资压力，而且还将带来巨大的节电效益、经济效益、环境效益和社会效益。

电力需求侧管理的实施主体是电力公司，可采用的措施包括技术、经济、法律、管理与引导等多种。

1）技术措施：是针对具体的管理对象，以及生产工艺和生活习惯的用电特点，采用当前技术成熟的先进节电技术和管理技术及其相适应的设备来提高终端用电效率或改变用电方式。技术措施又可以分为提高能效与负荷管理两类。其中，绿色照明、高效电动机、变频调速、无功补偿、节能家电等属于能效技术；提高设备用电效率是用户通过采用先进的节能技术和高效设备来实现。负荷管理系统、蓄能空调等属于负荷管理技术。负荷管理是根据电力系统的负荷特性，以某种方式在电网负荷高峰期削减、转移用户需求，或在低谷期增加用户需求，以达到改变电力需求在时序上的分布，减少日或季节性的电网峰荷，以期提高系统运行的可靠性和经济性。

2）经济措施：是电力需求侧管理最主要的激励手段。DSM 的经济措施是指各种电价、直接经济激励和需求侧竞价等措施，通过这些措施刺激和鼓励用户改变消费行为和用电方式，安装并使用高效设备，减少电量消耗和电力需求。国内外实施的电价结构有容量电价、峰谷电价、分时电价、季节性电价、丰枯电价、可中断负荷电价、差别电价等。需求侧竞价是在电力市场环境下出现的一种竞争性更强的激励性措施。用户采取措施获得的可减电力和电量在电力交易所采用招标、拍卖、期货等市场交易手段卖出"负瓦数"，不但取得了一定的经济回报，还保证了电力市场运营的高效性和电力系统运行的稳定性。

3）引导措施：通过知识普及、信息传播、技术示范、宣传培训等措施，大张旗鼓地宣传树立科学发展观的思路、节能和环保意识、电力需求侧管理的理念，倡导科学用电，提升电力需求侧管理在全社会的认知度，提高客户主动参与需求侧管理的积极性，使电力需求侧管理成为人人重视并参与的社会行动。

4）管理措施：政府是电力需求侧管理的主导者，采取必要的管理措施，可以保证技术、经济措施的有效实施；尤其是当电力供需形势出现大的波动时，管理措施对平衡电力供需的作用更为突出。主要的管理措施有组织用户轮休、调整作业程序、降低城市过高标准的亮化水平等。

5）法律措施：是电力需求侧管理健康发展的保障。从世界范围来看，电力需求侧管理开展较好的国家都有严格的法律法规，如美国先后出台《国家能源政策法》及《公共事业管理政策法》等法律法规，并制定了大量强制性能效标准，对电力公司与电力用户均提出了很多明确、具体的法律要求，为电力需求侧管理的开展提供了强有力的保障。我国近年也出台了一些规定，如《电力需求侧管理办法》、《有序用电管理办法》等，推动了电力需求侧管理的发展。

电力工业市场化改革后，经济措施成为引导需求的最重要手段。在市场发展初期，因为缺乏激励用户跟随价格变化的机制和途径，引发了很多问题，2000 年美国加利福尼亚州电力危机的教训之一也在于此。当认识到需求是市场均衡的一支重要力量后，用户侧不再被置于完全被动地位，而是被赋予根据电价或激励信号选择其需求量的权利，这称为需求响应。需求响应是用户根据电价或激励信号，主动做出或自愿接受的需求侧管理，是市场机制的一种需求侧管理措施。电力市场发展的经验表明，如果在电力市场设计之初不对需求侧采取相应措施的话，等到出现问题再去弥补代价将高昂得多。因此，需求响应成为电力市场设计的三大重要组成部分（发电竞争，输电开放，需求响应）之一。

电力市场中常用的需求响应措施分为两类：激励响应型和价格响应型。激励响应型是指可中断负荷合同或直接负荷控制等，如住宅空调器控制、局部或部分负荷的减少以及完全停用。但在市场条件下，电力运行部门在切除负荷时必须顾及用户的经济利益，一般是与用户签署协议，取得用户同意后方可在任意时段、特定时段或特定情况下直接切除全部或部分负荷，同时用户得到相应的经济补偿。

价格响应型是指实时电价定价、动态电价、尖峰电价、分时电价以及需求投标或回购计划等，它以价格为杠杆，引导用户在系统供需紧张或运行出现紧急状况时减负荷，或将负荷从高峰时段转移到低谷时段，达到稳定系统及合理利用系统的目的。价格响应的最高境界是用户侧全面实行实时电价，但由于需要通信与分时计价设施支持，并导致结算工作量的大幅增加，因此在现阶段，除部分大型商业和工业用户外，还不具备全面实行实时电价的条件。普遍应用的是各种简化形式的价格响应措施，如分时电价，即随季节和每天的用电周期分为几个档级的电价制度；或更简单形式的门槛价格，即用户在电价低于某设定值时用电，高于时则停用。价格响应措施的出现，彻底改变了需求在电力市场中的被动地位，当用户选择在高电价时段减少需求时，其减少的电量将被记为卖出，这使需求成为一种资源参与到电力市场中。

需求响应属于需求侧管理措施，因此它具有需求侧管理措施的综合效益，但作为基于市场机制的一种措施，它对于电力市场又有特殊意义，表现在以下几方面：

1) 提高市场效率。用户的积极参与增强了市场竞争，能够促使市场发现均衡价格，实现社会效益最大化。

2) 降低市场风险。当用户受到价格信号激励时，用电量就会和电价挂钩，这将促使用户在电价较高时改变用电行为，从而平抑实时市场的电价波动。需求响应具备风险管理工具的作用，这也是成熟的市场所必需的。

3) 更好地为用户服务。需求响应是电力市场提供给用户的用电选择权，用户可有机会借此控制自己的电费账单。

4) 减轻市场力的作用。如果需求响应能恰当及时地发生在缺电地区，就会阻止由于供电不足或输电网约束所引发的市场力滥用。

从长远看，用户对需求响应的参与，将最终降低电力市场的价格，减轻电价波动，间接使所有用户受益。

4.2.4 电力零售商

对峰值需求为兆瓦级的大用户，雇用专业人员预测需求并参与电力市场交易，将买到较便宜的电能，从而节省大量资金。电力市场也期待这些用户直接和主动地参与到交易中。但正如前面分析的，要实现用户参与电力市场交易，必须通知用户电价和登记每时段的用电量，通信、计量等基础设施的建设也需要投入相当多的成本，因此大多数小型居民和商业用户对每小时或每半小时实时电价变化不会做出明显的反应，在一段时期内，这类用户可能仍将继续执行固定电价，他们对电力市场的参与将通过零售商的行为来表现。换句话说，较小用户不必直接参与电力市场的交易。零售商的作用就是在电力批发市场和小用户间建立联系，他们向小型用户提供固定费率的电力供应，通常对费率的调整并不频繁，如一年中只进行几次调整。

零售商面对的挑战是，在电力批发市场中以波动的价格购电，然后再以固定价格售电的情况下，如何保证买卖能够盈利。平均的买电价高于售电价，零售商就会亏损；平均的买电价低于售电价，零售商才能获利。因此，为维持生意零售商必须保证平均买电价要低于售电价。零售商对用户的用电量不能进行直接控制,他只能通过电表的计量确定用户的实际用电量。当零售商在合同市场及批发市场上购买的电量少于用户的实际用电量时,他将不得不在实时市场上以实时电价购买差额电量。同样,如果合同购电量超过用户用电总量,零售商则不得不在实时市场上售出差额电量。

实时市场存在很高的价格风险,因此零售商如果能够准确预测用户需求,并在价格较平稳的远期市场与日前市场等购买满足预测需求的电量,则可减少生意亏损的可能。为准确地把握用户的用电量,零售商需要充分认识用户的用电方式并加以正确引导,如鼓励用户安装分时计量的电表,推出更具吸引力的价格引导用户在市场峰值电价时段减少用电量等,另外还要综合考虑影响电力消费的气象、经济、文化及其他特殊因素,并且采用有效的预测技术。相对于垄断的电力公司,处于非垄断地位的电力零售商由于不能获取足够的信息,因此对用户用电量的预测精度要低一些。同时,在市场竞争环境下,如果用户有机会获得更好的价格及售电服务,他可能随时改换零售商,不稳定的用户群体更加不利于零售商收集可靠的统计数据来改善需求预测。

【例 4.2】 设某零售商预测了其服务用户的 12h 的用电需求,见表 4.2 第二列,并完全按预测需求以不同类型合同(远期双边交易,期货交易,日前市场交易)的组合购买了所需电量,购电的平均成本见表 4.2 第三列。若用户的实际用电量与预测并不相符,每个小时都有或正或负的不平衡量,见表 4.2 第四列。这些不平衡量必须通过实时市场解决,实时市场电价见表 4.2 第五列。假设零售商采用非常简单的费率体系,即所有用户电价固定在 462 元/MW·h。试计算该零售商这段时间的盈亏情况。

表 4.2 例 4.2 的数据

时段	预测需求/MW·h	平均费用/(元/MW·h)	实际负荷/MW·h	实时电价/(元/MW·h)
1	221	300	203	160
2	219	295	203	150
3	254	330	287	210
4	318	425	328	400
5	358	485	361	835
6	370	510	401	905
7	390	545	415	840
8	410	583	407	1230
9	382	530	397	975
10	345	465	381	765
11	305	400	331	560
12	256	335	240	220

解: 预测需求与用户实际用电量的不平衡产生了零售商的额外成本(当不平衡量是负值时产生额外收入),并与合同成本共同构成了每小时的电量总成本。表 4.3 给出了零售商的成本、收益及利润情况。可见,零售商在低价时段获取利润,在高价时段承受损失。最后一行表明,总体上这 12h 零售商损失了 14407 元。如果这只是偶然发生的情况,那么零售商可通过在

其他时段的盈利来弥补。而如果这是一种典型情况，那么零售商就必须提高售电价了，否则无法实现盈利。以本题为例，当用户的零售电价提高到466元/MW·h时，可消除亏损。另外可见，平衡成本相对较高，这表明零售商可以通过提高预测的准确性来增加收益。表4.3最后一列显示了在预测量等于实际用电量时，零售商不需要在实时市场进行平衡买卖时的利润，显然如果在这段时间进行的预测完全准确，零售商将是获利的，利润为92318元。

表4.3 例4.2的计算结果

时段	合同费用/元	实时价格/(元/MW·h)	平衡费用/元	总费用/元	总收益/元	利润/元	无差利润/元
1	66300	160	-2880	63420	93786	30366	27486
2	64605	150	-2400	62205	93786	31581	29181
3	83820	210	6930	90750	132594	41844	48774
4	135150	400	4000	139150	151536	12386	16386
5	173630	835	2505	176135	166782	-9353	-6848
6	188700	905	28055	216755	185262	-31493	-3438
7	212550	840	21000	233550	191730	-41820	-20820
8	239030	1230	-3690	235340	188034	-47306	-50996
9	202460	975	14625	217085	183414	-33671	-19046
10	160425	765	27540	187965	176022	-11943	15597
11	122000	560	14560	136560	152922	16362	30922
12	85760	220	-3520	82240	110880	28640	25120
平均	141050	604	6342	147392	152460	5068	7693
合计	1875480		106725	1841155	1826748	-14407	92318

4.3 发电商

在电力市场中，发电商通过出售电能获取利润。本节讨论如何使发电机组获得的利润最大化。为简单起见，只考虑单时段交易的情况，并假设该时段内一切参数保持不变。于是，在该时段机组最大化收益就可以表示为销售电能所得收入与生产电能所需成本的差值，即

$$\max \Omega_i = \max[\pi P_i - C_i(P_i)] \tag{4.3}$$

式中，P_i 为机组 i 的发电量；π 为市场电价；$C_i(P_i)$ 为机组发电成本。

假设企业可直接控制的决策变量只是机组的发电量，那么式（4.3）最优的必要条件为

$$\frac{\mathrm{d}\Omega_i}{\mathrm{d}P_i} = \frac{\mathrm{d}(\pi P_i)}{\mathrm{d}P_i} - \frac{\mathrm{d}C_i(P_i)}{\mathrm{d}P_i} = 0 \tag{4.4}$$

式（4.4）中的前一项代表机组 i 的边际收益，也就是在该时段内多售出 1MW·h 电能可以获得的收益；第二项代表多生产 1MW·h 电能企业付出的成本，也就是机组的边际成本。因此，为使利润最大化，机组 i 必须根据边际收益等于边际成本的原则决策发电量，即

$$MR_i = MC_i \tag{4.5}$$

4.3.1 完全竞争

1. 发电调度

在完全竞争情况下，机组发电量 P_i 的变化不会影响市场的价格 π，此时机组 i 的边际收益为

$$MR_i = \frac{\mathrm{d}(\pi P_i)}{\mathrm{d}P_i} = \pi \tag{4.6}$$

式 (4.6) 表明，作为价格接受者的发电商是以市场价格销售每 MW·h 电能的，因此如果机组的边际成本是发电量的单调递增函数，发电机组就应该增加出力，直到生产的边际成本等于市场价格，即

$$MC_i = \frac{\mathrm{d}C_i(P_i)}{\mathrm{d}P_i} = \pi \tag{4.7}$$

边际成本包括燃料成本、维护成本以及其他一切随机组的发电量变化的成本，但不包括那些在考虑的时间周期内与机组发电量无关的成本（如电厂建设成本、固定维护费用及人力成本等），这些成本对短期发电计划的制定没有影响。

只要是处在完全竞争的市场中，每个发电机组的出力都应该由式 (4.7) 决定。由于市场价格是给定的，所以全部发电机组都可以相对独立地进行调度，拥有多台机组的发电商也同样如此。

【例 4.3】 设某火电机组最小技术出力为 100MW，最大技术出力是 500MW。机组的成本 $C_1(P_1)$（元/h）可以表示为 $C_1(P_1) = 2000 + 233P_1 + 0.05P_1^2$。如果市场电价为 260 元/MW·h，求该机组的最优出力。

解：该机组的出力应满足边际发电成本等于市场电价，即

$$\frac{\mathrm{d}C_1(P_1)}{\mathrm{d}P_1} = 233 + 0.1P_1 = 260 \text{ 元/MW·h}$$

于是，得

$$P_1 = 270\text{MW}$$

发电机组的成本特性曲线是根据在不同出力的运行状态下所测量的数据拟和而形成的，尽管采取多种措施使测量数据尽量精确，但各数据点间也不是平滑（连续）的。因此在精度要求不高的场合，对这一所谓较精确的二次函数曲线进行分段线性处理是可以接受的，这样处理的好处在于机组成本特性变成线性（见 2.2 节）。当采用三段分段线性曲线时，设以 $e_{1,i}$、$e_{2,i}$ 表示分段点，则机组优化调度可以简单地表示为

$$\begin{aligned}&\pi < MC_{1,i} \Rightarrow P_i = P_i^{\min} \\ &MC_{1,i} \leq \pi < MC_{2,i} \Rightarrow P_i = e_{1,i} \\ &MC_{2,i} \leq \pi < MC_{3,i} \Rightarrow P_i = e_{2,i} \\ &MC_{3,i} \leq \pi \Rightarrow P_i = P_i^{\max}\end{aligned} \tag{4.8}$$

如果边际成本曲线某一段的值等于市场价格，发电量就可以取对应成本曲线相应段内任一值。由于边际成本定义为发出下 1MW·h 电能所需成本，因此在成本曲线上断点处的边际成本等于下一段的斜率。

【例 4.4】 设分段点 $e_1 = 250\text{MW}$、$e_2 = 400\text{MW}$，求例 4.3 中机组二次成本曲线的分段线

性曲线,并求此简化表达下,市场电价变化时机组的最优发电调度。

解:例 4.3 中机组的二次成本曲线可以近似用下列三个分段线性成本 $C_1(P_1)$、$C_2(P_1)$、$C_3(P_1)$(元/h)描述:

$$100 \leq P_1 \leq 250:\ C_1(P_1) = 250.5P_1 + 750$$

$$250 \leq P_1 \leq 400:\ C_2(P_1) = 265.5P_1 - 3000$$

$$400 \leq P_1 \leq 500:\ C_3(P_1) = 278P_1 - 8000$$

市场电价变化下机组的最优发电调度如图 4.3 所示。

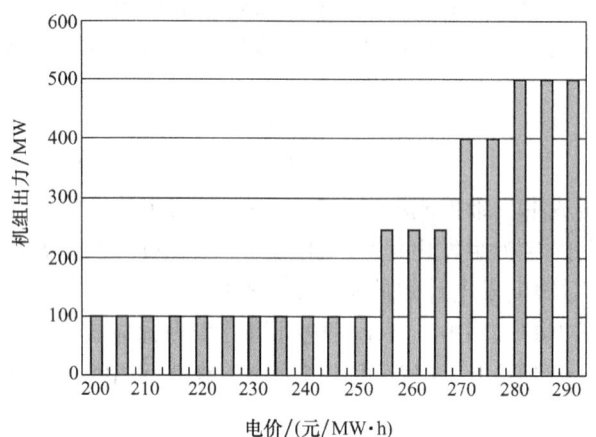

图 4.3 例 4.4 市场电价变化下机组的最优发电调度

2. 发电调度的制约因素

在现实中,机组的优化调度比式(4.7)复杂,发电机组的调度受到多种因素的制约。这些因素包括以下几方面:

1) 机组的最大/最小出力。当发电机组 i 在最大出力时边际生产成本仍低于市场电价时,即

$$\left.\frac{\mathrm{d}C_i(P_i)}{\mathrm{d}P_i}\right|_{P_i^{\max}} \leq \pi \tag{4.9}$$

则该机组的发电量只能是 $P_i^{\max}$。相反,如果发电机组 i 在最小出力时有

$$\left.\frac{\mathrm{d}C_i(P_i)}{\mathrm{d}P_i}\right|_{P_i^{\min}} > \pi \tag{4.10}$$

那么以市场电价售电就不可能盈利,避免亏损的唯一方法就是关闭该机组。当机组不能关闭时,则发电量只能是 $P_i^{\min}$,以实现最小化损失。

2) 固定成本。发电商不是仅仅根据市场价格与生产边际成本的比较决定电能销售数量的,因为运行在边际成本等于市场价格的方式下并不能保证机组会盈利,发电商还必须把与机组运行有关的固定成本考虑在内,正如第 2 章中提到的,只有在边际成本大于发电平均成本的情况下以边际成本销售才能盈利。固定成本是在机组运行时产生,但与发电量无关的成本,如空载成本(No Load Cost)和启动成本(Start-up cost)。如果机组保持并入电网但不提供电力,此时维持机组运行所需燃料的成本就是空载成本。对于大多数火电机组这种运行模式是不可能实现的,因此空载成本仅具有数学意义,它对应成本曲线上纵坐标的常数。

发电机组的启动成本是另一种类型的固定成本,它是将机组从停机状态起动直到运转至准备好发电所需的成本。像柴油发电机和燃汽轮机，由于起动迅速因而起动成本较低，而大型火电机组，由于需要蒸汽达到足够的温度和压力才可维持发电，需要相当大的热能，因此这类机组启动成本高。为了实现火电机组收益的最大化，启动成本的补偿必须在多时段的较长时间内考虑，即机组可能数小时运行在亏损状态而不停机，只为了后续时段价格上涨后能够继续补偿启动成本并实现盈利。

3）动态约束。启动或者关闭一台火电机组，甚至只是增加或者减少超过一定量的机组出力，都会在原动机上产生相当大的机械压力，过度的压力将会损坏机组并缩短其寿命。因此为了保护这些昂贵的设备通常设置一些限制，如爬坡约束（机组增加或者减少出力的速率限制），以及最小开机时间（火电机组一旦启动必须保持并网运行的最小时间）和最小停机时间（机组一旦停运必须保持关机的最小时间）的约束。这些限定统称为动态约束（Dynamic Constraints）。长期而言，这些约束对机组的安全运行是有利的，但会产生短期成本，特别是可能会妨碍机组在连续时间段实现经济上的最优化出力。因此，为最小化这些限制带来的成本，必须至少在数个小时内对机组的运行进行优化。例如，由于有最小停机时间约束，关闭机组可能妨碍其在稍后时间实现更大利润，因此机组可能被迫在低价时段继续亏损发电。

4）环境约束。电厂的生产必须遵守各项环保要求，特别是燃煤电厂，释放的某些污染物正受到越来越多的限制，如某种污染物在大气中释放速率的限制、一年内可释放某种污染物的总量限制等。这些环保要求对电厂机组的运行设置了更复杂的约束，可能影响机组运行在经济性最优的位置。

水电厂虽然不释放污染物，但对水的利用同样可能受到约束，如由于水电厂相对火电厂更灵活，有限的水能资源常仅用来调峰。另外，鱼类洄游、农业灌溉，以及梯级开发水电厂的相互关联等，都会使水电厂的优化运行变得更加复杂。

5）其他经济因素。热电联产电厂的发电量通常受供热量的牵制，因此此类发电厂在电力市场的售电时机选择会受到一定的限制。

由于除电能外，发电商还可以提供备用容量、负荷跟踪、频率调整以及电压调整等辅助服务（见第5章），这构成不同于电能销售的另一个收益来源。但需要指出的是，发电商参与电能交易的能力会受到提供辅助服务的影响；反之亦然，生产电能也会影响发电商提供辅助服务的能力。

总之，由于市场电价随电力需求变化，发电商的生产决策也随时变化。如果一定周期（如1天）内各时段的价格已知，那么上面采用的针对单时段的机组最优调度是可以实现的。但是，由于忽略机组的启动成本，以及发电机组受到的各种约束，优化调度的结果在技术上有可能是不可行的，其他经济因素和环境限制也会对最优调度产生影响。因此，要综合考虑这些因素，机组的优化运行应该以更长的时间，如1天或1周为周期来进行。这时，发电商的生产决策就是自行进行机组组合，即在发电机组成本特性给定的条件下，确定以最小成本向给定负荷供电的机组开停机及出力的发电计划。关于机组组合问题的求解，可参见3.5节。

发电商对机组进行优化调度需要知道每时段的市场电价。由于影响因素众多且其中某些因素缺乏信息，因此精确预测市场电价是极其困难的。但市场价格取决于市场平衡，必然受到负荷及发电这两个因素的影响。对负荷而言，进行电价预测时，就必须把用于负荷预测的周期性、气象、经济和特殊因素等都考虑在内。对发电而言，由于发电机组故障停运的不确定性，以及发电商对一些信息（如机组检修计划）的不公开，发电量的精确预测将更加困难。

【例 4.5】 分析各种因素对例 4.3 中机组最优调度的影响：1）机组最大、最小出力限制的作用；2）空载成本对机组发电利润的影响；3）假设不同时段的市场电价如图 4.4 所示，机组在第一个小时起动并入电网所需成本是 6000 元，分析起动成本对机组调度的影响。

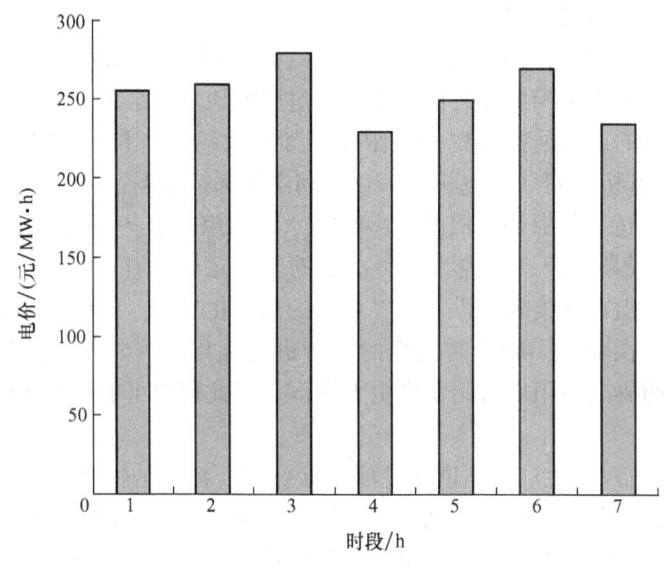

图 4.4 不同时段的电价

解：1）对例 4.3 中机组

$$\left.\frac{dC_1(P_1)}{dP_1}\right|_{P_1^{max}=500MW} = (233 + 0.1 \times 500) \text{元} = 283 \text{元}/MW$$

$$\left.\frac{dC_1(P_1)}{dP_1}\right|_{P_1^{min}=100MW} = (233 + 0.1 \times 100) \text{元} = 243 \text{元}/MW$$

因此，在市场电价不低于 283 元/MW·h 时该机组就应该运行在最大出力状态；相反，如果市场电价低于 243 元/MW·h，该机组的运行就不可能盈利。

2）机组根据市场电价进行最优调度的结果如图 4.3 所示，现求随电价变化机组利润的增加，如图 4.5 所示。由图可以看出，在电价高于 243 元/MW·h 后，仍有一段范围机组运行是不赢利的，这正是由于空载成本的影响。只有在电价升到 253.5 元/MW·h 时，该机组才开始盈利，所以该点是考虑空载成本后机组是否运行的临界点。

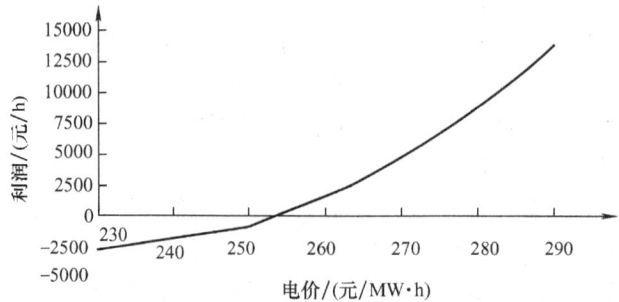

图 4.5 机组优化调度的利润随电价变化的曲线

3) 根据给定的市场电价，可求出机组的最优出力。它是随电价的波动而发生变化的，在第三、六个小时由于电价较高，机组以最大容量发电，而在第四、七小时则因电价过低以最小容量发电，见表4.4。由于起动成本的存在，该机组在第二个小时承受亏损，到第3小时，起动成本得到补偿，该机组开始盈利，在第四个小时尽管机组运行在最小出力状态，但价格太低，机组又出现亏损。然而，为了避免在第五个小时再次花费起动成本，不关闭机组是最好的策略。在第七个小时，尽管不是运行在最小出力状态，但机组还是承受亏损，这是由于机组的发电量不足以补偿空载成本。如果在后几个小时内电价继续下降，此时最好的决策就是在第六个小时末停运该机组，等到价格较高时再次起动。

表 4.4 考虑起动成本的机组发电调度

项 目	数 据						
时段	1	2	3	4	5	6	7
电价/（元/MW·h）	255	260	288	230	250	283	245
机组出力/MW	220	270	500	100	170	500	120
收益/元	56100	70200	144000	23000	42500	141500	29400
发电成本/元	55680	68555	131000	25800	43055	131000	30680
启动成本/元	6000	0	0	0	0	0	0
总成本/元	61680	68555	131000	25800	43055	131000	30680
利润/元	-5580	1645	13000	-2800	-555	10500	-1280
累计利润/元	-5580	-3935	14645	10200	-3355	9945	9220

4.3.2 生产或购买的决策

假设发电商有 N 台机组用于发电，在某小时内需要满足的供电合同量为 P_D，显然发电商以最小成本发电的问题在数学上可以表示为（不考虑其他机组技术约束）

$$\min \sum_{i=1}^{N} C_i(P_i) \tag{4.11}$$
$$\text{s.t.} \quad \sum_{i=1}^{N} P_i = P_D$$

式中，P_i 为机组 i 的出力；$C_i(P_i)$ 为机组出力为 P_i 的成本。

此最优化问题可通过构造拉格朗日函数来求解

$$L(P_1, P_2, \cdots, P_N, \lambda) = \sum_{i=1}^{N} C_i(P_i) + \lambda \left(P_D - \sum_{i=1}^{N} P_i \right) \tag{4.12}$$

式中，λ 是拉格朗日乘子。

由拉格朗日函数最优的必要条件，即拉格朗日函数对各变量的偏微分等于零，可得以下方程：

$$\frac{\partial L}{\partial P_i} \equiv \frac{dC_i}{dP_i} - \lambda = 0 \quad \forall i = 1, \cdots, N$$
$$\frac{\partial L}{\partial \lambda} \equiv \left(P_D - \sum_{i=1}^{N} P_i \right) = 0 \tag{4.13}$$

式中，≡表示恒等。

由式（4.13）可知，成本最小的发电计划是所有机组必须运行在同一边际成本，而且此边际成本应等于拉格朗日乘子 λ 的值

$$\frac{\mathrm{d}C_1}{\mathrm{d}P_1} = \frac{\mathrm{d}C_2}{\mathrm{d}P_2} = \cdots = \frac{\mathrm{d}C_N}{\mathrm{d}P_N} = \lambda \qquad (4.14)$$

因此，拉格朗日乘子的值就等于任一机组多生产 $1\mathrm{MW} \cdot \mathrm{h}$ 电能所需的成本。该拉格朗日乘子也被称为电能的影子价格。

当发电商参与电能的实时市场交易时，如果市场价格 π 低于电能的影子价格 λ，该发电商就应该以市场价格确定各机组的出力，而在市场中购买自身发电量不足的部分，即由下式确定 P_i：

$$\frac{\mathrm{d}C_1}{\mathrm{d}P_1} = \frac{\mathrm{d}C_2}{\mathrm{d}P_2} = \cdots = \frac{\mathrm{d}C_N}{\mathrm{d}P_N} = \pi \qquad (4.15)$$

再计算市场购买电量

$$P_{\mathrm{Buy}} = P_{\mathrm{D}} - \sum_{i=1}^{N} P_i \qquad (4.16)$$

【例 4.6】 某发电商有两台火电机组，成本函数 C_A、C_B（元/h）分别为

$$\text{UnitA}：C_\mathrm{A} = 400 + 34P_\mathrm{A} + 0.8P_\mathrm{A}^2$$
$$\text{UnitB}：C_\mathrm{B} = 320 + 36P_\mathrm{B} + 0.6P_\mathrm{B}^2$$

它与用户签订了 260MW 的供电合同，此时的市场电价为 200 元/MW·h，试求发电商的生产或购买决策。

解：该最优化问题的拉格朗日函数可以表示为

$$L = C_\mathrm{A}(P_\mathrm{A}) + C_\mathrm{B}(P_\mathrm{B}) + \lambda(P_\mathrm{D} - P_\mathrm{A} - P_\mathrm{B})$$

令拉格朗日函数对决策量的偏微分等于零，得到最优化的必要条件

$$\frac{\partial L}{\partial P_\mathrm{A}} = 34 + 1.6P_\mathrm{A} - \lambda = 0$$

$$\frac{\partial L}{\partial P_\mathrm{B}} = 36 + 1.2P_\mathrm{B} - \lambda = 0$$

$$\frac{\partial L}{\partial \lambda} = P_\mathrm{D} - P_\mathrm{A} - P_\mathrm{B} = 0$$

求解该方程组，得到发电商采用自己的机组完成供电合同的边际成本为

$$\lambda = 213.4 \text{ 元/MW} \cdot \mathrm{h}$$

显然，当市场电价为 200 元/MW·h 时，发电商应自己生产

$$34 + 1.6P_\mathrm{A} = 200 \Rightarrow P_\mathrm{A} = 103.8\mathrm{MW}$$
$$36 + 1.2P_\mathrm{B} = 200 \Rightarrow P_\mathrm{B} = 136.7\mathrm{MW}$$

而在市场上购买

$$260\mathrm{MW} - 103.8\mathrm{MW} - 136.7\mathrm{MW} = 19.5\mathrm{MW}$$

4.3.3 不完全竞争

电力市场一般由几家大发电公司和一些小发电公司组成。当市场不完全竞争时，大发电

商就可以通过自己的行为影响市场价格,成为价格操纵者,而小公司只能是价格接受者,此时市场就出现了市场力。市场力的衡量可采用下述方法:

1) 市场集中度指标

$$HHI = \sum_{f=1}^{n} s_f^2 \tag{4.17}$$

式中,s_f 代表发电商 f 所有机组的联合出力所占的市场份额;n 为市场中公司总数。

美国 FERC 规定,HHI 小于 1000 表示市场没有集中度,HHI 在 1000~1800 之间为中度集中,HHI 大于 1800 为高度集中。虽然 HHI 不包含需求、机组报价及网络阻塞等信息,但在衡量市场结构方面有一定合理性,因此是市场设计的一个重要参考指标。

2) 价格 – 成本比较方法。发电商施展市场力的目的是要维持高于竞争情况下的价格而获得高额利润,因此市场价格与市场参与者生产边际成本的比值可以反映市场力对市场的影响程度,常用的指标为勒那指标(Lerner Index,LI)

$$LI_f = \frac{\pi - MC_f}{\pi} \tag{4.18}$$

式中,MC_f 是发电商 f 的生产边际成本。

当市场中有 n 个发电公司时,市场的平均勒那指标为

$$\overline{LI} = \sum_{f=1}^{n} \frac{P_f}{\sum_{f=1}^{n} P_f} LI_f \tag{4.19}$$

在供过于求的电力市场,如低谷时段,市场富有供给价格弹性,勒那指标很小甚至趋于零,表明发电商没有实施市场力的动机;在供不应求的市场,即市场电价较高时,发电商也没有能力增发电量,供给的价格弹性小,此时勒那指标趋向于无穷大,发电商有极强的市场力。

拥有市场力的发电商通过对自己拥有的多台机组的联合出力进行最优安排,就可以对市场价格产生较大影响,这是不同于完全竞争市场中对每台机组的出力分别进行优化的决策问题。设发电商的总利润为

$$\Omega_f = \pi P_f - C_f(P_f) \tag{4.20}$$

式中,P_f 代表发电商 f 所有机组的联合出力;$C_f(P_f)$ 代表发电商发出 P_f 所需的最小成本。

在不完全竞争市场中,电价不再是任何市场参与者都无法控制的变量,因此发电商 f 销售电量的多少也就不仅取决于自身决策,还与其他竞争者有关。考虑这些影响因素,式(4.20)可以改写成

$$\Omega_f = \Omega_f(X_f, X_{-f}) \tag{4.21}$$

这里,X_f 代表发电商 f 的发电量,而 X_{-f} 代表其竞争对手的发电量。

式(4.21)表明,发电商 f 不能孤立地最大化自身利润,它必须考虑到其他发电商的行为。由于其他发电商都是自己的竞争对手,并且串谋是违法的,所以乍一看发电商的利润最大化决策变得很困难。然而,可以合理地假设所有发电商都是以理性的方式发电,即他们都试图最大化自身利润,如此则发电商 f 的决策就是找到 X_f^* 以满足如下条件:

$$\Omega_f(X_f^*, X_{-f}^*) \geq \Omega_f(X_f, X_{-f}^*) \qquad \forall f \tag{4.22}$$

式中,X_{-f}^* 代表其他电厂的最优发电决策。

式（4.22）这种相互影响的最优化问题就是博弈论中的非合作博弈。这种问题的最优解如果存在，就称为纳什均衡（Nash equilibrium），代表了在不完全竞争下的一种市场均衡。式（4.22）中将发电商的可能决策行为用 X_f 简洁地进行解析表达，但实际中 X_f 的求解是依赖于发电商间相互博弈的模型的。下面就讨论三种主要博弈模型下 X_f 的具体形式及其求解。

1. 价格决策的 Bertrand 模型

假设市场参与者按照 Bertrand 模型进行交易，各发电商的投标价格就是唯一的决策变量，即

$$X_f = \pi f \qquad \forall f \tag{4.23}$$

这样，发电商 f 销售的电量就是自己的投标价格和竞争者的投标价格的函数，此时发电商 f 的收益是

$$\pi P_f = \pi P_f(\pi_f, \pi_{-f}) \tag{4.24}$$

发电商 f 在假定其竞争者的投标价格不改变的前提下决策自己的投标价格，由于电能是无差别商品，因此只要发电商 f 的投标价格低于竞争者的投标价格，他就可以按自己的意愿售出任意数量的电能，即

$$P_f(\pi_f, \pi_{-f}^*) = \begin{cases} P_f & \text{if} \pi_f \leq \pi_{-f}^* \\ 0 & \text{其他情况} \end{cases} \tag{4.25}$$

当然，竞争者不调整自己的投标价格是不现实的。上述模型的最终结果，市场价格应该等于占大多数的高效率机组的发电边际成本。这是由于，一方面没有机组可以提供低于成本的报价而不受损失，另一方面电价受制于占大多数的高效率机组，任何一个发电商想单方面维持较高报价而获取收益也是不可能的。

2. 产量决策的 Cournot 模型

在 Cournot 模型下，每个发电商决策的是自己的发电量

$$X_f = P_f \qquad \forall f \tag{4.26}$$

此时，市场价格取决于反需求函数，即价格是电能销售量的函数

$$\pi = \pi(P_f + P_{-f}) = \pi(P) \tag{4.27}$$

在竞争者发电量一定的前提下，发电商 f 的收益表示为

$$\pi P_f = \pi(P_f + P_{-f}^*)P_f \tag{4.28}$$

于是其边际收益为

$$MR_f = \frac{\partial[\pi(P)P_f]}{\partial P_f} = \pi + \frac{\partial \pi}{\partial P}P_f \tag{4.29}$$

Cournot 模型表明，发电商可能维持高于发电边际成本的市场电价，其中的差值取决于需求的价格弹性。Cournot 模型的分析结果对价格弹性非常敏感，由于电力需求弹性非常小，因此 Cournot 模型计算出的市场均衡价格通常高于实际市场中的价格。

【例 4.7】 设某电力市场中有 A、B 两个发电商相互竞争供电，他们的发电成本特性

C_A、C_B(元/MW·h)为

$$C_A = 300P_A \tag{4.30}$$

$$C_B = 350P_B \tag{4.31}$$

市场的反需求函数[π(元/MW·h)]为 $\pi = 1000 - D$。试对两发电商的不完全竞争进行Bertrand模型和Cournot模型分析。

解：1) 假设在该市场中采用Bertrand模型。由于发电商A的发电边际成本较低，他会将投标电价确定在略低于发电商B发电边际成本（350元/MW·h）的水平，于是他将占领整个市场。在这个价格下市场需求是600MW·h，发电商A将获得利润6000元。而发电商B不管以这个价格销售多少电能都会亏损，因此将停止发电，显然也就不能实现盈利。

2) 假设在该市场中采用Cournot模型。市场状态将由每个发电商制定的发电策略决定。假设发电商A和B均决定发电50MW·h，根据Cournot模型，市场价格必定使得需求量等于发电量，总需求量就是100MW·h，根据反需求函数，市场价格将是900元/MW·h。结合市场价格和发电量，可以很容易计算出发电商A和B获得的利润分别是30000元和27500元。上述分析可用图4.6所示单元格说明。

需求/MW·h	A利润/元
B利润/元	价格(元/MW·h)

100	30000
27500	900

图4.6 Cournot模型得益分析的单元格

同理，其他发电量组合也可以得到类似的单元格，构成表4.5。

表4.5 Cournot模型的得益分析

	$P_A=150$		$P_A=200$		$P_A=250$		$P_A=300$	
$P_B=100$	250	67500	300	80000	350	87500	400	90000
	40000	750	35000	700	30000	650	25000	600
$P_B=150$	300	60000	350	70000	400	75000	450	75000
	52500	700	45000	650	37500	600	30000	550
$P_B=200$	350	52500	400	60000	450	62500	500	60000
	60000	650	50000	600	40000	550	30000	500
$P_B=250$	400	45000	450	50000	500	50000	550	45000
	62500	600	50000	550	37500	500	25000	450

表4.5说明了Cournot模型下两发电商A和B的相互影响。经过分析，其纳什均衡点如下：发电商A发电为250MW·h，其利润为62500元；发电商B发电为200MW·h，其利润为40000元；总供电量为450MW·h，市场价格为550元/MW·h。在平衡状态，两个发电商都不会改变发电量，因为他们都不可能在对手的利润不变差的前提下改善自己的利润。发电商A由于发电边际成本较低，占据市场较大的份额，同时也并没有将发电商B完全排挤

出市场。这两个发电商可以维持远高于发电边际成本的电价。可以看出,本模型得出的价格高于 Bertrand 模型决策的价格。

某些情况下表 4.5 应该采用更小的发电量步长进行分析,以得出更精确的结果。除了通过单元表格针对所有可能的发电量组合进行得益分析外,Cournot 模型也可以用解析方法构造方程组解决。由于每个发电商的决策变量是发电量,其利润可表示为

$$\Omega_A(P_A, P_B) = \pi(D)P_A - C_A(P_A) \tag{4.32}$$

$$\Omega_B(P_A, P_B) = \pi(D)P_B - C_B(P_B) \tag{4.33}$$

这里,$\pi(D)$ 代表反需求曲线。如果两发电商均试图最大化利润,就有两个相互独立的优化问题。由于这两个发电商处在同一个市场中,并且必须满足供给等于需求的条件,因此这两个优化问题不能各自独立的解决,必须满足

$$D = P_A + P_B \tag{4.34}$$

对于每个优化问题可以得出一个优化条件

$$\frac{\partial \Omega_A}{\partial P_A} = \pi(D) - \frac{dC_A}{dP_A} + P_A \frac{d\pi}{dD} \frac{dD}{dP_A} = 0 \tag{4.35}$$

$$\frac{\partial \Omega_B}{\partial P_B} = \pi(D) - \frac{dC_B}{dP_B} + P_B \frac{d\pi}{dD} \frac{dD}{dP_B} = 0 \tag{4.36}$$

由两发电商的成本特性式(4.30)、式(4.31)以及式(4.34)~式(4.36)构成联立方程,可以解得以下反应方程:

$$P_A = \frac{1}{2}(700 \text{MW} - P_B) \tag{4.37}$$

$$P_B = \frac{1}{2}(650 \text{MW} - P_A) \tag{4.38}$$

解这两个方程可得到与上述表格描述相同的结果:

$P_A = 250 \text{MW} \cdot \text{h}$,$P_B = 200 \text{MW} \cdot \text{h}$,$D = 450 \text{MW} \cdot \text{h}$,$\pi = 550$ 元/MW·h

当市场中的参与者数量增加,博弈的得益分析将变复杂。为对多参与者的情况进行博弈分析,简单起见,设发电商 A 的竞争者数量增加,他们与发电商 B 参数一致。对于每个发电商都可以得到一个与式(4.35)或者式(4.36)类似的优化条件,这两个方程要与反需求函数以及下列功率平衡方程一起求解:

$$D = P_A + P_B + \cdots + P_N \tag{4.39}$$

式中,N 代表在此电力市场中参与竞争的发电商的数量。

因为发电商 B~N 的参数是一致的,因此方程的求解相对容易,求得的他们的发电量也是相同的。由于发电商 A 的发电成本低于其他发电商,他在市场中有竞争优势。图 4.7 表明 A 的发电量总是高于其他发电商。虽然随着竞争者数量的增加,发电商 A 占据的市场份额单调减少,但它并不像其他发电商那样市场份额会趋近于零。从图 4.8 可以看出,发电商数量的增加降低了市场价格(即使新增发电商的边际成本与已有发电商的相同)。最终,在上述条件下电价会趋近于 350 元/MW·h,即发电商 B~N 的发电边际成本。竞争的加强导致需求增加,因此对消费者有利,但竞争的加强减少了每个发电商获得的利润。如图 4.9 所示,发电商 A 由于成本的优势,其利润大于其他全部发电商累计的总利润,并且即使竞争者的数量增加也不会趋近于零,这点和处于竞争边缘的发电商不同。

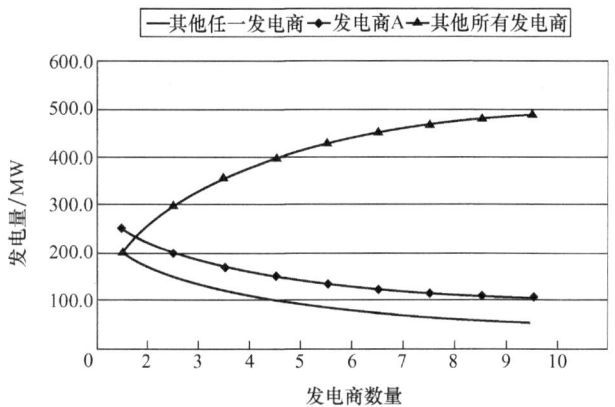

图 4.7 Cournot 模型中各竞争厂商产量随厂商数量增加的变化

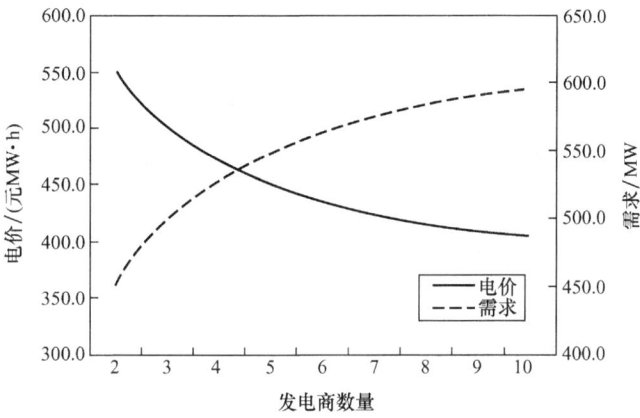

图 4.8 Cournot 模型中需求和价格随发电商数量增加的变化

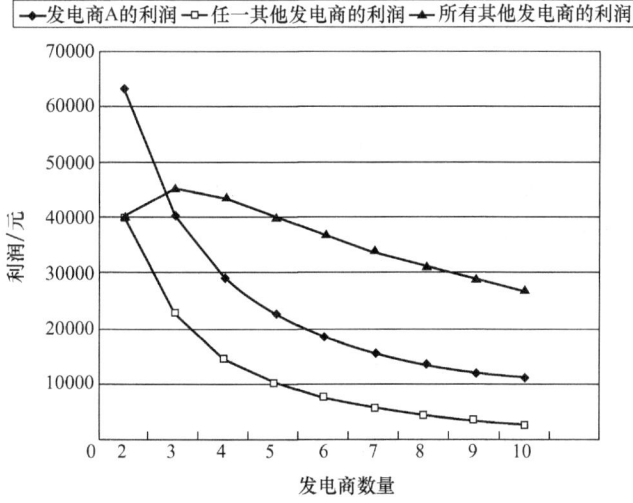

图 4.9 Cournot 模型中竞争者利润随发电商数量增加的变化

3. 供给函数均衡

Cournot 模型可以分析不完全竞争市场的运行,但应用于电力市场中会过高地预测市场价格,不够合理。因此,发电商的行为策略需要进行更复杂的表述,以获得接近现实的市场模型。这类模型中假设发电厂商的发电量与市场价格有关

$$P_f = P_f(\pi) \qquad \forall f \tag{4.40}$$

于是,每个发电商的决策变量既不是电价也不是发电量,而是自身供给函数的参变量(投标中可以变动)。

在均衡情况下,总需求量等于全部电厂的发电量

$$D(\pi) = \sum_f P_f(\pi) \tag{4.41}$$

每个发电商的利润为

$$\begin{aligned}\Omega_f &= \pi P_f - C_f(P_f) \\ &= \pi \Big[D(\pi) - \sum_{-f} P_{-f}(\pi) \Big] - C_f\Big(D(\pi) - \sum_{-f} P_{-f}(\pi) \Big) \qquad \forall f\end{aligned} \tag{4.42}$$

求这些利润函数相对于价格的微分并令其为 0,再经过整理,可以得到优化的必要条件

$$P_f(\pi) = \left(\pi - \frac{\mathrm{d}C_f(P_f)}{\mathrm{d}P_f} \right)\left(-\frac{\mathrm{d}D}{\mathrm{d}\pi} + \sum_{-f} \frac{\mathrm{d}P_{-f}(\pi)}{\mathrm{d}\pi} \right) \qquad \forall f \tag{4.43}$$

全部发电商的优化条件构成方程组,其解就是市场的均衡点,也是所有发电商同时获得的利润最大的点。由于供给函数的参数为未知量,这些优化条件必然是微分方程。为方便求解微分方程组,通常假设供给函数和成本函数分别采用线性和二次形式

$$P_f(\pi) = \beta_f(\pi - \alpha_f) \qquad \forall f \tag{4.44}$$

$$C_f(P_f) = \frac{1}{2}a_f P_f^2 + b_f P_f \qquad \forall f \tag{4.45}$$

其决策变量为

$$X_f = \{\alpha_f, \beta_f\} \qquad \forall f \tag{4.46}$$

设市场的反需求函数为

$$D = \sigma - \delta\pi \tag{4.47}$$

并设

$$V_f = \sum_{-f} \frac{\mathrm{d}P_{-f}(\pi)}{\mathrm{d}\pi} \tag{4.48}$$

将式(4.44)、式(4.45)和反需求函数式(4.41)代入式(4.43)可以求出决策变量的最优值,进一步就可以计算出市场价格、需求量及每个发电商的发电量。决策变量的最优值为

$$\begin{aligned}\alpha_f(\pi) &= \frac{b_f[V_f(\pi) + \delta]}{1 + a_f[V_f(\pi) + \delta]} \\ \beta_f(\pi) &= \frac{V_f(\pi) + \delta}{1 + a_f[V_f(\pi) + \delta]}\end{aligned} \qquad \forall f \tag{4.49}$$

本小节描述的博弈模型应用于发电竞争时都存在一定的局限性。首先,它们的主要应用是用来预测中短期(数年时间)内发电商的市场份额,处理的是各个发电商的全部容量,因此用于每个发电机组的日常优化可能就不够准确了。其次,这些模型没有考虑非线性因

素，如机组的空载成本、起动成本和动态约束等。最后，这些模型都是以短期利润最大化为目标进行分析的，问题描述可能过于简单，因为在某些情况下，拥有市场力的发电商为了增加或者维持市场份额（阻止新电厂进入或避免监管机构的干涉），可能限制甚至降低市场价格。

4.3.4 边际成本非常低的电厂

一些电厂，如核电厂、水电厂及其他可再生能源电厂等，它们的边际成本非常低甚至可以忽略。发电商运行这类电厂的目标是靠发电获得收入以补偿巨额的投资成本，但具体情况每类机组又会有如下不同点：

核电厂因为调整出力通常较困难，且起动成本极其高昂，因此理想情况是，核电机组只在更换燃料时才关闭，一旦起动就最好运行在同一稳定发电水平，这就迫使发电商必须随时在任何价格下销售核电厂的出力。

水电厂如果带有可以调节水量的水库，就可以随意调整其发电量。但是，可用的水能资源是由所在流域的降水量或降雪量决定的，因此最好能预测到何时电价最高并在此时售电，以最大化有限的水能的发电价值。

可再生能源发电厂依赖于能量源的可利用性，例如风能和太阳能，它们既不可控，也难以准确预测。发电商对这些电厂只能经常无奈地以不情愿的价格销售其电能。

4.4 混合参与者

在电力市场中，一部分市场参与者可以根据形势选择充当发电商或者消费者，如抽水蓄能电厂、拥有自备电厂的工业用户，以及相邻电网的电力公司。

抽水蓄能电厂是混合参与者最普遍的类型。通常情况下，这些电厂在轻负荷时期通过抽水消耗电力，而在高负荷时期通过释放存储的水能来发电。这种用电和发电循环的模式可减小负荷的峰谷差，从而提高火电机组的利用率，减少发电总成本。在市场竞争环境下，如果在高价时期售电的收入大于低价时期买电的成本，这类电厂的运行就能获利。但由于存在损耗，只有大约75%的能量可以再次转换成电能，因此计算利润时必须考虑这个因素。当高峰期电价和低谷期电价之间存在相当大的差值时，抽水蓄能电厂是可以获利的；如果价格差距较小，这个利润肯定会减小甚至可能是负的。由于这类电厂的固定成本非常高，获取的运行利润必须能覆盖这部分成本，因此它通常是不能盈利的。但抽水蓄能电厂具有较高的灵活性，它们还可以通过向市场提供辅助服务获得更多利润。

部分工业用户在生产过程中不允许停电，停电将给它们带来巨大的经济损失，为此这类用户通常会配置自备电厂（或备用发电机），以供停电期间可以承担部分负荷的供电。当电力系统能够正常供电但电价很高时，用户自备电厂的发电边际成本尽管较高，但仍可能低于市场电价，此时用户就可以依靠自备电厂的发电而减少对系统的需求，并可能向电力市场出售剩余电量。

如果存在互联线路，相邻电网的电力公司也会成为电力市场的混合参与者。在市场电价高于它们的发电边际成本时，它们以发电商的身份进入市场；反之，如果电价低于它们的发电边际成本，它们将减少自身的发电量，在电力市场中购电。

思 考 题

4.1 选取一个地区或国家的电力市场,了解该市场中实施的需求响应措施有哪些,并分析需求响应对电力市场的作用。

4.2 假设某电力市场中,时刻1的电价为400元/MW·h,电力需求量为1000MW·h,接下来的时刻2电价变为500元/MW·h,需求量变为900MW·h,试计算此电力市场的价格需求弹性系数,并分析价格弹性的强弱。

4.3 假如你是一个工厂主,你的工厂在夜间生产时的成本为800元,白天生产时的成本为600元,生产用电量为20MW·h,白天电价高,为400元/MW·h,试问当晚间电价为多少时,把生产转移到晚间才能获利?

4.4 某电力零售商6h的一个周期内的经营情况见表4.6。他在远期和日前市场上购买了恰好满足预测负荷的电能,购电的平均成本如表中所列。由于用户实际消耗的电量并不等于预测值,因此他必须在现货市场上以实时电价购买或者销售差额电量。假设零售商以固定价格480元/MW·h向自己的用户售电,计算他在这6h内的利润或亏损额,如果为了无盈亏,那么他应该将电价确定为多少?

表4.6 题4.4表

时段	1	2	3	4	5	6
预测负荷/MW·h	110	240	320	240	150	120
平均成本/(元/MW·h)	450	480	570	500	460	440
实际负荷/MW·h	120	230	340	240	140	110
实时电价/(元/MW·h)	430	500	640	510	450	430

4.5 一台机组的成本函数 $C(P)$(元/h) 表示为 $C(P) = 2800 + 223P + 0.06P^2$。这个机组的最小技术出力为200MW,最大技术出力为500MW。机组所在电力市场6h的电价见表4.7。

表4.7 题4.5表

时段	1	2	3	4	5	6
市场电价/(元/MW·h)	250	200	260	270	300	220

(1) 试求该机组在这段时间的最优发电计划,并计算它的运行利润或者亏损额;

(2) 若机组成本曲线以三段分段线性曲线表示,分段点分别为300MW和400MW,重复(1)中计算;

(3) 若机组起动成本是5000元,并且初始为停机状态,那么为了实现运行利润最大化,该机组的发电计划又该如何安排(不考虑机组爬坡约束)?

4.6 某电厂拥有两台发电机,成本函数 C_A、C_B(元/h)分别如下:

$$\text{Unit A: } C_A = 300 + 28P_A + 0.8P_A^2$$
$$\text{Unit B: } C_B = 400 + 36P_B + 0.4P_B^2$$

机组的最大出力分别为 $P_A^{max} = 100$MW, $P_B^{max} = 250$MW,假设这个电厂有280MW的供电合同。试计算:

(1) 电厂应如何以最小成本安排机组发电满足供电合同?

(2) 如果电厂可以在实时市场上以价格170元/MW·h购电,那么它会如何调整发电计划?

(3) 如果除供电合同外,电厂还想在电力市场上售电,当市场电价为210元/MW·h时,它的最优售电量是多少,获利多少?

4.7 考虑仅有两个发电商进行市场竞争的情况。发电商的成本函数 C_A、C_B（元/h）分别是：$C_A = 360P_A$，$C_B = 310P_B$。市场的反需求曲线[π(元/MW·h)]可近似表示为 $\pi = 1200 - D$。

（1）采用 Cournot 模型得益矩阵（价格、需求量、每个电厂发电量和利润）计算本市场的纳什均衡点；

（2）采用解析方法推导本题的纳什均衡解。

4.8 某抽水蓄能电厂的储能容量为 800MW，效率为 75%。假设这个电厂以额定功率运行时需要 4h 完全抽空或蓄满对应水库的水，市场电价情况见表 4.8。假设电厂运行员采用的策略如下：在电价最低的 4h 抽水，在电价最高的 4h 发电（水库的初始状态为空），试计算这个运行周期该电厂的利润或亏损情况，并确定令利润或亏损为零的电厂效率值。

表 4.8　题 4.8 表

时段	1	2	3	4	5	6
价格/(元/MW·h)	410	395	390	405	455	565
时段	7	8	9	10	11	12
价格/(元/MW·h)	580	600	640	595	545	495

第5章 系统安全与辅助服务

5.1 引言

所谓电力系统运行的安全性是指应付各种可能的扰动以保持电力系统持续、可靠、优质运行的能力，保证这一能力的手段及其对应的经济机制在电力市场环境下被称为辅助服务市场。

辅助服务市场又称为不平衡市场，顾名思义，就是提供规定条件（电压、频率）下维持供电与需求间实时平衡服务的市场。其存在是由市场中所有参与者所固有的不确定性决定的，如机组、输配电设施意外故障，需求规律的随机波动及意外用电计划的改变等，当然也与技术、管理水平有关，如负荷预测的精度、设备监测诊断水平及维修策略等。

辅助服务存在较多的分类方法，大致包括6种类型：①电压、频率、联络线功率等的实时调节（Regulation），该调节通过自动发电控制（AGC）和自动电压控制（AVC），快速使频率、电压及联络线功率达到要求的水平；②旋转备用（Spinning Reserve），10min内来自在线机组或邻近系统支援的快速响应；③非旋转备用（Non-Spinning Reserve），10min内来自离线机组、可中断负荷或邻近系统支援的快速响应；④替代备用（Replacement Reserve），60min内来自在线或离线机组、可中断负荷或邻近系统支援的响应；⑤电压支撑（Voltage Support），正常或故障情况下为维持电压水平所需要的无功功率调节能力；⑥黑起动（Black Start），经历局部或全部系统瘫痪时可自起动的电源容量。

电力系统运行特性决定了辅助服务在电力市场运营中必须是统一、计划、协调地进行，它是保证电力商品顺利交易的必要手段，如何在辅助服务提供过程中引入竞争机制，是电力市场、辅助服务市场机制复杂性的根本。

鉴于目前辅助服务市场尚无统一的构建标准，存在形式上的多样性，本章中仅就辅助服务的基本经济思想予以讨论，并不涉及具体的市场机制设计。在下文中，将首先分析电力系统各类扰动及这些扰动对系统安全的影响。在此基础上分析电力系统所需的典型辅助服务类型，并以与电能商品紧密耦合的旋转备用辅助服务为例，探讨如何确定辅助服务的数量并建立相应的实施机制。最后，从辅助服务提供者的角度，分析其如何在辅助服务交易中实现自身利润最大化的问题。

5.2 辅助服务的需求

本节首先介绍电力系统安全防御体系，然后逐一描述各类辅助服务对实现电力系统安全运行的必要性。

5.2.1 电力系统安全性防御的重要性

电力系统运行的安全性一直是系统运行中不可忽略的问题，电力系统安全性防御即是为了实现电网安全运行而采取的预防性、矫正性与恢复性控制措施的总称。下面通过一个简单例子说明电力系统运行过程中对系统安全的考虑。

图 5.1 所示的简单电力系统中，两台机组（可用容量均为 1000MW）同时对 1200MW 的负荷供电，机组 1 的供电成本低于机组 2 的。假设每回输电线路的最大允许载荷能力是 400MW，若机组 1 和机组 2 分别按 800MW 和 400MW（不计网损）供电，则调度方式是最优的，而且在没有意外情况时，此调度方式也是安全的。

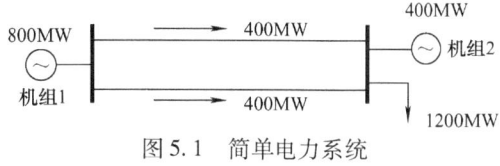

图 5.1 简单电力系统

然而，在考虑到随机事故发生的可能性后，上述调度结果可能会存在安全隐患，从而需要对上述经济性最优的调度结果进行调整。例如，若一回输电线路由于故障退出运行，则另一回输电线路就会过载，无法满足电力系统安全运行的要求，此时若将机组 1 的出力改为 400MW，机组 2 的出力改为 800MW，则可以保证任一回输电线路退出运行时系统运行的安全，但该安全必然牺牲了机组 1 的利益；若考虑任一台机组发生故障的可能性，则该系统能安全承担的最大负荷应该为 1000MW，而不是 1200MW。其中，前者代表输电网络传输能力不足引起的安全性问题，后者代表发电侧电能供给能力不足引起的安全性问题，此两者间有着密不可分的联系。

随着社会的发展、科学技术的进步及人民生活水平的不断提高，人们对电力商品的依赖越来越强，对安全供电水平的要求越来越高。然而，由于受到电力系统运行中主观和客观因素的影响，电网事故时有发生，造成的影响是巨大的。

自 20 世纪 60 年代以来，世界各国均发生过大面积停电事故。2003 年 8 月 14 日美国–加拿大的大停电波及 5000 万人口的供电范围，造成重大经济损失，是美国历史上最严重的停电事故。

在我国，近 20 年来，各大电网发生的大停电事故有 100 余起。在西电东送、南北互联的条件下，我国将形成全国联网的巨型电力系统，如果出现电力系统重大事故，其规模和造成的损失是难以估计的。因此，电力工业运营机制无论发生什么变化，保证电力系统运行于一定的安全水平上是不可忽视的问题。

1. 电力系统运行监测的手段

电力系统监测的根本任务是向调度控制中心提供电力系统实时运行的相关信息，使调度人员做到心中有数，这是电力系统安全防御控制措施的数据来源与决策依据。

电力系统监测技术经历近百年的发展，目前已基本成熟。电力系统监测的信息主要是电力系统输配电网络中各节点（母线）电压，输电元件（变压器、线路）的电流、有功功率、无功功率，以及断路器、隔离开关等的状态，还包括系统频率，发电机组的有功功率、无功功率，变压器分接头位置等。这些实时的信息经过一定的处理，将自动传送到各级调度控制中心，作为调度人员的重要参考信息。如今的电力系统运行控制中心中，由计算机等设备构成的网络系统，不仅具备对远方监测终端信息的接收和回复功能，还具备一定的智能性功能，如潜在危险预警、事故报警，甚至某些异常的自动化处理等。完成这些功能的系统被称为数据监控与采集系统（Supervisory Control And Data Acquisition，SCADA），它是电力能量流实现高度自动化控制（就是能量管理系统，EMS）的基础。目前 SCADA 又在向广域（WAMS）化方向发展，可以说，在越来越复杂的电力系统面前，调度人员做出的任何决策都离不开 SCADA 系统，而电力系统状态估计既依赖于 SCADA 同时又是 SCADA 的有效补充。

2. 电力系统安全控制的核心思想

电力系统状态估计在 SCADA 冗余量测信息基础上，分析判别电力系统运行状态是否可观、是否有不良数据以及如何识别和剔除不良数据，以达到对电力系统运行状态的显现（最佳估计），为其他高级应用、决策及控制服务。下文所述电力系统运行状态的划分即是建立在电力系统状态估计基础之上的。

电力系统正常运行必须满足两个条件：①有功、无功功率的平衡；②系统状态量，如频率、电压，输电元件电流，机组功率、功角等，不应超出允许的范围。

根据电力系统正常运行必须满足的两个条件，可以将电力系统运行状态分为如下 4 种：

1）正常状态：在此状态下，两个条件必须得到满足。对处于正常状态的系统，如承受一个合理的预想事故扰动后，仍不违反上述两个条件，则称该系统处于安全正常状态；如承受一个合理的预想事故扰动后，违反上述两个条件，则称该系统处于不安全正常状态。使系统从不安全正常状态转变到安全正常状态的控制手段，称为预防控制。

2）紧急状态：在此状态下，上述第二个条件不满足，但第一个条件满足，如存在输电元件过负荷、母线过电压等。若不采取措施，运行情况将进一步恶化，甚至造成系统崩溃。紧急状态可通过实施校正控制（可以短时忍受）或紧急控制（必须立即处理），使之回到正常状态。

经过校正控制后电力系统可直接返回正常状态，经过紧急控制后系统进入恢复状态，若处理不当则系统可能进入崩溃状态。

3）崩溃状态：在此状态下，系统可能第一个条件不满足，而第二个条件满足；或者干脆可能两个条件都不满足。第一个条件不满足，系统处于分裂运行；第二个条件也不满足，系统处于欠安全状态，处理不好会造成系统全面瓦解。

4）恢复状态：在此状态下，第一个条件不满足，但第二个条件满足。对于处于恢复状态的系统，一般应通过恢复控制来实现对用户的恢复供电及实现解列电网的再连接。

总之，电力系统的预防控制、校正控制、紧急控制和恢复控制的总和称为电力系统安全控制。电力系统运行状态分类及其转化过程如图 5.2 所示。

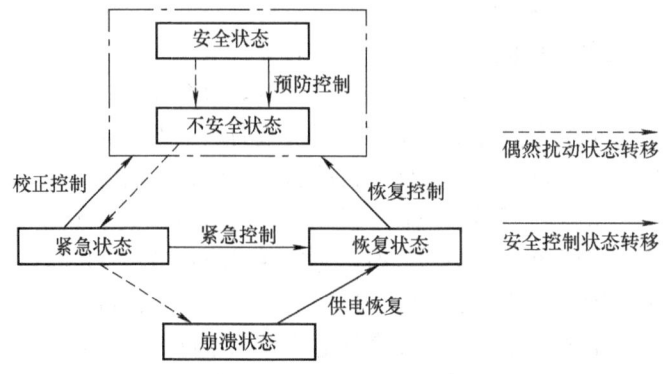

图 5.2 电力系统运行状态分类及其转化过程

3. 电力系统的安全准则

根据电力系统安全控制的核心思想，电力系统各运行部门均会制定自己的安全准则，该准则视技术、经济水平的发展而不断得到修正，不同国家、地区其准则可能是不同的。例如，在我国的《电力系统安全稳定导则》、《电力系统技术导则》和《电力系统设计技术规程》等技术规范中，从各个角度、对各类扰动都有相应的对策和要求。安全准则的制订理论上属于风险决策问题，无风险的决策是不可能的，可见这是一个十分复杂的折中决策问题。

5.2.2 有功功率的平衡问题

有功功率平衡的控制主要对应频率的控制。总体讲，电力系统的频率调节分为一次调节和二次调节。一次调节是利用发电机的调速装置，按设定的调差特性，只要机组不满载均可进行的自动调节，响应时间大约为几秒至几十秒，只能解决微小负荷扰动引起的频率偏移；二次调节是利用调频器来改变静态频率特性的工作设置点，动作于气门或水门，只要容量充足可以实现无差调节。

图 5.3 是频率一次和二次调节的示意图。图中，发电机和负荷的单位调节功率均为 25MW/Hz，系统稳定在 O 点。当负荷突然增加 20MW 时，负荷的频率特性曲线由 P_L 上升为 P'_L，在此情况下，当只考虑一次调频时，由于发电和负荷的一次调节作用，系统最终将稳定在 O' 点运行，此时频率下降到 49.6Hz，实质上相当于负荷增加了 10MW，这是有差调节带来的结果。当考虑二次调节时，即发电机增发 10MW，同时再加上一次调节的作用，发电机频率特性将由 P_G 上升到 P'_G，最终系统稳定在 O'' 点，

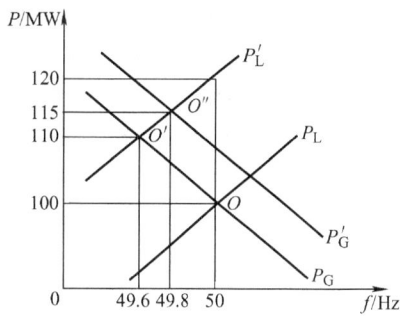

图 5.3 频率一次和二次调节的示意图

频率下降为 49.8Hz。显然，如果发电机直接增发 20MW，即可实现无差调节。

二次调节可由人工控制实现，也可由自动装置实现（称为负荷频率控制，LFC），响应时间为 1~2min。若按一定的控制准则将多个 LFC 集中，统一地进行频率、联络线功率的自动控制，则称为自动发电控制（AGC）。AGC 可解决较大负荷变动引起的频率偏移及联络线功率偏移的问题，其优点在于可以统筹考虑系统运行的安全性和经济性。

图 5.4 说明了电力系统中某大型机组突然停运后备用服务的频率响应过程。这是一个真实事件，1995 年 8 月 15 日 12：25：30，1220MW 发电功率突然从英国电力系统解列，该系统虽然有 65GW 装机容量，但没有与其他系统进行互联，产生了显著的频率波动。此事件发生后两类主要辅助服务反映了这一特点，一次调节响应在 10s 内完成并持续 20s，二次调节响应在 30s 内完成并持续 30min。如图可知，在达到 49.5Hz 的规定极限频率前，频率停止降落，一次响应成功；二次响应促使系统频率趋于正常。另外，该图中 12：29：20 起动的燃气轮机产生了图右侧的频率上升。

5.2.3 无功功率的平衡问题

电力系统中各用电设备都是按照额定电压来设计制造的，这些设备在额定电压下运行可取得最佳的效果，若电压偏离额定值过多则将对用电设备产生不良影响，造成效率损失。

图 5.4　某大型机组突然停运后备用服务的频率响应过程

电力系统常见的用电设备是异步电动机、电热设备、照明设备以及近年来日渐增多的家用电器等。异步电动机的电磁转矩是与其端电压的二次方成正比的，当电压降低 10% 时，转矩大约要降低 19%，如果电动机所拖动的机械负载的阻力转矩不变，电压降低，电动机的转差增大，定子电流也随之增大，发热增加，绕组温度增高，会加速绝缘构件老化，影响电动机的使用寿命。当端电压低到一定程度时，电动机将停转。电炉等电热设备的出力大致与电压的二次方成正比，电压降低就会延长电炉的冶炼时间，降低生产率。电压降低时，照明灯光不足，影响人的视力和工作效率，而电压偏高时，照明设备的寿命将要缩短。

电压偏移过大，除了影响用户的正常工作外，对电力系统本身也有不利影响。例如，电压降低，会使网络中功率损耗加大，还有可能危及电力系统运行的稳定性；电压过高，各种电器设备的绝缘性能会受到损害，在特、超高压电网中还将增加电晕损耗等。

为了保证电气设备的正常工作，在电力系统的运行中必须进行系统各节点电压的监测和调节。例如，当系统处于低电压运行状态时，应迅速投入或增添无功电源容量，以满足无功负荷的要求，保证电力系统中电压的偏移在允许的范围以内。

无功功率支持服务的价值在于，当系统处于紧急状态时可通过注入无功功率防止电压崩溃。用潮流计算程序可以粗略地计算出为了避免设备故障停运后出现的电压崩溃，需要向系统注入多少无功功率。图 5.5 表示一个简单的双母线双输电线路系统及其 Π 形等效电路。一旦双回线路之一发生停运，为了避免产生电压崩溃，需要在母线 B 处注入无功功率，如图 5.6 所示，只要传输量低于 108MW，即使 B 点不提供任何无功功率支持，系统也完全可以

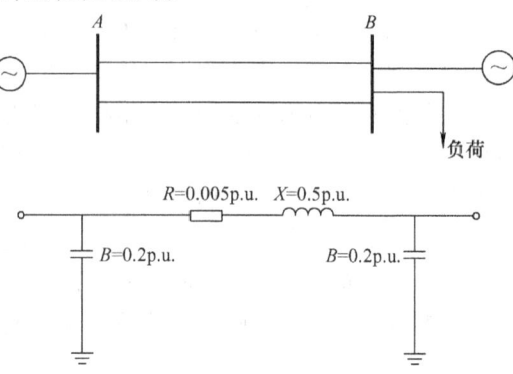

图 5.5　双母线双输电线路系统及其 Π 形等效电路

在一条线路停运后正常运行。如果超过该门限值，事故后所需的无功功率支持量会迅速增加。该双母线系统事故前后的潮流分布情况如图 5.7 所示。图中对比分析了 A、B 两点之间

的电力传输量为 172MW 时，事故前后的无功功率平衡情况，停运后，B 母线处的发电机通过增发无功功率使线路的电压值稳定在正常水平上。事故前，有功损耗为 0.8MW，母线 A 处的发电机吸收线路产生的无功功率 2.6Mvar；事故后，虽然有功损耗只增加了 1.2MW，但是无功损耗增加到了 159Mvar，为了防止电压崩溃，两台发电机都必须向剩下的那条线路注入无功功率。

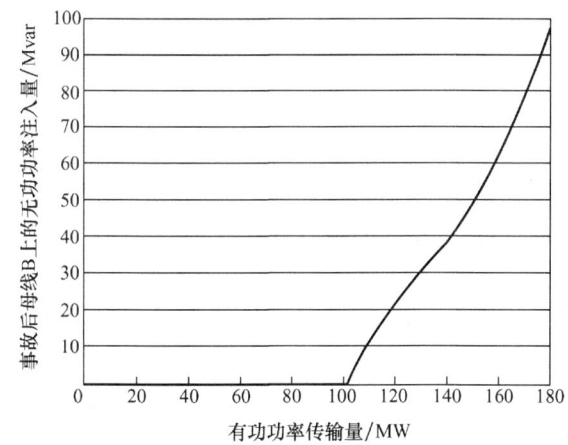

图 5.6　任一条线路停运时母线 B 处需要的无功功率支持量

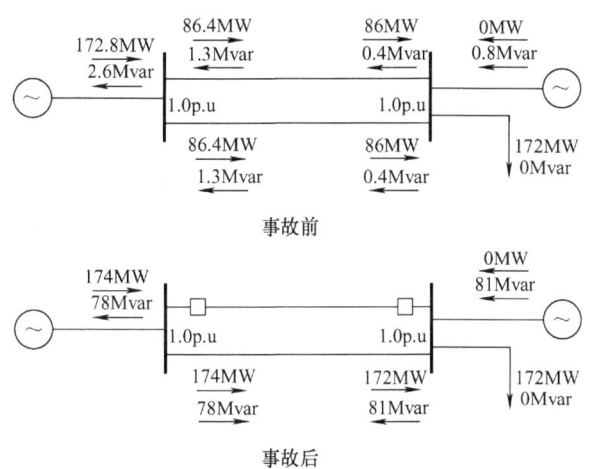

图 5.7　双母线系统事故前后的潮流分布情况

5.2.4　输电元件的传输能力问题

St. Clair 早在 1953 年就基于实际的情况和实践的经验得到了一条交流输电线路的载荷能力曲线，又被称为 St. Clair 曲线。这条曲线反映了 330kV 及以下交流传输线路的载荷能力（以自然功率的百分值来表示），以及限制不同长度线路载荷能力的主要因素，即热限制、电压降限制和静态稳定限制。1979 年，R. D. Dunlop 以及 R. Gutman 等人为 St. Clair 曲线提供了一种解析的基本理论，并把交流载荷能力曲线的电压等级扩展到了 745 ~ 1500kV。之后，R. Gutman 在 1988 年又进一步推动了运行条件下线路载荷能力分析的发展。他对 R. D. Dunlop 的系统模型进行了改进，即强调了运行条件下的能力分析。

一般来讲,在进行线路传输能力分析时,应考虑热限制、电压限制和稳定极限限制三方面的影响因素。

对于线路传输能力的热限制分析,目前有静态热定值与动态热定值两类方法。其中,静态热定值是根据线路的温度限制在设定的外界气象条件下导出相应的热限制,然后再转换为最大传输电流限制,通常称为最大安培电流。一般来讲,在计算线路静态热定值时,为保证线路运行的安全,均采用相对保守的假设条件,因而,输电线路的传输能力一般是被低估的。与静态热定值相对应,动态热定值则是根据实时获得的气象信息、线路温度及载流信息,动态制定线路的传输电流限制,从而相对于线路的静态热定值更能反映出线路真实的载流能力。

电压支撑能力与稳定性对线路传输能力的影响则是在系统层面,它要求线路输电在稳态与暂态过程中,均不会触及系统的安全运行极限。下面再以图 5.5 所示的双母线系统为例,对制约线路传输能力的电压与暂态稳定因素进行分析。

首先分析暂态稳定对母线 A、B 间最大传输容量的影响。为了简化起见,假设母线 B 可以等效为一个无穷大系统,母线 A 处发电机的惯性常数 H 是 6s,并且可以用一个恒定电压源与数值为 1p.u. 的暂态电抗 X' 来等效表示它。每条线路的电抗均等于 0.2p.u.,两条母线上的电压恒等于 1.0p.u.。该系统最严重的事故是其中一条线路在靠近母线 A 的位置发生短路。假定系统能在 14ms 的时间内断开事故线路,清除故障。将所有参数输入暂态稳定程序即可方便地计算出,此时母线 A、B 之间的最大传输容量是 300MW,如果超过该数值就会危及系统的暂态稳定。

然后,再研究电压和无功功率对传输容量的影响。设 B 母线处负荷的功率因数为 1,A 母线处的电压恒为 1.0p.u.。首先,为了控制 B 母线的电压,可以充分利用该处发电机的无功功率容量。当 A、B 间的传输容量很小时,线路对地电容发出的无功功率要大于线路电抗所吸收的无功功率,此时 B 处的发电机将吸收多余的无功功率防止电压过高。由图 5.8 可以看出,当传输容量在 128～196MW 之间时,无功功率基本平衡,此时 B 处发电机既不吸收也不注入无功功率。当传输功率超过 196MW 时,B 处发电机就要增发无功功率来补偿线路中的需要,以维持电压不至于过低。

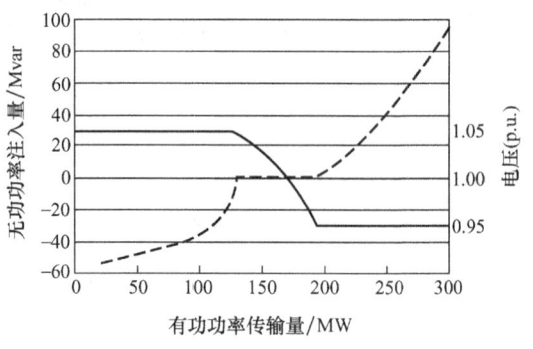

图 5.8 双母线系统 B 母线处的无功功率注入及电压变化情况

注:实线为电压变化曲线,虚线为无功变化曲线。

如果 B 处发电机解列或者进行电压控制服务的要价过高,也可以通过调节 A 处发电机的电压进行电压控制。例如,传输容量过小时,为了防止 B 处的电压过高,可以降低 A 处发电机的电压,以吸收线路多余的无功功率。母线 A 处发电机电压设定值对母线 B 上电压的控制情况见表 5.1。当传输容量为 38MW 时,B 处电压等于其上限值,A 处的电压处于其下限值。随着传输功率的增加,A 处的电压设定值会随之适当增加。当传输容量为 228MW 时,B 处电压等于其下限值,A 处的电压处于其上限值。所以,当传输容量低于 38MW,或者高于 228MW 时,A 处或 B 处的电压都将超过其规定范围,此时,即便在 A 处增加无功功率注入也无济于事。

表 5.1 母线 A 处发电机电压设定值对母线 B 上电压的控制情况

传输容量/MW	U_B(p.u.)	U_A(p.u.)	Q_A/Mvar
38	1.05	0.95	-72.6
228	0.95	1.05	67.4

5.2.5 电力系统的动态问题

运用辅助服务解决电力系统的动态问题，如大扰动后电力系统的稳定问题、小扰动后电力系统的静态稳定问题以及电力系统的低频振荡问题等，至今仍是一个未解的难题。目前，针对电力系统动态问题提供的控制装置尚未达到适应任意系统的商业化应用的程度，也很难有这样的统一装置。当然，传统的应对措施对解决电力系统动态问题仍是有效的，如改善电网结构可以加强电网抗干扰能力，紧急控制方案可以缓和暂态稳定问题，装设电力系统稳定器（PSS）可以抑制网络中可能发生的振荡等。

5.2.6 黑起动

即使在电力系统运行、调度、控制的决策中尽了最大努力，也无法完全避免整个系统崩溃的情况发生。这时，系统运行员有责任尽快使系统恢复至正常运行的状态。重新起动大型火电机组需要消耗电能，而这是系统崩溃时无法提供的。好在有些机组（如水轮机和小型燃油机组）能手动重起或用储能电池重起。系统运行员必须保证在任意时刻都能获得足够的这类电源以帮助系统迅速恢复，这项辅助服务称为黑起动能力（Black Start Capabilty）。

5.3 获取辅助服务的机制

5.2 节所述内容均可归为辅助服务类型，在垄断体制下，电力的发、输、配等环节均是由一体化电力公司完成的，因而辅助服务作为电能供给的必要补充，自然由一体化的电力公司负责，其成本被统一计入供电成本，由电力用户共同承担。由于在市场环境下，任何市场参与者均没有义务免费提供备用服务，辅助服务必须有偿供给、有偿使用，因此，在电力体制改革的实践过程中，逐渐形成了依据辅助服务不同特点的多样的市场化辅助服务获取机制。下面对辅助服务获取的强制机制与市场机制进行介绍。

5.3.1 强制机制

强制机制要求接入系统的参与者必须无条件地提供某一类型的辅助服务。

例如，对并网的所有发电商要求做到以下两点：

1）必须配备自动调频装置，同时具有一次、二次调节的功能，这一要求可以确保所有机组共同参与频率调节，对维持频率有贡献性作用。

2）必须配备自动调压装置，能够在 0.85 超前到 0.9 滞后功率因数的运行范围调整，这一要求能保证所有机组参与电压控制，以对维持良好电压水平有贡献性作用。

再如，可对并网的电力用户提出以下要求：

1）功率因数必须达到一定的水平，如 0.9 以上。

2）对电能质量（电压、电流波形等）污染程度必须控制在规定范围内。

强制机制体现并沿袭垂直一体化管理模式下系统的运行经验，可以使（电压、频率）偏差控制到最小，能确保提供足够资源以维持系统运行的安全。

强制机制操作简单，任务清晰，但与竞争的市场机制有矛盾，主要表现如下：

1）强制性的手段会导致不必要的投资，有时可能违背供需关系及规律。例如，为保证系统安全，并不一定需要所有机组都参加频率控制。同样，为抑制系统电压、频率的振荡，也并非需要所有机组都装备电力系统稳定器（PSS）。

2）在技术或商业上有可能会抑制发展的效率，削弱创新的积极性。由于是强制性（传统形式）提供辅助服务，参与者就没有动力研究和开发新的或效率更高的辅助服务方式，系统运行员也难以发现这种方式。

3）参与者不愿意提供这种义务服务，因为强迫提供辅助服务没有报酬，同时还增加成本。例如，发电机组多发出无功功率会增加自身的损耗，有时还会减少它们的电能生产和销售。

4）有些参与者可能根本就没有能力提供辅助服务或不能有效提供。例如，核电机组不能提供迅速变化的有功功率，高效机组不宜为提供备用而低载荷运行，而备用应由少数边际机组和次边际机组提供才符合经济规律。

因此，从市场化改革的角度出发，强制机制的存在显得缺乏依据，但从辅助服务的性质和电力系统传统的运营习惯看，强制机制似乎有其存在的道理。

5.3.2 市场机制

既然强制机制不符合竞争市场的规律，就需要建立市场机制，或者部分采用市场机制。市场机制采用的具体形式取决于辅助服务的特点。

长期辅助服务合同适用于需求量不变或者变化很小的辅助服务，以及提供服务的多少主要由设备特性决定的辅助服务，如黑起动能力、系统紧急控制方案、电力系统稳定器等。

一天内需求变化很大的辅助服务，或市场交易受供应量变化影响的辅助服务适合于建立实时辅助服务市场，例如，旋转备用往往只能通过短期市场交易实现。

辅助服务的长期与短期市场往往是配合实施的。例如，在实际运行中，系统运行员可以签订一些长期备用合同，以减少备用不足的风险或降低成本，同时，又允许这些辅助服务的提供者通过参与短期市场甚至是实时市场的竞争来提供服务。

辅助服务提供的市场机制看起来要优越于强制性提供辅助服务的强制机制，然而，市场机制能否确保辅助服务的有效提供目前尚未有清晰的结论，若实际提供某种辅助服务的参与者太少，就会出现市场力滥用的情况。例如，在输电网络中某一弱互联的地区，如果在紧急情况下只有一台机组能有效提供无功功率来支撑电压，则此机组就有机会在无功功率市场中滥用市场力。

5.3.3 需求侧提供辅助服务

在电力工业引入竞争机制前，几乎所有的辅助服务都由发电机组提供，目前很多电力市场的辅助服务仍然沿用这样的做法。引入竞争机制后，价格成为供需调节的核心，理论上讲，系统运行员无权强迫发电机组提供辅助服务。

众所周知，鼓励用户提供辅助服务的优点很多：首先，可增多辅助服务参与者，有利于加强辅助服务市场的竞争性；其次，从全局经济性考虑，由需求侧提供辅助服务改善了发电机组的利用效率，即如果系统所需的部分备用由可中断负荷提供，则一些发电容量就不必闲置，机组可满负荷发电；另外，当系统中包含大量出力调控困难的机组（如核电、可再生能源发电）时，需求侧的辅助服务提供将成为系统运行调度必不可少的控制手段；最后，需求侧提供辅助服务的可靠性较高，由于同时出现失败（故障）的可能性较小，因此由分散的众多小用户共同提供辅助服务，比由少数大型机组集中来提供更为可靠，即需求侧承担辅助服务的失效率低。

5.4 辅助服务市场机制的实现

前已述及，设置辅助服务的目的是确保系统在意外事故情况下的安全。安全性是电力系统运行的核心问题，事实上，系统运行员获取辅助服务相当于为所有市场参与者获取了安全保障。在市场机制下，系统运行员需要向辅助服务提供者支付相应的费用。这些费用必然由市场的所有成员来承担，因此辅助服务市场机制的实现，就是解决辅助服务的购买数量和质量、价格的合理性以及费用分摊准则的公平性等问题。辅助服务是一个复杂的技术与经济融合的问题，在电力市场竞争环境下研究这个问题就更为复杂，详细研究和分析这些复杂问题已超出本书的宗旨，本节仅以一个最基本的辅助服务问题，即备用问题为例，对上述问题展开讨论。

5.4.1 备用容量的确定

设置备用的根本目的是为了保证系统的可靠性。传统垄断模式下，系统一般根据确定性原则决定备用容量的大小，如旋转备用容量约为总负荷的7%～10%（取决于系统容量的大小）且必须大于系统中最大一台机组的容量。如果备用（辅助服务）成本简单地由市场参与者来分摊，系统运行员就有可能购买很多的备用（辅助服务）以缓解对自己的工作压力，因为备用（辅助服务）越充足，电力系统运行出现问题的可能性就越小，但相应地成本也就越高。因此，在一定安全水平下，将备用容量确定到刚好的程度是很重要的，电力市场必须设计一种激励机制鼓励系统运行员不仅购买备用的成本最小而且所购备用的量也恰到好处。最佳的备用容量必定是系统可靠性和经济性相互协调的结果，可通过备用的成本效益分析，由边际成本等于边际价值的条件确定。辅助服务的成本相对容易计算，但辅助服务的效益或可靠性的价值却难以计算。实际中，有多种复杂的模型与计算工具帮助系统运行员根据设定的安全性标准量化系统达到运行目标所需要的备用量。对这些内容感兴趣的读者，可阅读相关文献。

5.4.2 电能与备用联合交易的市场模式

就备用而言，其购买不能从电能交易中绝对分离出来，这是由电力系统运行特点决定的，因此精确制订备用价格是一件很难的事情。

建立相互分离的各类型备用市场曾经是一些电力市场早期的做法，但运作得都不是很成功，主要的问题是整个市场运行的透明度低、结算过程复杂和运行难度大。由于采用按备用响应时间序列优化各市场，每个市场按照备用的报价排序进行出清的运作方法，因此有时会出现各个备用价格的错乱。例如，10min 旋转备用的价格低于 30min 旋转备用的价格；容量分配的效率也很低。

目前，被广泛认可的是电能和备用在同一市场中进行交易且同时结算的市场模式，由于电能供给和备用供给相互影响，因此统一进行处理、联合优化可以使提供电能和备用的总成本最小。

从市场竞争角度看，如果机组承担备用，就不能按额定输出功率出售其电能，这样必有其他机组多发电；另外，提供备用也会使机组低效率运行。因此，发电商在提供备用服务时会产生两方面的成本：一是运行成本，即机组必须保持开机、不能运行于最佳工况或突然调整运行而额外增加的成本；二是备用的机会成本，即发电商因为提供备用而不能在电能市场售电所遭受的利润损失。

可见，市场机制下要想使机组自愿提供备用，就必须使机组有利可图，至少不能低于出售电能所获得的利润。因此，当电能和备用在同一市场中交易时，为满足备用需求自然会抬高电能的价格，同时备用的机会成本也会确定备用的价格。下面进行详细的分析。

设系统有 N 台发电机组，机组的成本特性表示为 $C_i(P_i) = b_i P_i$，b_i 为常数，表示机组的边际成本；系统的用电需求表示为 D，备用需求为 R；机组输出功率的上、下限为 $P_i^{\max}$ 和 $P_i^{\min}$，机组提供备用的上、下限为 $R_i^{\max}$ 和 $R_i^{\min}$。针对单时段的电能和备用联合交易，可建立如下的线性规划模型（称为模型 1）。

目标函数如下：

$$\min \sum_{i \in N} C_i(P_i) \tag{5.1}$$

约束条件如下：
1) 功率平衡约束

$$\sum_{i \in N} P_i = D \tag{5.2}$$

2) 备用约束

$$\sum_{i \in N} R_i \geq R \tag{5.3}$$

3) 机组输出功率上、下限约束

$$P_i \geq P_i^{\min}, P_i + R_i \leq P_i^{\max} \quad i \in N \tag{5.4}$$

4) 机组提供备用上、下限约束

$$R_i^{\min} \leq R_i \leq R_i^{\max} \quad i \in N \tag{5.5}$$

求解上述优化模型，可以讨论如何在集中模式电力市场下进行电能和备用联合交易的优化，使成本达到最小，同时确保发电机组不会因为承担备用而处于比生产电能时不利的地位。

必须指出，该模型的分析主要侧重概念，没有考虑时段间的耦合和机组组合问题，也没有考虑电网传输能力的制约，且只针对一个时段进行分析，因而电能用功率表示即可。

【例 5.1】 设某电力市场的需求在 300~720MW 之间变化，为简起见，假设系统任何情况下都仅需要250MW备用。系统中有4台发电机组,机组的特性参数见表5.2。表中,机组的边际成本恒定且按边际成本升序排列,虽然容量相近,但各机组提供备用的响应能力不同,机组1和机组4不允许提供备用,机组2和机组3可以提供备用,但有一定的限制。图5.9描述了机组2和机组3提供的备用容量与输出功率间的函数关系。求解时忽略所有机组的最小技术输出功率限制。

表5.2 机组的特性参数

机组号	b_i/(美元/MW·h)	P_i^{max}($P_i^{min}=0$)/MW	R_i^{max}($R_i^{min}=0$)/MW
1	2	250	0
2	17	230	160
3	20	240	190
4	28	250	0

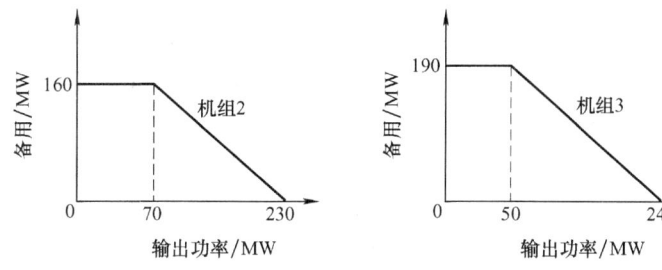

图5.9 机组2和机组3提供的备用容量与输出功率间的函数关系

解:假设市场运行在集中模式下,且机组报价等于其真实边际成本,另外市场规定备用不单独报价,也就是认为机组提供备用没有直接成本(备用报价问题将另例讨论)。

1)列写模型。为了满足市场的电能和备用需求,系统运行员必须制定满足运行约束的发电成本最小的调度计划。设4个机组的输出功率分别为P_1、P_2、P_3和P_4,提供的备用容量分别为R_1、R_2、R_3和R_4,根据前述,有以下模型:

目标函数如下:

$$\min \quad 2P_1 + 17P_2 + 20P_3 + 28P_4$$

约束条件如下:

有功功率平衡

$$P_1 + P_2 + P_3 + P_4 = D$$

最小备用需求

$$R_1 + R_2 + R_3 + R_4 \geq 250\text{MW}$$

机组输出功率限制

$$P_1 \leq 250\text{MW};\ P_2 \leq 230\text{MW};\ P_3 \leq 240\text{MW};\ P_4 \leq 250\text{MW}$$

各机组备用容量限制

$$R_1 = 0;\ R_2 \leq 160\text{MW};\ R_3 \leq 190\text{MW};\ R_4 = 0$$

机组容量限制

$$P_1 + R_1 \leq 250\text{MW};\ P_2 + R_2 \leq 230\text{MW};\ P_3 + R_3 \leq 240\text{MW};\ P_4 + R_4 \leq 250\text{MW}$$

2)求解结果。采用任一种线性规划算法可求得结果,见表5.3。表5.3列出了需求D

在 300~720MW 间变化的优化调度结果。求解线性规划模型时，不仅可求出决策变量，即机组发电量和备用量，还可计算出每一约束的拉格朗日乘子。其中，供需平衡约束对应的拉格朗日乘子就是机组发电的边际价格，最小备用需求约束对应的拉格朗日乘子就是备用的边际价格。采用统一清除价格的结算方式时，这些边际价格就是电能和备用各自的市场清除价格。

表 5.3　例 5.1 中不同负荷模式下的优化调度结果　　　　　　（单位：MW）

D	P_1	R_1	P_2	R_2	P_3	R_3	P_4	R_4
300~420	250	0	50~170	60	0	190	0	0
420~470	250	0	170	60	0~50	190	0	0
470~720	250	0	170	60	50	190	0~250	0

3) 结果分析。由于本例题相对简单，因此可以通过手工计算来检验结果，这样可更好地理解随着需求的变化，电能、备用价格的形成过程及其对应的物理机制。

① 机组发电量和备用量的确定：在不考虑备用成本的情况下，应尽量安排边际发电成本高的机组承担备用，这样最有利于发电成本的最小化。因此，边际发电成本较高的机组 3 最大限度地承担了备用任务，$R_3 = R_3^{max} = 190\text{MW}$，其余备用 60MW 由机组 2 承担。

根据负荷大小，发电任务依次由边际发电成本从低到高的机组承担。因此，负荷为 300MW 时，边际成本最低的机组 1 发电到最大功率，$P_1 = P_1^{max} = 250\text{MW}$，另外 50MW 负荷由机组 2 提供。负荷在 300~420MW 之间变化时，机组 2 的出力随之增加，并始终为边际机组，负荷增加到 420MW 时，机组 2 达到了最大出力。机组 3 随后成为负荷在 420~470MW 之间变化时的边际机组，并在负荷为 470MW 时达到最大出力。当负荷继续在 470~720MW 范围增加时，机组 4 成为边际机组，其输出功率从 0 升至 250MW。

② 电能和备用价格的形成：电能和备用的价格是由生产电能和提供备用的边际成本决定的。电能价格等于增加 1 单位（MW）发电出力而增加的成本，由于增加的 1MW 发电出力必然由边际机组承担，因此边际机组的发电成本决定了系统的电能价格，负荷在 300~420MW 之间时，电能价格为机组 2 的边际成本 17 美元/MW·h，负荷增加到 420~470MW 之间时，电能价格为机组 3 的边际成本 20 美元/MW·h，负荷增至 470~720MW 范围时，电能价格为机组 4 的边际成本 28 美元/MW·h。

提供备用的边际成本没有这么直观，可做如下分析：负荷在 300~420MW 之间变化时，机组 2 输出功率在 50~170MW 之间，仍有足够的容量来提供增加的 1MW 备用，由于本例题中备用无成本，因而此时备用价格为 0。当负荷增加到 420~470MW 之间时，机组 3 提供备用已达限值 190MW，增加的 1MW 备用不得不由机组 2 承担，而机组 2 的容量已充分利用（发电 170MW，备用 60MW），为此，机组 2 必须减少 1MW 发电出力，改由机组 3 增加 1MW 发电出力。因为机组 3 增发单位功率的增量成本为 20 美元，机组 2 减发单位功率的节省成本为 17 美元，因而增加 1MW 备用的总成本为 20 美元/MW·h － 17 美元/MW·h = 3 美元/MW·h，故此时备用的价格为 3 美元/MW·h。同理可得，当负荷增至 470~720MW 范围时，机组 2 为承担备用而减发的出力应由机组 4 等量增发，此时备用的价格增至 11 美元/MW·h。图 5.10 总结了需求变化时的电能价格和备用价格。

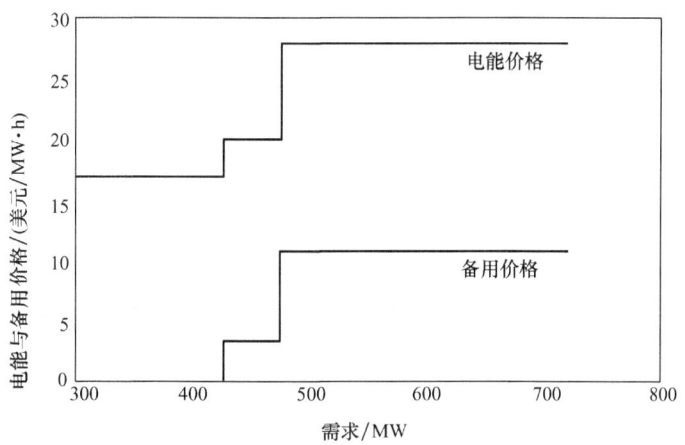

图 5.10 需求变化时的电能价格与备用价格

③ 机组利润分析：以机组 2 为例，观察机组发电和提供备用的收入、成本以及利润情况。

负荷在 300～420MW 之间时，电价为机组 2 的边际成本，该机组卖电不赢利；备用价格为 0，提供备用也不赢利。需求在 420～470MW 之间时，虽然机组 2 的边际成本比其他机组低，但是承担备用的责任约束其发电只能到 170MW，电价升到机组 3 的边际成本 20 美元/MW·h，这意味着机组 2 出售每 MW·h 电能赢利 3 美元。此时机组 2 虽然因为承担备用少卖电 60MW·h，但备用价格为 3 美元/MW·h，机组 2 提供 60MW 备用的收入刚好等于它不能卖电的机会成本。对机组 2 而言，不管是发电还是提供备用，在该阶段的赢利水平是一样的。当负荷超过 470MW 时，可分析得出同样的结论，不论是发电还是提供备用，机组 2 的赢利水平都是 11 美元/MW·h。图 5.11 总结了机组 2 在发电及备用时的收入、成本和利润。

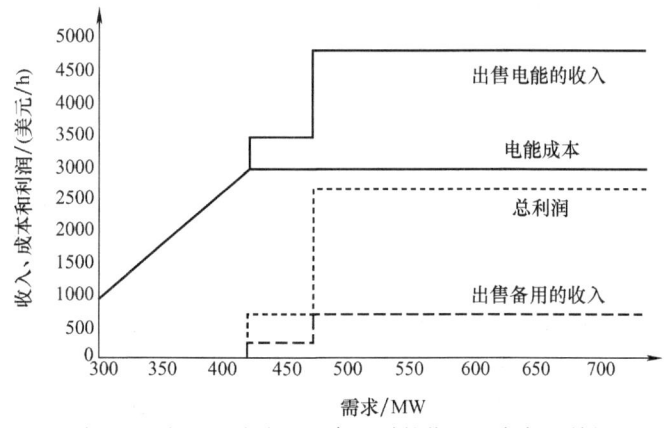

图 5.11 机组 2 在发电及备用时的收入、成本和利润

在模型 1 的基础上，若考虑备用报价，并将备用的成本特性表示为 $C_i^R(R_i) = b_i^R R_i$，b_i^R 为常数，代表机组备用的边际成本，其余变量的表示同模型 1，则可构造如下线性规划数学模型（称为模型 2）：

目标函数如下：

$$\min \sum_{i \in N} C_i(P_i) + \sum_{i \in N} C_i^R(R_i)$$

约束条件同模型1。

备用的成本反映了机组欠负荷运行的效率损失和提供所需备用的额外维持费用。考虑备用报价，即允许机组为提供备用申报价格。在不完全竞争市场情况下，报价可能不反映备用的边际成本，而反映市场对机组提供备用的认可价值。

【例5.2】 将例5.1中的市场规则改为考虑机组备用报价，并假设机组4也可提供最多为150MW的备用。机组发电和备用的相关特性参数见表5.4。

表5.4 机组发电和备用的边际成本、最大输出功率和备用容量

机组	发电边际成本/(美元/MW·h)	备用边际成本/(美元/MW·h)	P^{max}/MW	R^{max}/MW
1	2	0	250	0
2	17	0	230	160
3	20	5	240	190
4	28	7	250	150

解：1）列写模型。考虑机组提供备用的报价后，电能和备用联合优化的模型有如下变化：

目标函数如下：

$$\min \quad 2P_1 + 17P_2 + 20P_3 + 28P_4 + 5R_3 + 7R_4$$

约束条件与例5.1相同，增加机组4可提供的最大备用约束如下：

$$0 \leq R_4 \leq 150\text{MW}$$

2）结果与分析。表5.5总结了在需求 D 在300～720MW间变化的优化调度结果，图5.12所示是电能价格和备用的价格情况。

表5.5 例5.2中不同负荷模式下的优化调度结果 （单位：MW）

D	P_1	R_1	P_2	R_2	P_3	R_3	P_4	R_4
300～320	250	0	50～70	160	0	90	0	0
320～470	250	0	70	160	0～150	90	0	0
470～560	250	0	70	160	150～240	90～0	0	0～90
560～620	250	0	70～130	160～100	240	0	0	90～150
620～720	250	0	130	100	240	0	0～100	150

对结果的分析可沿用例5.1中的方法，不同的是，此时的调度计划必然是兼顾发电和备用提供总费用最小而形成的结果。例如，与例5.1中不同，由于提供备用没有成本，机组2的备用容量此时被最大限度地使用，承担160MW。当负荷在300～320MW时，机组1输出功率为最大容量250MW；机组2为边际机组，电价为17美元/MW·h，另外可以提供其最大备用；机组3只能提供剩余所需备用，从而是备用边际机组，确定备用价格为5美元/MW·h。因此，机组2提供备用可获得利润5美元/MW·h。

随着负荷的增长，机组的发电量和备用量也在变化。由于容量是一定的，机组发电量的增加必然引起备用量向成本高的机组转移，在考虑备用报价的情况下，此转移加大了发电成本。因此可看到，当负荷在470～560MW时，机组3多发1MW电成本为20美元/MW·h，减少等量备用节省5美元/MW·h，这1MW备用改由机组4提供，成本为7美元/MW·h，

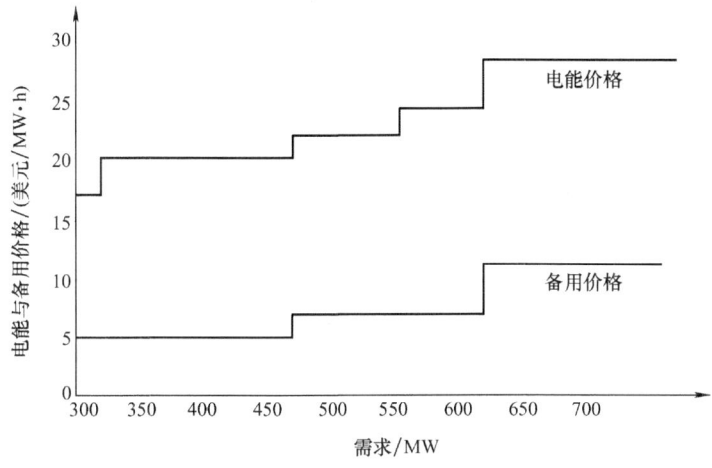

图 5.12 电能价格与备用价格情况

备用转移增加了系统发电成本 2 美元/MW·h，所以此负荷段的电价是 22 美元/MW·h，备用价格为 7 美元/MW·h。若保持机组 3 提供备用 90MW 不变，增加的负荷由机组 4 供给，则机组发电成本更高，为 28 美元/MW·h，而备用方面只能节省 2 美元/MW·h，不是最优的结果。

当负荷为 560~620MW 时，最优的计划是机组 2 增加发电，将备用转移给机组 4，所以电价是 24 美元/MW·h，即机组 2 的发电边际成本为 17 美元/MW·h + 机组 4 的备用边际成本 7 美元/MW·h – 机组 2 的备用边际成本 0 美元/MW·h = 24 美元/MW·h；机组 4 为备用边际，故备用价格为 7 美元/MW·h。

当负荷大于 620MW 而小于 720MW 时，机组 4 是发电边际机组，所以电价为 28 美元/MW·h；机组 2 是备用边际，为了多得到 1MW 备用，必须减少机组 2 的输出功率（节省 17 美元/MW·h），而增加机组 4 的输出功率（成本为 28 美元/MW·h），所以备用价格为 11 美元/MW·h。

本节的两个例子说明，在电能与备用联合优化情况下，能够以最小化运行成本为目标，在满足电能与备用需求条件下，能保证所有机组的电能和备用进行公平交易，同时可结算发电和备用市场。

5.4.3 基于风险约束的备用配置方法

采用确定性备用配置准则无法量化备用配置与系统运行风险之间的关联关系，为此，这里以旋转备用配置为例介绍一种基于风险约束的备用配置方法。因为旋转备用对应于系统的响应风险，所以这种方法又被称为基于响应风险约束的旋转备用配置方法。

系统的运行风险可以分为投运风险和响应风险，前者与给定时间内的机组投运安排相关，后者与已投运机组的调度决策相关。在系统运行过程中，由于线路或机组的随机故障可能导致系统运行状态的改变，备用配置就是要在各种可能出现的预想运行状态下，保证系统运行的安全性。在基于响应风险约束的备用配置方法中，负荷并不认为是不可中断的，而是要保证负荷中断的风险小于一定水平，这使得系统的运行决策可以建立在社会效益期望最大化的基础上，而不是一味保守地保证负荷的电力供应。这里采用系统的电力不足期望

(EDNS)作为系统的响应风险指标,并且为简单起见,暂不考虑线路传输功率限制对备用配置的影响。在上述条件下,基于响应风险约束的旋转备用配置方法可如下表述:在给定时段 t 内,用户的电力不足期望可表示为

$$E_{\text{DNS}}^t = \sum_{k \in S} C_k^t P_k \tag{5.6}$$

式中,P_k 为时段 t 内系统处于状态 k 的概率;C_k^t 为状态 k 下系统需消减的负荷功率;S 为由机组故障导致的系统运行状态全集。

可以看出,E_{DNS} 指标既能反映给定时段内系统出现电力不足可能性的大小又能体现电力不足程度的不同。

式(5.6)中,C_k^t 与系统运行情况有关,可表示为

$$C_k^t = \max\left[0, \sum_{m \in U} p_{g,m}^t + \Delta D - \sum_{n \in A} r_n^t\right] \quad k \in S \tag{5.7}$$

式中,集合 U 表示状态 k 下的不可用(Unavailable)机组集合;集合 A 表示状态 k 下的可用(Available)机组集合;ΔD 表示负荷预报值与实际值之间的差额,此处为定值。

式(5.7)说明,状态 k 下,如果系统所需旋转备用 $\sum_{m \in U} p_{g,m}^t + \Delta D$ 超过剩余机组所能提供的旋转备用 $\sum_{n \in A} r_n^t$ 时,则系统需要消减的负荷为 $\sum_{m \in U} p_{g,m}^t + \Delta D - \sum_{n \in A} r_n^t$,反之为 0。

在已知调度结果的情况下,利用式(5.6)、式(5.7)即可求出系统的 E_{DNS}。因而,一种启发式的算法就是,采用先预估备用容量求出调度结果,再根据调度结果对应的响应风险指标与给定指标的差异修改备用容量的迭代计算方法将系统响应风险维持在给定水平。图 5.13 给出了这种启发式算法的流程。

采用这种启发式迭代求解方法即可将系统的响应风险维持在给定水平。可以看出,在该算法模型中,旋转备用不再是一个定值,而是根据系统的运行状态调整,使系统的响应风险维持在给定水平。

5.4.4 成本分摊

并非所有电力商品消费者对系统辅助服务的要求都相同,例如,电能质量(电压、频率合格率、供电可靠性)对半导体、纺织业、造纸业造成的损失远高于一般居民用户的损失,一些消费者愿意为改善电力系统运行质量(需要更多辅助服务)多付

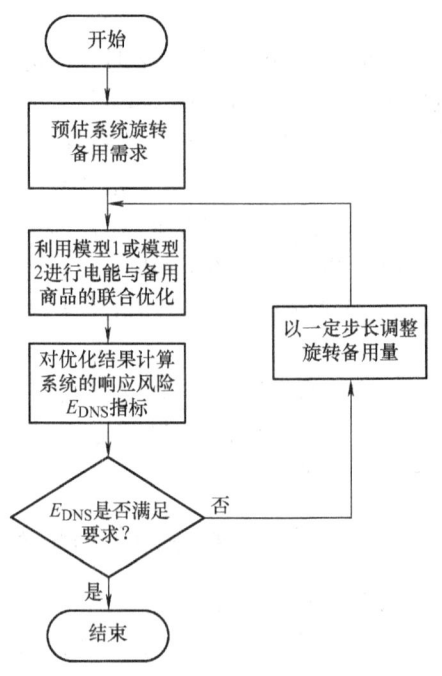

图 5.13 一种启发式算法的流程

钱,而另一些则可以接受在少付电费的情况下承受电力系统运行质量降低的风险。如果能基于不同辅助服务需求来建立市场机制,则可以说是经济而高效的,但在现有技术条件下,系统运行员是无法实现不同辅助服务水平的输电的,因此,当前采用的辅助服务标准应该是能为大家所接受的平均水平。既然所有用户得到相同水平的辅助服务,那么按照所用电量分摊辅助服务成本就是合理的,且通常以消费或生产的电能来计量。

辅助服务成本分摊的另一方面问题,就是某些用户的行为可能给电力系统造成不好的效果,促使辅助服务的复杂化,如产生谐波源的用户、需要大量无功功率的工业用户等。如果辅助服务费用由所有市场参与者平均分摊,则存在严重的交叉补贴现象,有违市场公平原则。因此,从市场机制出发,可考虑采用经济的手段处罚这些用户,以鼓励他们改变做法,减少系统提供的辅助服务,从而降低所需成本。下面讨论的就是根据引起备用的责任来分摊备用费用的一种思想。

当负荷与发电之间出现较大不平衡时,备用机组可以减小这一不平衡,乃至避免系统的恶性事故。很多情况下,这种不平衡源于机组的突然停运或与相邻系统互联的突然解列。当备用容量不足时,在这种情况下系统运行员必须靠切负荷来维持系统运行。可以根据机组和联络线故障率的历史数据统计分析机组和联络线的概率故障特性,由此以概率方法确定备用。概率分析表明,机组故障率大的系统比机组故障率小的系统需要的备用多,由大机组构成的供电系统比由小机组构成的供电系统所需的备用多,大机组的不可靠导致所需运行备用的增加超过小机组。既然备用配置的目标是在不降低系统安全水平的条件下使备用服务成本最小,那么就应该给机组减小故障停运概率提供动力,这就是备用成本按责任分摊的基本出发点。此处的责任可理解为参与分摊的市场成员非计划运行对系统可靠性产生影响的大小,本节中用系统失负荷风险度表示。

【例 5.3】 图 5.14 所示系统有 4 台机组,其中,1、3 机组划分在 A 区,2、4 号机组划分为 B 区,两个区域间有两条联络线连接。设机组的成本特性表示为

$$c_i(p_i) = a_i p_i^2 + b_i p_i \quad i = 1,2,3,4$$

式中,$c_i(p_i)$ 表示机组发电出力为 p_i 时的成本;a_i,b_i 分别为成本特性常数,其值见表 5.6。

假设机组依序号顺序加载,分析备用成本按责任分摊问题。

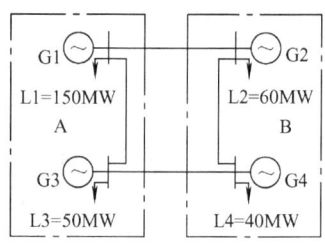

图 5.14 简单双区域系统

表 5.6 双区域系统机组特性参数

机组	$a \times 10^{-3}$/(美元/MW·h²)	b/(美元/MW·h)	容量/MW	ORR
1	1.72	7.7	200	0.003
2	1.94	7.85	150	0.002
3	4.82	7.97	100	0.001
4	5.16	8.0	20	0.001

注:ORR 为停运替代率。

解:本例中,机组上限之和为 470MW,若负荷为 470MW,则备用量为 0,这时一旦出现某一台机组非计划退出运行,负荷需求将无法得到满足,电价会急剧升高,此时的市场需要采取特别的管制措施。同样,此时的负荷波动也会使供给与需求之间失去平衡。下面的分析是在备用量可以配置的情况下进行的。

1) 按机组引起备用的责任进行分摊。假定负荷模式确定,期望负荷为 300MW,由经济调度可得出每台机组的出力,结果见表 5.7。每台机组还应根据自己的出力购买一定比例的

备用，分摊比例按照每台机组当前出力非计划停运对系统风险度的影响制定。在停运替代率 ORR_i、机组的加载顺序及加载量确定的情况下，由卷积法可确定系统失负荷风险 p。若任一机组 i 退出，系统的风险度将变为 ρ_i，由此引起系统风险度变化 $\Delta\rho_i = \rho_i - \rho$，该变化一定满足 $\Delta\rho_j > 0$，且该变化越大，表示该发电机组对系统风险水平的影响越大，说明该发电机组需要的备用量应该越大，由此机组分摊备用成本的原则为 $\beta_i = \dfrac{\Delta\rho_i}{\sum \Delta\rho_i}$。本例中，机组 1 带负荷大并且对系统的风险度影响大，因此，机组 1 应该承担大部分的备用分摊。相对机组 1，其他机组对系统风险度的影响小得多，需要分摊的备用份额相对少些。同时可以看出，并不都是大机组承担备用责任大，机组 3 虽然出力小，但是该机组对系统风险度影响与机组 2 相当，备用分摊责任两台机组也相当。可见，备用分摊多少与机组容量、停运替代率、出力以及加载顺序密切相关。

表 5.7 考虑发电机不确定性的情况

机组	输出功率/MW	$\rho/(\times 10^{-3})$	$\rho_i/(\times 10^{-3})$	$\Delta\rho_i/(\times 10^{-3})$	β_i
1	162	3.003	6.983	3.980	0.6664
2	105	3.003	3.998	0.995	0.1666
3	30	3.003	3.999	0.996	0.1668
4	3	3.003	3.004	0.001	0.0002

2）按负荷引起备用的责任进行分摊。该系统负荷为 300MW 时的系统风险度为 3.003×10^{-3}（设为系统期望的风险度），见表 5.7，可用备用可由机组输出功率算出，为 170MW。如果考虑负荷的不确定性，设其变化规律符合方差 8% 的正态分布模式，在不增加备用的情况下此时系统的风险度将升高，不满足系统期望的风险度。通过计算可知，需要增加 45MW 的备用，系统风险度才可达到系统给定值。备用成本在负荷间的分摊按照各节点负荷变化对系统风险度的影响进行。表 5.8 给出了负荷不确定性影响系统运行风险度的变化情况。从表中可以看出，负荷 1 变化的影响最大，所以分摊备用的份额最大。负荷 2、3、4 的影响很小，所以分摊份额很小。

表 5.8 考虑负荷不确定性的情况

负荷	$\rho' \times 10^{-3}$	$\rho'_i \times 10^{-3}$	$\Delta\rho'_i \times 10^{-3}$	β'_i
1	3.00301	3.00203	0.00098	0.9703
2	3.00301	3.00300	0.00001	0.0099
3	3.00301	3.00300	0.00001	0.0099
4	3.00301	3.00300	0.00001	0.0099

3）网络故障引起的备用转移。以上计算是在假设两区域之间联络线容量足够大且无故障的情况下进行的。如果联络线有容量限制且存在故障可能性，两个区域间能够传输的最大容量就有限。设两条联络线的最大传输容量为 80MW。在网络无故障情况下，由潮流计算可知，系统传输容量满足各种模式下的要求，不会引起备用容量无效。当一条联络线故障时，如果区域 A 中机组 G1 退出运行，那么需要从区域 B 调用 100MW 的备用才能满足需求，而

此时两区域之间的最大传输容量为 80MW，因此区域 B 中 20MW 的备用无法传输过去，成为无效备用。所以，在考虑网络故障的情况下，区域 A 必须在备用计划中多设置 20MW 的备用容量，同时区域 B 减少相应的备用容量。用同样的方法，可以计算其他运行模式下的备用转移容量，应取最大容量作为最终转移容量。

输电容量不足导致备用容量的无效，从而可能导致备用成本的增加。备用成本分摊计算过程中应当计及线路传输功率约束的影响。

5.5 发电商的决策问题

出售辅助服务是发电商获利的重要手段，但出售电能与辅助服务是密切相关、不可分割的。例如，一台机组必须至少运行在技术允许的最小输出功率，才能出售旋转备用、无功支持等辅助服务；反过来说，输出功率达最大容量的机组就不能出售旋转备用了，如果该机组仍希望出售备用，显然就要减少功率输出，放弃出售电能的机会。对各种获利机会，发电商必须协调优化才能做出最佳决策。

这一问题非常复杂，难以进行完整的、一般性的描述。下面以一个简单的例子分析电能与备用间相互牵制的规律。

假设在竞争市场中，发电商对机组同时出售电能和旋转备用进行决策，但不考虑它出售其他功能的辅助服务。如果电能和备用市场完全充分竞争，那么发电商就是一个价格的接受者，它的行为无论对电能市场还是备用市场都无影响，它可以选择在这两个市场上出售任意量的电能或备用。考虑机组在某时段内的运行，并假设机组在时段开始时已开机，这意味着可以忽略机组起动成本、最小开机时间和停机时间等相关约束。实践中，发电商面对的决策问题要考虑一天或更长时间，并且所有约束都要考虑在内。

对推导和分析中用到的符号说明如下：

π_1/π_2：电能市场上每 MW·h 电能/旋转备用容量的价格；1MW·h 旋转备用容量表示提供 1MW 的旋转备用容量 1h。因为备用容量可能用得上也可能用不上，所以 1MW·h 备用不等于 1MW·h 电能。假设机组提供的备用实际发电时不额外收取运行费用，当然考虑发电费用也不会改变本例的结论。

x_1/x_2：机组的发电量/备用量。

P^{min}/P^{max}：机组最小/最大技术输出功率。

R^{max}：机组在一个时段中可提供的最大备用量。R^{max} 取决于机组的可用容量（$P^{max} - x_1$）或爬坡速率与响应时间的乘积，是两者之中较小者。若机组的爬坡速率为 120MW/h，并且备用必须在 10min 内提供，则即使该机组有较大的可用容量，它能提供的备用也最多为 20MW。

$C_1(x_1)$：生产 x_1 电能的成本，该函数必须是凸函数，包括燃料费和机组的维护费，但不包括投资成本。

$C_2(x_2)$：提供 x_2 备用的成本，该函数也必须是凸函数，该成本函数中不包括备用的机会成本和固定成本。假设该成本中已包括备用被征用而可能产生的发电成本。

发电商希望通过决策在市场中出售的电能和备用量获取最大利润，这是约束优化问题，目标函数就是出售电能和备用二者的利润（收益减去成本）之和最大，即

$$\min f(x_1, x_2) = \pi_1 x_1 + \pi_2 x_2 - C_1(x_1) - C_2(x_2) \tag{5.8}$$

应满足的约束条件如下：

1) 机组输出功率和备用之和不能超过机组最大技术输出功率，即

$$x_1 + x_2 \leq P^{\max} \tag{5.9}$$

2) 机组输出功率应不小于最小技术输出功率，即

$$x_1 \geq P^{\min} \tag{5.10}$$

3) 机组所提供备用不能大于备用响应时间内的最大备用容量，即

$$x_2 \leq R^{\max} \tag{5.11}$$

为简化分析，假设 $R^{\max} < P^{\max} - P^{\min}$，这表明约束条件式（5.9）和式（5.10）不会同时发生作用。为不致使分析过于复杂，没有明确设定备用不能为负。给定了目标函数和这些约束条件，就可以建立该优化问题的拉格朗日函数

$$L(x_1, x_2, \mu_1, \mu_2, \mu_3)$$
$$= \pi_1 x_1 + \pi_2 x_2 - C_1(x_1) - C_2(x_2) + \mu_1(P^{\max} - x_1 - x_2) + \mu_2(x_1 - P^{\min}) + \mu_3(R^{\max} - x_2) \tag{5.12}$$

使该拉格朗日函数对变量的导数等于0，就得到了最优化条件

$$\frac{\partial L}{\partial x_1} = \pi_1 - \frac{dC_1}{dx_1} - \mu_1 + \mu_2 = 0 \tag{5.13}$$

$$\frac{\partial L}{\partial x_2} = \pi_2 - \frac{dC_2}{dx_2} - \mu_1 - \mu_3 = 0 \tag{5.14}$$

$$\frac{\partial L}{\partial \mu_1} = P^{\max} - x_1 - x_2 \geq 0 \tag{5.15}$$

$$\frac{\partial L}{\partial \mu_2} = x_1 - P^{\min} \geq 0 \tag{5.16}$$

$$\frac{\partial L}{\partial \mu_3} = R^{\max} - x_2 \geq 0 \tag{5.17}$$

由于式(5.13)~式(5.15)为不等式方程，因此问题求解还需要以下互补松弛条件

$$\mu_1(P^{\max} - x_1 - x_2) = 0 \tag{5.18}$$

$$\mu_2(x_1 - P^{\min}) = 0 \tag{5.19}$$

$$\mu_3(R^{\max} - x_2) = 0 \tag{5.20}$$

$$\mu_1 \geq 0, \mu_2 \geq 0, \mu_3 \geq 0 \tag{5.21}$$

互补松弛条件说明不等约束要么受限要么不受限。如果受限，就是紧约束，转化为等式约束条件，此时拉格朗日乘子 μ_i 等于约束边际成本或影子成本，且因为紧约束会增加优化方案的成本，拉格朗日乘子必为正。若不受限，不等约束条件对优化方案的成本无影响，其拉格朗日乘子等于0。下面讨论中可体现这一点。

式（5.13）~式（5.21）是该问题的充分必要条件，即库恩-图克（Karush Kuhn Tucker, KKT）条件。但 KKT 条件没有说明不等式约束式（5.15）~式（5.17）中哪些是紧约束，因此运用优化算法求解时，可通过试验不同紧约束的组合来寻找符合 KKT 条件的解。每种组合都说明了发电与备用之间的不同关系，因此需要检验所有可能组合，该问题要考虑的可能组合有8种，分析结果见表5.9。

表 5.9 发电商同时出售电能与备用的决策分析

序号	不等式约束	等式约束	分　　析
1	$\mu_1 = 0$ $\mu_2 = 0$ $\mu_3 = 0$	$\dfrac{dC_1}{dx_1} = \pi_1$ $\dfrac{dC_2}{dx_2} = \pi_2$	机组有充足的容量用于发电和提供备用（$\mu_1 = 0$）；机组的发电量和备用量均根据边际成本等于市场价格确定，它们之间没有牵制
2	$\mu_1 > 0$ $\mu_2 = 0$ $\mu_3 = 0$	$\dfrac{dC_1}{dx_1} + \mu_1 = \pi_1$ $\dfrac{dC_2}{dx_2} + \mu_2 = \pi_2$	由于边际成本低于市场价格，发电和备用都赢利，但以发电边际利润与备用边际利润相等时利润最大（$\pi_1 - \dfrac{dC_1}{dx_1} = \pi_2 - \dfrac{dC_2}{dx_2} = \mu_1$）；$\mu_1 > 0$表示发电量和备用量的增加受限于机组容量，否则边际利润可达此数值
3	$\mu_1 = 0$ $\mu_2 > 0$ $\mu_3 = 0$	$\dfrac{dC_1}{dx_1} - \mu_2 = \pi_1$ $\dfrac{dC_2}{dx_2} = \pi_2$	机组提供备用是赢利的，备用量根据市场价格确定，发电不赢利，但为了提供旋转备用，机组至少要运行在最小技术出力状态（$\mu_2 > 0$）。这种情况下，售电亏损可以通过增加出售备用的利润来弥补，但整体是否赢利，需要用目标函数检验
4	$\mu_1 = 0$ $\mu_2 = 0$ $\mu_3 > 0$	$\dfrac{dC_1}{dx_1} = \pi_1$ $\dfrac{dC_2}{dx_2} = \pi_2 - \mu_3$	发电是赢利的，发电量根据市场价格确定；机组提供备用的能力受爬坡速率约束（$\mu_3 > 0$），若能松弛此约束则会增加出售备用的利润
5	$\mu_1 > 0$ $\mu_2 = 0$ $\mu_3 > 0$	$\dfrac{dC_1}{dx_1} = \pi_1 - \mu_1$ $\dfrac{dC_2}{dx_2} = \pi_2 - (\mu_1 + \mu_3)$	发电和备用都赢利，且出售备用的边际利润比出售电能高，但爬坡速率约束（$\mu_3 > 0$）限定了可提供备用的最大量，因此机组的剩余容量可用于发电（$\mu_1 > 0$）
6	$\mu_1 = 0$ $\mu_2 > 0$ $\mu_3 > 0$	$\dfrac{dC_1}{dx_1} = \pi_1 + \mu_2$ $\dfrac{dC_2}{dx_2} = \pi_2 - \mu_3$	只要不受爬坡速率约束（$\mu_3 > 0$），出售备用越多就会赢利越多；但发电是亏损的，如果没有最小技术出力限制（$\mu_2 > 0$），出售电能越少就会亏损越少；该运行点的实际收益需要用目标函数检验
其他	$\mu_1 > 0$　$\mu_1 > 0$ $\mu_2 > 0$或$\mu_2 > 0$的情况与$R^{\max} < P^{\max} - P^{\min}$的假设矛盾，不成立 $\mu_3 = 0$　$\mu_3 > 0$		

思　考　题

5.1 选择你所在地区或其他地区，查阅系统安全运行准则方面的文献，并总结主要安全规则。

5.2 一个小型系统由两节点和并行的三条输电线路组成。假设该系统的运行遵循 $N-1$ 安全准则且输电线路只受热稳定极限约束，计算下列情况下可传输的最大功率：

（1）三条线路都工作，每条的额定功率为300MW；

（2）只有两条额定功率为300MW的输电线路运行；

（3）三条线路都运行，其中两条线路额定功率为300MW，另一条为200MW；

（4）三条线路都运行且额定功率均为300MW，紧急情况下，可以承担10%的过负荷20min，有提供逆向功率的机组可以以4MW/min的速度增加输出功率；

（5）除了机组的输出功率只能以2MW/min的速度上升外，其他条件同（4）；

（6）低温和大风可改善导体与大气的热传递，假设这一动态热稳定极限使（4）中在常态和故障情况时的输电能力均增加15%。

5.3 一台机组由双回路输电线连接到大型电力系统中。每条线路电阻可以忽略，电抗为0.2(p.u.)。机组的电抗为0.8(p.u.)且惯性常数为3s。该系统可以化为单机无穷大模型且节点电压保持在额定值。假设在一条线路首端发生三相短路，且在120ms内清除故障，用暂态稳定程序，计算这台机组在保证系统安全运行情况下的最大输出功率。功率基准取100MW。

5.4 一个两节点两输电线路的系统，一条线路电抗为0.25(p.u.)，另一条电抗为0.40(p.u.)；忽略线路的电阻和电纳，机组保持端电压为额定值且输出功率由节点负荷决定。用潮流计算程序计算当一条线路突然停运时，下列情况下不引起电压崩溃而可以传输的最大有功功率：

（1）负荷功率因数为1且受端没有无功功率注入；

（2）负荷功率因数为1，同步调相机在受端注入25Mvar无功功率；

（3）负荷的滞后功率因数为0.9，受端没有无功注入。

5.5 考虑图5.15所示的小型电力系统。系统中每条线路为∏形电路。线路参数见表5.10。

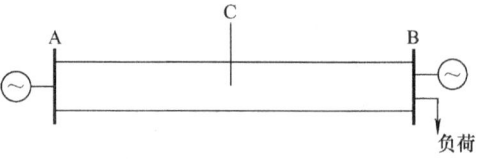

图5.15 题5.5的电力系统

表5.10 题5.5表

线路	R(p.u.)	X(p.u.)	B(p.u.)
A-B	0.08	0.8	0.3
A-C	0.04	0.4	0.15
C-B	0.04	0.4	0.15

用潮流计算程序，研究在正常和故障情况下（比如一条线路突然停运时避免电压崩溃）无功功率支持需求与从节点A到B传输功率的函数关系。考虑节点B负荷的功率因数为1和滞后功率因数为0.9两种情况，分析讨论节点C无功功率电源的作用。

5.6 查阅你所在地区或选择的其他地区的辅助服务方面的文献，确定获取每种服务的机制。当服务为强制机制时，确定它们的参数（如机组的最小超前、滞后功率因数）；当服务基于竞争机制时，描述辅助服务市场的结构（如交易过程、报价参数）。特别注意辅助服务的定义，并了解辅助服务成本分摊给用户的机制。

5.7 获取你所在地区或其他地区辅助服务市场的充足的数据，对市场价格和辅助服务提供量进行分析。

5.8 机组的拥有者希望通过出售电能和备用获取最大利润。写出这一优化问题的目标函数和约束条件。讨论电价和备用价格的变化可能引起的各种情况。忽略机组爬坡约束。（提示：提供备用服务可能会减少机组输出的有功功率，故约束式应为式（5.9）。另外，售出的备用量也必须为非负数，即 $x_2 \geq 0$）。

第 6 章 电力市场与输电网

6.1 引言

输电网是电力供需必不可少的中间环节，在打破垄断的电力市场环境下，输电网的一个重要特征是面向所有参与者开放经营，促进电力竞争。由于输电网传输能力有限并存在输电损耗，而且在大部分地区，不可能像在第 3 章所做的假设那样，所有机组及负荷均接于同一母线进行电能交易，因此，单母线模型下的电力市场分析结果并不完全符合实际。

在第 3 章的讨论中，电能交易是根据买卖双方的电量、报价及其他附属于交易的条件，并满足发电与负荷的实时平衡达成的。当线路容量不能满足所有交易需要时，会造成某些线路过载，使系统的安全稳定运行受到影响，即发生所谓的输电阻塞。因此，输电阻塞可以定义为由于传输容量限制而无法满足所有用户输电需求的状态。在正常情况下，系统可通过动用辅助服务资源维持电网的安全稳定运行，但如果用这种方式不能维持系统安全运行时，就必须考虑制定对电能交易进行限制或裁减的策略。

阻塞管理是指由于发电竞争提出的输电服务要求超过了电网的实际输送能力而采取的市场缓解机制。阻塞管理的目标是制定一系列规则，控制发电机和负荷，让电网安全可靠地运行。从短期而言，阻塞管理必须制定一个公平的交易削减方案和最优调度方案，让系统安全有效地运行；从长期而言，阻塞管理必须能够为发电厂、电网公司和用户的投资提供激励信号。

本章研究输电阻塞和输电损耗对电能交易的影响及解决方法，针对双边和集中两种交易方式，讨论输电网作用的物理机理和市场应对手段的经济机制。

6.2 双边交易与物理输电权

6.2.1 输电阻塞的发生

在双边交易中，每笔电力商品交易仅涉及两个参与者：买者和卖者。交易数量和价格是由交易双方协商决定的，但因为输电网对所有参与者都是开放的，要协调运行，因此交易的电量必须上报系统运行员，由系统运行员校验交易申请是否满足系统运行的安全约束。当线路容量不能满足所有交易需要，或者是线路传输容量裕度不足时，便发生了输电阻塞。

在图 6.1 所示双边交易的两节点系统中，假设供需双方的电能交易以双边交易形式进行，机组 G1 已经与负荷 L1 签订 300MW 合同，机组 G2 与负荷 L2 签订 200MW 合同。若

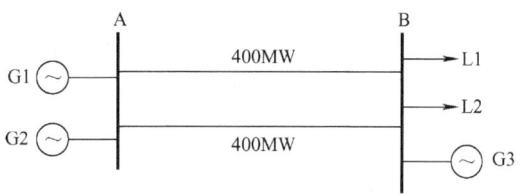

图 6.1 双边交易的两节点系统

系统以 $N-1$ 准则作为安全运行标准，试分析输电网络对交易的影响。

根据 $N-1$ 准则的规定，要求节点 A、B 间在预想的任何单一设备事故发生时至少还能有 500MW 的传输能力，若此要求可以满足，则认为当前交易计划下系统是安全的，系统运行员不需要做任何处理，只是简单地负责交易电能的传输；而如果节点 A、B 间可安全输电的能力小于 500MW（如本系统在任一条线路停运后的传输容量只有 400MW），则此时系统运行员必须介入，削减节点 A、B 间达成的某些双边交易。

在图 6.1 所示的简单两节点系统中，概念是容易理解的，但是实际电网中，造成电力系统运行不安全的交易是很难发现的，而且相关计算很复杂。进而，在一定安全准则下，决定哪些交易需要进行调整、如何调整就更为复杂。一种可行的方法是由行政管理部门制定一套交易调整规则，当然确定这些规则同样需要考虑诸多因素，而且行政规定一般灵活度较差，其优势在于对系统安全的保证，不足是不利于促进系统提高运行效率。另一种选择是以市场手段解决，物理输电权就是一种以市场机制解决输电阻塞的方法。

6.2.2 物理输电权

所谓物理输电权，是指通过支付一定的费用，而拥有在电网中某一传输元件或某一传输断面上输送一定功率的权利。当输电网络存在输电阻塞时，购买物理输电权可有效地保证双边交易的顺利进行。对于双边交易引发的网络阻塞问题，由交易双方自由决定是否使用的物理输电权，是可以充分体现自发性的市场处理机制。

在图 6.1 所示系统中，当节点 A 的发电商与节点 B 的用户签订了售电合同且不希望交易因阻塞而中断时，就应购买输电线路的物理输电权。物理输电权是公开拍卖的，因此所有参与者均有机会决定额外支付费用购买物理输电权是否合算。若机组 G1 与负荷 L1 达成的交易价格为 330 元/MW·h，机组 G2 与负荷 L2 达成的交易价格为 400 元/MW·h，同时机组 G3 报价 460 元/MW·h 出售其电能，则负荷 L2 不会付出超过 60 元/MW·h 的价格来购买物理输电权，因为若超过 60 元/MW·h，就不如直接购买 G3 的电；同样，负荷 L1 不会付出超过 130 元/MW·h 的价格来购买物理输电权。

物理输电权定义和分配了使用输电端口间输电容量的权利，虽然它是基于合同路径确定的，但由于输电系统是一个网络，电流在线路中流动服从基尔霍夫定律，并不会按指定的物理合同路径流动，因此物理输电权在实施上存在难题。同时，物理输电权可能提供给某些市场参与者实施市场力的机会，使市场交易的公平性准则难以制订和处理。

6.2.3 物理输电权的实施问题

1. 潮流计算

当电能交易达成时，输电网相应节点上的功率注入量就确定了。在由变压器、输电线路等构成的电网中，功率将如何流动，可通过潮流计算确定。采用节点功率作为注入量，会造成节点潮流方程组呈非线性，因此必须采用数值计算方法、通过迭代来求解。对非线性潮流方程组采用不同的处理方法进行求解，就形成不同的潮流算法，如牛顿－拉夫逊法、快速解耦法等。采用精确的非线性交流潮流模型，所得结果也是精确的，但计算量和计算耗时较多。有些场合下，如校核电能交易时进行的电网实时安全分析中，要进行大量的预想事故筛选，此时为平衡计算精度与速度，常采用近似的直流潮流模型。

交流输电网中的某条支路 $i-j$ 如图 6.2a 所示,其中所通过潮流的表达式为

$$P_{ij} = U_i^2 g_{ij} - U_i U_j (g_{ij}\cos\theta_{ij} + b_{ij}\sin\theta_{ij}) \tag{6.1}$$

$$Q_{ij} = -U_i^2 b_{ii} + U_i U_j (b_{ij}\cos\theta_{ij} - g_{ij}\sin\theta_{ij}) \tag{6.2}$$

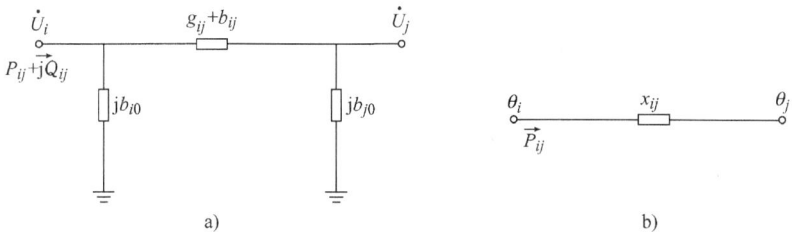

图 6.2 输电线路的等效电路
a) 交流模型 b) 直流模型

由于交流高压电网一般具有如下特点:
1) 输电线路等元件的电抗远大于电阻,即 $|g_{ij}| \ll b_{ij}$,θ_{ij} 数值很小(小于 $10°\sim20°$),于是有 $\cos\theta_{ij}\approx 1$;$\sin\theta_{ij} = \theta_i - \theta_j$。
2) 电网各节点的电压为额定值,标幺值接近 1.0,因此有 $U_i \approx U_j$。

因此若进一步略去所有对地支路,则式(6.1)、式(6.2)就简化为

$$P_{ij} = -b_{ij}(\theta_i - \theta_j) = \frac{\theta_i - \theta_j}{x_{ij}} \tag{6.3}$$

$$Q_{ij} = 0 \tag{6.4}$$

可见,支路的无功潮流可以不计,交流支路可等效成直流支路(见图 6.2b)。相应的支路两端的直流电压值为 θ_i 和 θ_j,直流阻抗等于支路电抗 x_{ij},直流电流值为相应的有功功率 P_{ij}。

因为忽略了接地支路和支路电阻,所以直流潮流中没有有功功率损耗,平衡节点 s 的有功功率可由其他节点注入功率唯一确定,而其余 $n-1$ 个节点都可以表示为

$$P_i = \sum_{j\in i} P_{ij} = \sum_{j\in i} [-b_{ij}(\theta_i - \theta_j)] = B'_{ii}\theta_i + \sum_{\substack{j\in i \\ j\neq s}} B'_{ij}\theta_j \tag{6.5}$$

式中,B'_{ii} 和 B'_{ij} 分别是以 $\frac{1}{x_{ij}}$ 为支路导纳建立起来的节点导纳矩阵的自导纳和互导纳。

具体计算公式为

$$B'_{ij} = -\frac{1}{x_{ij}}, \quad B'_{ii} = -\sum_{j\in i} B'_{ij} = \sum_{j\in i} \frac{1}{x_{ij}} \tag{6.6}$$

式(6.5)的矩阵形式为

$$\boldsymbol{P} = \boldsymbol{B}'\boldsymbol{\theta} \tag{6.7}$$

由此可得到式(6.3)的矩阵形式为

$$\boldsymbol{P}_l = \boldsymbol{SP} = \boldsymbol{B}_l \boldsymbol{A} \boldsymbol{B}^{-1} \boldsymbol{P} \tag{6.8}$$

式中,$\boldsymbol{S}$ 矩阵的各元素是表示注入功率与支路潮流间关系的因子,也称为功率传输分布因子(PTDF);$\boldsymbol{B}_l$ 是由支路导纳组成的对角矩阵;$\boldsymbol{A}$ 为网络的支路-节点关联矩阵;$\boldsymbol{B}^{-1}$ 由节点导纳矩阵 $\boldsymbol{B}'$ 求得。

直流潮流的解算没有收敛性问题,而且对于高压电网,其计算误差通常在 10% 以内,

可以满足精度要求不甚高的场合使用。但这种方法不能计算电压幅值,限制了其应用范围。为方便讨论,本章后续将采用直流潮流模型进行输电网分析。

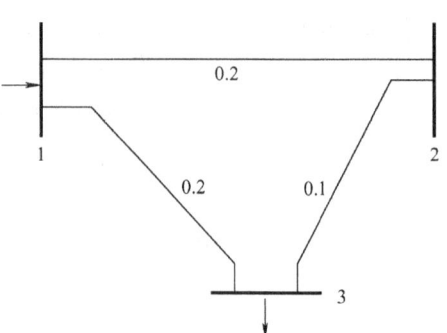

图 6.3 简单电力系统

【例 6.1】 某简单电力系统如图 6.3 所示,试求系统的功率传输分布因子。

解:由图 6.3 所示各线路的电抗标幺值可得,系统的节点导纳矩阵为

$$\boldsymbol{B} = \begin{pmatrix} 10 & -5 & -5 \\ -5 & 15 & -10 \\ -5 & -10 & 15 \end{pmatrix}$$

取节点 1 为平衡节点,则得

$$\boldsymbol{B}' = \begin{pmatrix} 15 & -10 \\ -10 & 15 \end{pmatrix}$$

其逆矩阵为

$$\boldsymbol{B}'^{-1} = \begin{pmatrix} 0.12 & 0.08 \\ 0.08 & 0.12 \end{pmatrix}$$

于是

$$\boldsymbol{B}^{-1} = \begin{pmatrix} 0 & 0 & 0 \\ 0 & 0.12 & 0.08 \\ 0 & 0.08 & 0.12 \end{pmatrix}$$

此系统的支路导纳矩阵和支路-节点关联矩阵分别为

$$\boldsymbol{B}_l = \begin{pmatrix} 5 & 0 & 0 \\ 0 & 5 & 0 \\ 0 & 0 & 10 \end{pmatrix} \begin{matrix} 1-2 \\ 1-3 \\ 2-3 \end{matrix}, \boldsymbol{A} = \begin{pmatrix} 1 & -1 & 0 \\ 1 & 0 & -1 \\ 0 & 1 & -1 \end{pmatrix} \begin{matrix} 1-2 \\ 1-3 \\ 2-3 \end{matrix}$$

节点 1　2　3

因此

$$\boldsymbol{S} = \boldsymbol{B}_l \boldsymbol{A} \boldsymbol{B}^{-1} = \begin{pmatrix} 0 & -0.6 & -0.4 \\ 0 & -0.4 & -0.6 \\ 0 & 0.4 & -0.4 \end{pmatrix}$$

可见,如果在该系统的节点 1 注入 100MW 的功率供给节点 3 的负荷,则在线路 1-3 中将形成的潮流为

$$P_{13} = [0 \times 100 + (-0.4) \times 0 + (-0.6) \times (-100)]\text{MW} = 60\text{MW}$$

2. 并行与逆向潮流问题

在电网中制约潮流的两个基本定律是基尔霍夫电流定律(KCL)和基尔霍夫电压定律(KVL)。一个简单网络如图 6.4 所示,在直流潮流模型下,有

$$F_A = \frac{X_B}{X_A + X_B} P, \quad F_B = \frac{X_A}{X_A + X_B} P \tag{6.9}$$

注入功率与支路潮流间的功率传输分布因子分别为 $\dfrac{X_B}{X_A + X_B}$ 和 $\dfrac{X_A}{X_A + X_B}$。已知该因子后，可根据元件的输电能力极限确定各节点最大允许的功率注入量。

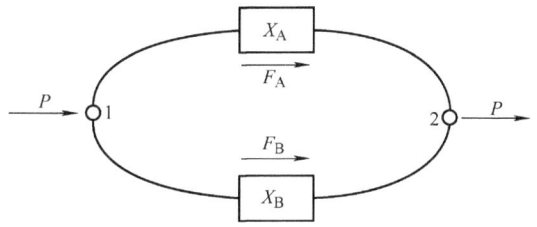

图 6.4 有功功率并行流

可见，在并行路径中传输功率是按照阻抗的反比分配的。如果物理输电权中约定的合同路径与此不一致，则仍不能起到保证交易顺利进行的作用。在两节点系统中没有回路，往往不能全面有效地反映 KVL 的影响机理，而在三节点系统中，将呈现更复杂的情况。

【**例 6.2**】 三节点简单系统如图 6.5 所示，表 6.1 给出了图 6.5 中各支路的相关参数。

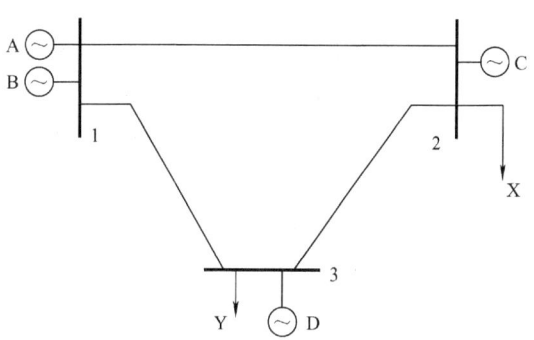

图 6.5 三节点简单系统

表 6.1 图 6.5 所示三节点系统的各支路参数

支路	电抗（p.u.）	输电容量/MW
1–2	0.1	250
1–3	0.2	280
2–3	0.2	100

假设该系统中有两个双边交易：
1）合同 1：机组 A 与负荷 Y 签订的 300MW 的双边交易合同。
2）合同 2：负荷 X 从机组 D 购买 200MW 的双边交易合同。
试校验电能交易在该系统中的可行性。

解：1）合同 1 与合同 2 单独执行的情况。在直流潮流下电网为线性系统，满足叠加定理。两笔交易可分别进行潮流计算，由式（6.9）可得各路径中输送的功率流，如图 6.6 所示，分别为

$$F^{\mathrm{I}} = [0.2/(0.2+0.3)] \times 300\mathrm{MW} = 120\mathrm{MW}$$
$$F^{\mathrm{II}} = [0.3/(0.2+0.3)] \times 300\mathrm{MW} = 180\mathrm{MW}$$
$$F^{\mathrm{III}} = [0.3/(0.2+0.3)] \times 200\mathrm{MW} = 120\mathrm{MW}$$
$$F^{\mathrm{IV}} = [0.2/(0.2+0.3)] \times 200\mathrm{MW} = 80\mathrm{MW}$$

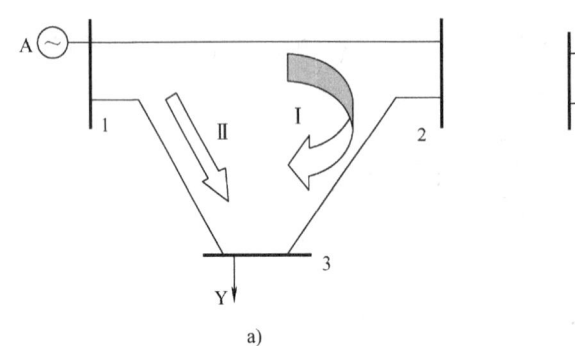
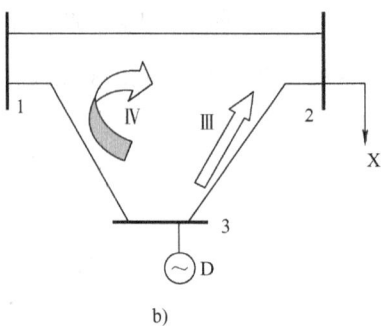

图 6.6 双边交易的功率流路径
a) 机组 A 与负荷 Y 之间的交易 b) 机组 D 与负荷 X 之间的交易

为保证交易能顺利进行,合同 1 的交易双方必须拥有线路 1-3 的 180MW 物理输电权和线路 1-2 及 2-3 的 120MW 物理输电权,而合同 2 的交易双方必须拥有线路 1-3 及 1-2 的 80MW 物理输电权和线路 2-3 的 120MW 物理输电权。很明显,按给定参数,此时网络中这两个交易如果分别单独执行,都是不能实现的,因为线路 2-3 的输电容量(最大物理输电权)为 100MW。并且线路 2-3 作为交易瓶颈,将限定可交易的最大功率。以合同 1 为例,B 与 Y 间可交易的最大功率限定为

$$P^{max} = (0.5/0.2) \times 100MW = 250MW$$

2) 合同 1 与合同 2 同时执行的情况。由叠加定理,可得此时各支路的总体潮流为

$$F_{12} = F^{I} + F^{IV} = (120 + 80)MW = 200MW$$
$$F_{13} = F^{II} - F^{IV} = (180 - 80)MW = 100MW$$
$$F_{23} = F^{I} - F^{III} = (120 - 120)MW = 0MW$$

可见,由于合同 2 的交易形成与合同 1 的交易逆向的潮流,线路 2-3 不再发生输电阻塞,从而增加了机组 B 与负荷 Y 之间的交易量,使两个交易能够同时实施。

例 6.2 的分析表明,与一般商品不同,在考虑网络约束的电力双边交易中,确定系统可用物理输电权的大小时,必须计及交易可能产生的逆向潮流的影响。在双边交易方式下,系统运行员校验系统是否安全时应该针对所有交易计划进行。若系统是不安全的,则必须通过一定的机制使市场参与者修正他们已签订的合同,即进行合同的削减,以保证系统运行的安全状态。从理论上来说,如果市场是完全竞争的,那么在双边交易过程中,一定存在一个经济上最优的均衡点,由此裁定市场参与者所能实现的电能交易量和对应的物理输电权。而实际上,电力市场是不完全竞争的,网络约束与双边交易的关系是复杂的,市场需要相互间交换的信息量是十分庞大的,以至于几乎不可能寻求到这一最优均衡点。

3. 物理输电权与市场力

作为一种权利,如果物理输电权同其他财产权一样对待的话,那么它们的拥有者就有使用或出售的自由,当然也可以持有而不使用。在完全竞争市场中,购买了物理输电权而不使用显然是不可能的,而在不完全竞争市场中,物理输电权能增加某些市场参与者实施市场力的机会和能力。

以例 6.1 中系统为例,如果机组 G3 是节点 B 处唯一的机组,它买断从 A 到 B 的所有物理输电权,同时既不使用也不出售,显然它就成为节点 B 处电力供给的垄断者。这种做法

人为减少了输电容量而加强了市场力，使 G3 在节点 B 处可任意实施自己的市场力，从而获取额外利润，对电能市场的良性发展和效率的提高是极其不利的。

为了避免上述问题的发生，有人建议在物理输电权交易中附加一个"或用或弃"的条款。在此条款的作用下，某参与者未使用而想保留的输电容量将会释放给希望马上用它的参与者。在理论上，这种方法可以防止市场参与者出于加强市场力的目的而囤积输电容量的现象。但是，实际上，实施这种条款是很困难的，因为未被使用的输电容量可能释放得不及时，以至其他市场参与者来不及调整他们的交易策略。

6.3 集中交易与节点电价

在集中交易或基于电力库的交易模式中，生产者和消费者向系统运行员提交他们买卖电能的报价，此时的系统运行员除了维护系统的安全稳定运行也起着市场运行员的作用。当然，为保证交易的公平公正，系统运行员必须独立于所有其他的市场参与者。在考虑由输电网引起的安全约束时，系统运行员应本着使市场实现最佳效率的原则选择合适的卖家和买家，并决策市场出清价格。因此，集中交易模式中的系统运行员比在双边交易模式下起着更为积极的作用，可以做到输电网的有效利用，有利于真正实现最好的经济效率。

6.3.1 集中交易中输电网的作用

现实中，电力系统的电源与负荷的分布往往是不平衡的，一些地区因为电源充足、负荷较少，因而电价偏低；反之，另一些地区就会因负荷需求量过重而电价偏高。在两地区的电力市场各自独立运行的情况下，每个市场中的电价由本地的电能生产边际成本决定，两地间会有较大的电价差。当两地间由输电线路连成统一市场时，在市场经济规律作用下，电能就会由电价低的地区流向电价高的地区，直至两地间的价差消失为止。但是，如果线路的输电容量不足，这种经济功率交换就会受阻，并最终停止于由线路输电容量决定的某一价差水平上。

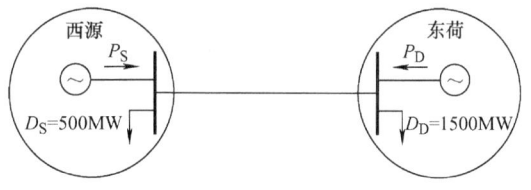

图 6.7 两地区互联模型

【**例 6.3**】 如图 6.7 所示，假设系统有西源（以 S 代表）和东荷（以 D 代表）两个地区，两地都有已经成熟的集中交易电力市场，市场总的供给函数(元/MW·h)分别为

西源地区的供给函数： $\pi_S = MC_S = 80 + 0.04 P_S$ （6.10）
东荷地区的供给函数： $\pi_D = MC_D = 100 + 0.08 P_D$ （6.11）

假设两地的电力需求为常数，分别为 500MW 和 1500MW，并且电力需求的价格弹性为零。试分析如下几种输电容量下两地的电能交易情况：

1) 两地间没有互联的输电线路；
2) 两地间有互联线路，输电容量为 1600MW；
3) 两地间有互联线路，输电容量为 500MW。

解：1) 两地间没有互联输电线路时。在没有互联线路的情况下，两地电力市场各自独立运行，电价分别由当地的供需平衡确定，如图 6.8 所示，即

$$\pi_S = MC_S = 80 \text{元/MW·h} + 0.04 \times 500 \text{元/MW·h} = 100 \text{元/MW·h}$$
$$\pi_D = MC_D = 100 \text{元/MW·h} + 0.08 \times 1500 \text{元/MW·h} = 220 \text{元/MW·h}$$

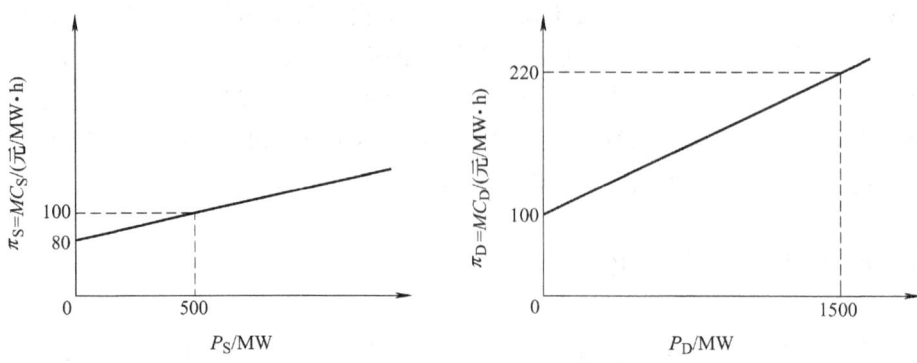

图 6.8 西源与东荷的电能供需平衡

2）两地间输电容量为 1600MW 时。此时，即使东荷的所有机组都停止发电，其所有负荷也可由西源经互联线路提供，所以系统无输电制约。此情况下，两节点系统简化为单母线系统，两个地区的电能交易应形成同一个市场出清价格

$$\pi = \pi_D = \pi_S \tag{6.12}$$

同时，两地供电总量应为两地负荷需求之和，即

$$P_D + P_S = D_D + D_S = 1500\text{MW} + 500\text{MW} = 2000\text{MW} \tag{6.13}$$

联立式（6.10）~式（6.13），可得

$$\pi = \pi_D = \pi_S = 140 \text{元/MW·h}$$
$$P_S = 1500\text{MW},\ P_D = 500\text{MW}$$

因此，互联线路上的潮流为

$$P_{SD} = P_S - D_S = D_D - P_D = 1000\text{MW}$$

显然，因为没有互联线时西源地区的电价低于东荷地区，所以潮流将由西源流向东荷地区。

图 6.9 所示是两地区联合市场供需平衡及交换功率的情况。图中，西源和东荷机组的发电量分别从左至右和从右至左画出，两纵轴之间距离代表了两系统中的总负荷，横轴上任意一点都是两地机组之间负荷分配的可行点。图中也标出了两地电力市场的供给曲线，两地的价格分别由左边和右边的纵轴表示。当两地电力市场联合运行时，两子系统的电价必是相同的。由图可知，两供给曲线的交点便是联合电力市场的均衡运行点，同时图上也表明了每个地区的发电量和线路上的潮流。

3）两地间输电容量为 500MW 时。此时，由于输电容量的限制，西源的发电量必须减少至 1000MW（其中，500MW 供给当地负荷，500MW 卖给东荷地区的用户）。根据式（6.10）和式（6.11），得

$$\pi_S = MC_S = 80 \text{元/MW·h} + 0.04 \times 1000 \text{元/MW·h} = 120 \text{元/MW·h}$$
$$\pi_D = MC_D = 100 \text{元/MW·h} + 0.08 \times 1000 \text{元/MW·h} = 180 \text{元/MW·h}$$

图 6.10 表示了两地区间发生阻塞的情况，输电容量的约束使得两地的电价产生了 60 元/MW·h 的差价。

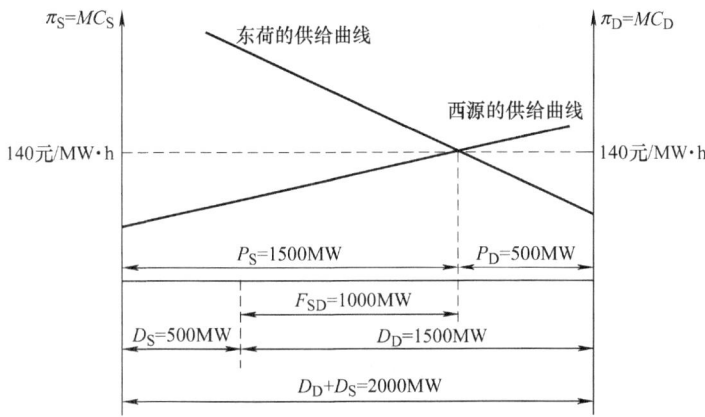

图 6.9 两地区联合市场的供需平衡及交换功率的情况

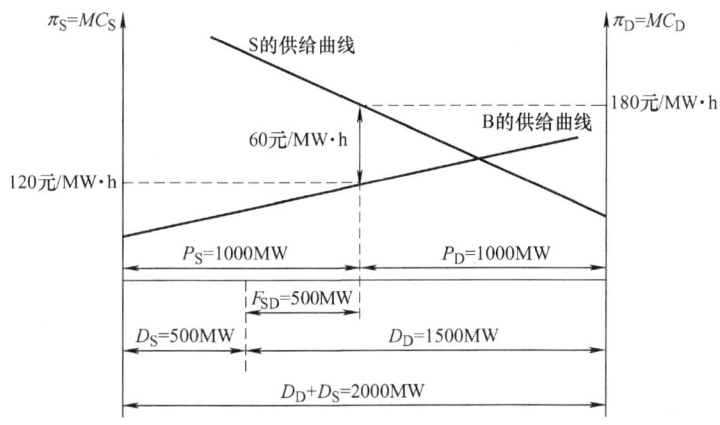

图 6.10 两地区间发生阻塞的情况

表 6.2 总结了例 6.3 的结果。表中 R 表示发电商出售电能获得的收益；E 表示用户用电需支付的款额；F_{SD} 表示互联支路上流动的功率，正值表示功率由西源流向东荷。表 6.2 表明，电力系统互联之后的最大受益者是西源的发电商和东荷的用户。西源的电价将会上升，东荷的发电商将会损失相当一部分的市场份额。总体来看，系统互联降低了用户用电的总金额，其影响是积极的。很明显，电费的节省是由于高效的机组代替了低效机组。然而，互联线上阻塞的出现又降低了整体的效益，而这种阻塞某种程度上在竞争中保护了东荷地区的发电商。

表 6.2 互联系统三种运行状态下的交易情况

	分离市场	统一市场	有阻塞的统一市场
P_S/MW	500	1500	1000
π_S/(元/MW·h)	100	140	120
R_S/(元/h)	50000	210000	120000
E_S/(元/h)	50000	70000	60000
P_D/MW	1500	500	1000
π_D/(元/MW·h)	220	140	180

(续)

	分离市场	统一市场	有阻塞的统一市场
R_D/(元/h)	330000	70000	180000
E_D/(元/h)	330000	210000	270000
F_{DS}/MW	0	1000	500
$R_{total} = R_D + R_S$	380000	280000	300000
$E_{total} = E_D + E_S$	380000	280000	330000

另外，需要指出，上述讨论是在市场是完全竞争的假设下进行的。如果市场不完全竞争的话，互联线路阻塞将使东荷地区的发电商获得抬高电价至高于其边际成本的机会。

总之，在市场经济下，商品在两地间的价格不同就会令交易者获得一个利用该差价的商机。如果电能是一种普通商品的话，在能找到从电价低的地区向电价高的地区输送更多电能的途径时，交易者就可以利用买卖中的差价获取更多利润。遗憾的是，由于两地之间的互联线路是输送电功率的唯一通路，当它满负荷后，获取更大利润的机会就不可能实现了。

可见，只要互联线路的输电容量低于自由交易所需的容量，两地区间的差价就一定存在。由于维持系统安全而产生的约束使得输电网产生阻塞，这种阻塞将统一的市场又分割为各自独立的市场，每个地区负荷的增加将必须由当地机组单独来承担，因此各地的发电边际成本是不同的，由边际成本确定的实时电价也就因发电、用电地点的不同而不同。由于系统中每个节点的电价都可能不同，因此考虑输电网后的实时价格又称为节点价格。另外，输电损耗也会造成不同节点的电价不一样。节点电价表明，电能的价格取决于功率注入或流出的节点，对于接于同一节点的所有参与者，不论是生产者还是消费者，他们的出清价格是一致的。例6.3显示，通常情况下买进功率的地区的节点电价较高。

6.3.2 节点电价的数学模型

在集中交易中考虑输电约束，系统运行员就要在确保系统安全的前提下组织电能交易，因此是一个有安全约束的经济调度问题。在不考虑机组起停的情况下（认为系统中所有机组都已开机），这也是最优潮流问题。系统运行员应根据生产者和消费者的报价，在满足第5章中讨论的安全性要求的前提下使得系统产生的经济效益最大化，并优化决策可以接受的卖价和买价，以设定市场出清价格。该模型是一个有约束的最优化潮流问题。

为方便起见，将电源和负荷统一考虑成每个节点的净功率注入量。若同一个节点上既有发电机组，又有负荷，则发电超过负荷需求时，该节点的净注入功率为正值；反之，则为负值。以 I_k 表示节点 k 的注入功率，有

$$I_k = P_k - P_{D,k} \tag{6.14}$$

由式（6.14）可知，输电网通过注入功率为正和注入功率为负的节点间的交易获得效益最大化，其整体效益就是所有节点效益的总和。假设需求对价格不敏感，每个节点的负荷是确定的，消费者的收益是常数，因而在最优问题中不起作用，那么，电网的总效益最大就可以表示为总的发电成本最小，即

$$\min_{I_k} \sum_{k=1}^{n} C_k(I_k) \tag{6.15}$$

当忽略电网损耗时，系统的净注入功率必为零，即

$$\sum_{k=1}^{n} I_k = 0 \tag{6.16}$$

更一般的表达，是电网所有节点的净注入功率之和必须等于电网支路的功率总损耗，即

$$\sum_{k=1}^{n} I_k = LS(I_1, I_2, I_3, \cdots, I_{n-1}) \tag{6.17}$$

因为电网中任一节点的功率总等于其他所有节点功率之和的负数，因此可为电网设定一个平衡节点（Slack Bus），一旦给定其他节点的注入功率，通过调节平衡节点的注入功率就可以满足式（6.16）或式（6.17）。平衡节点是纯粹的数学概念，其选择是任意的，在本章后续讨论中，选定节点 n 为平衡节点。因此，电网支路的功率总损耗表达式 $LS(I_1, I_2, I_3, \cdots, I_{n-1})$ 中不包含 I_n，支路潮流的表达式 $F_l(I_1, I_2, \cdots, I_{n-1})$ 中也不包括平衡节点的净注入功率，以避免越限问题。

输电网的架空线路和电缆的热容量限制了它们能够传输的电量。在面对故障和停运时，保持电力系统的稳定也对某条输电线路或某些输电线路的传输功率施加了约束，约束形式可表示如下：

$$F_l(I_1, I_2, \cdots, I_{n-1}) \leq \overline{F}_l \quad l = 1, 2, \cdots, m \tag{6.18}$$

式中，F_l 表示支路 l 的潮流；$\overline{F}_l$ 表示支路 l 允许的最大潮流；m 为支路总数。

令 π、μ 为约束式（6.17）和式（6.18）相对应的拉格朗日乘子，则式（6.15）的拉格朗日函数可表示为

$$L = \sum_{k=1}^{n} C_k(I_k) + \pi \left[LS(I_1, I_2, I_3, \cdots, I_{n-1}) - \sum_{k=1}^{n} I_k \right] + \sum_{l=1}^{m} \mu_l \left[\overline{F}_l - F_l(I_1, I_2, \cdots, I_{n-1}) \right] \tag{6.19}$$

应用库恩 – 图克条件，得最优条件为

$$\frac{\partial L}{\partial I_k} = \frac{dC_k}{dI_k} + \pi \left(\frac{\partial LS}{\partial I_k} - 1 \right) - \sum_{l=1}^{m} \mu_l \frac{\partial F_l}{\partial I_k} = 0 \tag{6.20}$$

$$\frac{\partial L}{\partial I_n} = \frac{dC_n}{dI_n} - \pi = 0 \tag{6.21}$$

$$\frac{\partial L}{\partial \pi} = LS(I_1, I_2, \cdots, I_{n-1}) - \sum_{k=1}^{n} I_k = 0 \tag{6.22}$$

$$\frac{\partial L}{\partial \mu_l} = \overline{F}_l - F_l(I_1, I_2, \cdots, I_{n-1}) = 0 \quad l = 1, 2, \cdots, m \tag{6.23}$$

$$\mu_l \left[\overline{F}_l - F_l(I_1, I_2, \cdots, I_{n-1}) \right] = 0 \quad l = 1, 2, \cdots, m \tag{6.24}$$

这样，拉格朗日乘子 π 就代表了平衡节点的注入功率的边际成本或边际收益［见式（6.21）］。在竞争市场中，这就是在平衡节点的节点价格，其他节点的节点价格与平衡节点的节点价格的联系可由式（6.20）导出。假设仅第 i 支路输电容量产生制约，此时 μ_i 将大于 0，而其他所有 μ_l 均为 0。于是

$$\frac{dC_k}{dI_k} = \pi \left(1 - \frac{\partial LS}{\partial I_k} \right) + \mu_i \frac{\partial F_i}{\partial I_k} \tag{6.25}$$

可见，除平衡节点外，每一节点的价格受两方面因素影响：一是与该节点的网损灵敏度

$\partial LS/\partial I_k$ 有关,如果节点 k 的净注入功率增大使网损增大,则该节点价格比平衡节点的节点价格要小,发电商在该节点注入功率,会因为使损耗增大而减少收益,而消费者在该节点增加负荷会减少损耗,因而可以支付一个更低的价格,以实施鼓励它们的作用;二是受支路潮流约束的影响,这一影响取决于约束的影子成本(即乘子 μ_i)和第 i 支路潮流对各节点净注入功率的灵敏度(即 $\partial F_i/\partial I_k$)。显然,如果忽略输电容量约束和网络损耗,则所有节点的节点价格都相等。

【例 6.4】 设例 6.2 系统为完全竞争市场,简单起见,设各发电机组成本函数为线性的,即边际成本为常数,具体参数见表 6.3。需求用恒功率负荷来描述,节点 2、3 的负荷分别为 $X=200\mathrm{MW}$、$Y=300\mathrm{MW}$。试分析该系统的电能交易情况与节点电价。

表 6.3 图 6.12 中三节点系统的机组数据

发电机组	发电容量/MW	边际成本/(元/MW·h)
A	400	150
B	150	180
C	150	900
D	90	300

解: 在集中交易中,生产者向系统运行员提交报价,然后系统运行员进行优化调度,求解相应的最优潮流问题。当 $C_k(I_k)$ 采用线性表达式时,即为线性规划问题,可应用各种成熟的线性规划算法,如单纯形法、对偶单纯形法等,或利用相关优化软件,如 MATLAB 的优化工具箱进行求解。因本例题数据简单,从详细讨论的角度出发,故采用手工方法求解。

1) 忽略网络约束的经济调度。首先忽略网络约束,则 500MW 的总负荷将仅基于机组边际成本或其出价在各机组间分配,以使总发电成本最小。将各机组按边际成本递增顺序排列,依次满负荷运行直到满足用户需求,得

$$P_A = 400\mathrm{MW}, P_B = 100\mathrm{MW}, P_C = 0\mathrm{MW}, P_D = 0\mathrm{MW}$$

机组 B 为系统的边际发电机组,其边际成本 180 元/MW·h 即为系统的实时电价。此时,系统经济调度总成本为

$$C_{ED} = MC_A P_A + MC_B P_B = 78000 \text{ 元}/h$$

这个交易结果在电网中是否可行需要检验。为此,应用 6.2.3 小节 1. 的方法可以求得直流潮流结果,从而判断是否有线路潮流越限。手工计算中,仍采用叠加原理,可将原问题分解为两个简单问题,如图 6.11 所示。通过确定两个简单问题的潮流分布,就可写出原问题的解。

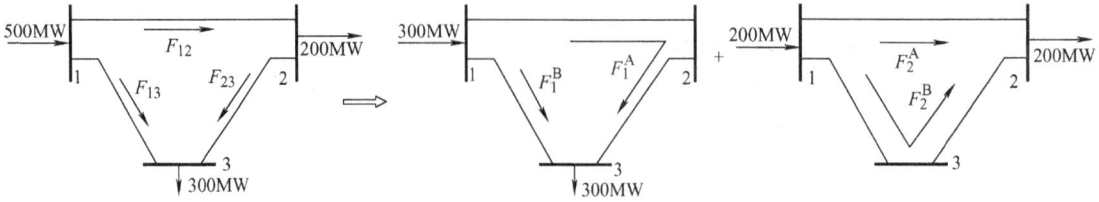

图 6.11 应用叠加定理的系统支路潮流计算

各支路潮流分量分别为

$$F_1^A = \frac{0.2}{0.3 + 0.2} \times 300\text{MW} = 120\text{MW}$$

$$F_1^B = \frac{0.3}{0.3 + 0.2} \times 300\text{MW} = 180\text{MW}$$

$$F_2^A = \frac{0.4}{0.1 + 0.4} \times 200\text{MW} = 160\text{MW}$$

$$F_2^B = \frac{0.1}{0.1 + 0.4} \times 200\text{MW} = 40\text{MW}$$

所以，原系统的支路潮流为

$$F_{12} = F_1^A + F_2^A = 120\text{MW} + 160\text{MW} = 280\text{MW}$$

$$F_{13} = F_1^B + F_2^B = 180\text{MW} + 40\text{MW} = 220\text{MW}$$

$$F_{23} = F_1^A - F_2^B = 120\text{MW} - 40\text{MW} = 80\text{MW}$$

支路潮流分布如图 6.12 所示。从图中可以看出，支路 1 – 2 超过其容量 30MW，该交易结果显然是不可行的。

2) 考虑电网约束的安全经济调度。因为上述经济调度所得结果不能满足安全约束，所以交易方案需进行调整，应找到使支路潮流不越限的最小成本改变量。注意到经济调度的发电量均集中在节点 1，为了减少支路 1 – 2 上的功率，可以增加节点 2 或节点 3 处的发电量。以节点 2 处增加发电

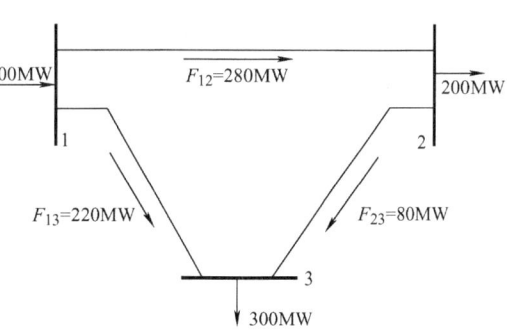

图 6.12 三节点系统中的支路潮流分布

量为例，由于忽略损耗，意味着在节点 2 增加多少发电量必须在节点 1 减少同样的发电量，如图 6.13 所示。因为增量潮流 ΔF^A 与 F_{12} 方向相反，所以增加节点 2 处的发电量并减少节点 1 处发电量，可以减少支路 1 – 2 上的过负荷。鉴于通路 A 和 B 的电抗标幺值分别为

$$x^A = x_{12} = 0.1, \quad x^B = x_{13} + x_{23} = 0.4$$

于是，增减 1MW 发电量时，支路潮流的变化量为

$$\Delta F^A = 0.8\text{MW}, \quad \Delta F^B = 0.2\text{MW}$$

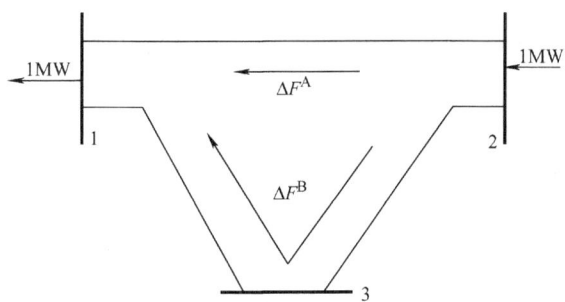

图 6.13 节点 2 微增发电变化的影响

每调整 1MW 发电量，支路 1 – 2 上就可以减少 0.8MW 功率。该支路共越限 30MW，故 30/0.8MW = 37.5MW，即必须从节点 1 向节点 2 转移 37.5MW 发电量才能满足该支路的容

量约束。再调度后的支路潮流分布如图 6.14 所示。虽然再调度使支路 1-3 的功率减小，但却使支路 2-3 的功率增大，然而这种增大是可以接受的，因为它不会造成线路输电能力越限。于是，满足网络约束的一种调度结果为

$$P_A = 400\text{MW}, P_B = 62.5\text{MW}, P_C = 37.5\text{MW}, P_D = 0\text{MW}$$

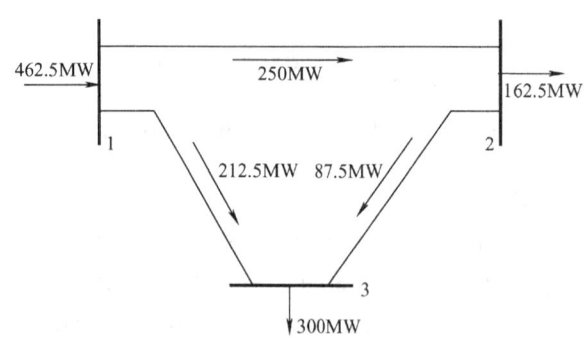

图 6.14 在节点 1 和节点 2 处增减发电量的支路潮流分布

可见，机组 B 的出力减小了而 A 的未变，这是由于 B 的边际成本高的缘故，该调度的总成本为

$$C_2 = MC_A P_A + MC_B P_B + MC_C P_C = 105000 \text{元/h}$$

这个成本要比 1) 中算得的经济调度的成本高，两者的差值表示了为达到安全状态而进行再调度付出的代价。

应用上述同样的步骤，可计算通过增加节点 3 处机组 D 的出力来减轻支路 1-2 过负荷的再调度结果及成本。这种情况下各机组的出力为

$$P_A = 400\text{MW}, P_B = 25\text{MW}, P_C = 0\text{MW}, P_D = 75\text{MW}$$

此时的调度总成本为

$$C_3 = MC_A P_A + MC_B P_B + MC_D P_D = 87000 \text{元/h}$$

如果利用节点 3 处的机组，则再调度发电量为 75MW，而节点 2 处机组的再调度发电量为 37.5MW，可见，支路 1-2 的潮流对于节点 3 处机组出力的敏感度低于节点 2 处的出力。然而，由于机组 D 的边际成本低于机组 C，所以增加节点 3 处的发电量是经济性更优的解。由此，该系统的安全经济调度结果应确定为

$$P_A = 400\text{MW}, P_B = 25\text{MW}, P_C = 0\text{MW}, P_D = 75\text{MW}$$

而维持系统安全的代价等于安全经济调度成本 C_3 与经济调度成本 C_{ED} 之间的差值，即

$$C_S = C_3 - C_{ED} = 87000 \text{元} - 78000 \text{元} = 9000 \text{元/h}$$

3) 节点电价计算。如前所述，节点电价等于在该节点增加单位功率负荷时供电成本的增加量。以考虑线路约束的安全经济调度结果作为基本状态，若节点 1 处增加单位（MW）负荷，显然应该由机组 B 向其供电，因为机组 B 的边际成本比机组 C 和机组 D 的都低，而机组 A 虽然边际成本低，但已经不能承担额外功率了。故节点 1 处的节点电价为

$$\pi_1 = MC_B = 180 \text{元/MW·h}$$

考虑在节点 3 处增加单位负荷，可以看到虽然机组 B 边际成本最低且没有满负荷，但遗憾的是，增加节点 1 处的发电量必然会使支路 1-2 过负荷。那么下一个最便宜的选择就是增大机组 D 的出力。由于该机组接在节点 3 处，因此增加的功率不会流经网络，由此得

$$\pi_3 = MC_D = 300 \, 元/MW \cdot h$$

另外，向节点 2 处的增加功率供电比较复杂。虽然机组 C 就在节点 2，但它的边际成本明显高于其他机组，而选择其他节点处机组供电，就必须考虑网络的影响，而且由于单独从节点 1 或节点 3 向节点 2 处增加单位功率供电都会使支路 1-2 功率增大，因此可以采取在节点 3 处增加出力而在节点 1 处减少出力的方法。设备节点的功率调整量为 $\Delta P_i (i = 1, 2, 3)$，由功率平衡可知

$$\Delta P_1 + \Delta P_3 = \Delta P_2 = 1 \text{MW}$$

根据功率传输分布因子，可得

$$0.8 \Delta P_1 + 0.4 \Delta P_3 = \Delta F_{12} = 0 \text{MW}$$

解上述两方程得

$$\Delta P_1 = -1 \text{MW}, \quad \Delta P_3 = 2 \text{MW}$$

以最小成本向节点 2 处单位负荷增量供电的方式，是使机组 D 增发 2MW 功率，同时将机组 B 的出力减少 1MW，因此，节点 2 处的节点电价为

$$\pi_2 = MC_B \frac{\Delta P_1}{1W} + MC_D \frac{\Delta P_3}{1W} = 420 \, 元/W \cdot h$$

4) 最优潮流求解。实际上，上述安全经济调度与节点电价的计算可表示成如下的最优潮流问题：

$$\min \{150 P_A + 180 P_B + 900 P_C + 300 P_D\} \tag{6.26}$$

s.t.
$$P_A + P_B - F_{12} - F_{13} = 0 \tag{6.27}$$

$$F_{12} - F_{23} + P_C = 200 \text{MW} \tag{6.28}$$

$$P_D + F_{13} + F_{23} = 300 \text{MW} \tag{6.29}$$

$$0.1 F_{12} + 0.2 F_{23} - 0.2 F_{13} = 0 \tag{6.30}$$

$$0 \leq P_A \leq 400 \text{MW}, \, 0 \leq P_B \leq 150 \text{MW}, \, 0 \leq P_C \leq 150 \text{MW}, \, 0 \leq P_D \leq 90 \text{MW} \tag{6.31}$$

$$-250 \text{MW} \leq F_{12} \leq 250 \text{MW}, \, -280 \text{MW} \leq F_{13} \leq 280 \text{MW}, \, -100 \text{MW} \leq F_{23} \leq 100 \text{MW}$$
$$\tag{6.32}$$

运用相关软件求解，可得

$$P_A = 400 \text{MW}, \, P_B = 25 \text{MW}, \, P_C = 0, \, P_D = 75 \text{MW}$$

$$F_{12} = 250 \text{MW}, \, F_{13} = 175 \text{MW}, \, F_{23} = 50 \text{MW}$$

同时，由式 (6.27) ~ 式 (6.29) 的拉格朗日乘子，可得各节点电价为

$$\pi_1 = 180 \, 元/MW \cdot h, \, \pi_2 = 420 \, 元/MW \cdot h, \, \pi_3 = 300 \, 元/MW \cdot h$$

这也印证了前述手工计算的结果。

例 6.4 的结论可以推广到更复杂的网络中去。因此，关于节点电价可总结如下：

1) 在一个没有输电约束的系统中，如果将所有机组视为恒边际成本模型，那么除一台机组之外的所有机组要么满负荷发电，要么不发电。这台部分带负荷的特例机组就是边际机组，它的出力刚好使总发电与总负荷相等。假设负荷增加的话，必将由它供电，所以它的边际成本决定了整个系统的电价。

2) 当输电限值约束了经济调度时，会有多台机组的出力将介于上、下限之间而成为边际机组。通常，系统中如果存在 m 个输电约束，那么就有 $m+1$ 个边际机组。每一台边际机组都决定着它所在节点的边际价格（如例 6.4 中节点 1 的机组 B 与节点 3 的机组 D）。其余

节点的边际价格是由所有边际机组的价格组合所决定的（如例6.4中节点2的电价），这种组合又取决于约束网络中KVL的应用。

在一个实际的电力系统中，网络的规模和复杂性使节点电价不能像例6.4一样用简单方法来计算，由于网络中回路很多，KVL的应用也会使潮流和价格的确定不再那么直观明显。

6.3.3 阻塞剩余

实行节点电价的系统，无论是发电还是用电，都是按所在节点的电价计算应收或应付的费用。当输电网没有约束，各处的电价一样时，系统总的用户付费与发电商收入一定是平衡的。而当发生输电阻塞时，节点电价不再相同，由于机组的发电并不是只供给所在节点的负荷，负荷也不是只从本节点的发电机组获取电能，因此系统总的用户付费与总的发电商收入就可能会出现不平衡。显然，这种不平衡与输电网的功率传输有关。为此，以例6.3的两节点系统为例，深入地分析此问题。

首先，将两地电价表示成互联线路传输功率的函数

$$\pi_S = MC_S = 80 + 0.04(D_S + F_{SD}) \tag{6.33}$$
$$\pi_D = MC_D = 100 + 0.08(D_D - F_{SD}) \tag{6.34}$$

然后，根据节点电价计算系统总的用户付费 E_{total} 与发电商收入 R_{total}，即

$$E_{total} = \pi_D D_D + \pi_S D_S \tag{6.35}$$
$$R_{total} = \pi_D P_D + \pi_S P_S = \pi_D (D_D - F_{SD}) + \pi_S (D_S + F_{SD}) \tag{6.36}$$

联立式（6.33）~式（6.35），可得到用户付费与 F_{SD} 的关系函数，同理，联立式（6.33）、式（6.34）及式（6.36），可得到发电商收入与 F_{SD} 的关系函数，如图6.15中的实线与虚线所示。由图可见，用户付费随两地交换功率的增加而单调减少，输送功率不会超过 $F_{SD}=1000\mathrm{MW}$，否则将失去经济意义；除了在互联线没有阻塞（$F_{SD}=1000\mathrm{MW}$）或没有互联线时（$F_{SD}=0\mathrm{MW}$），发电商收入与用户付费相同，其他各点处的发电商收入均小于用户付费。用户付费同发电商收入之间的差额是由于输电阻塞造成各节点电价不同而形成的，称为阻塞剩余，可表示为

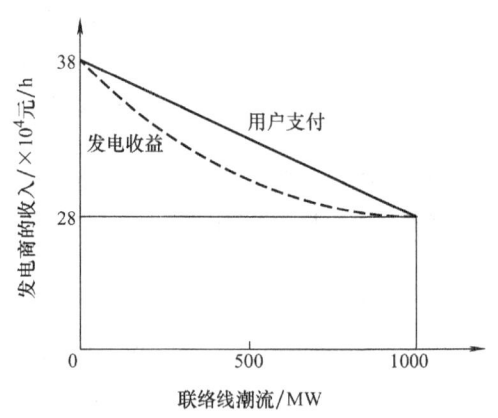

图6.15 联络线潮流变化与用户支付和发电商收入间的关系

$$\begin{aligned}E_{total} - R_{total} &= (\pi_D D_D + \pi_S D_S) - (\pi_D P_D + \pi_S P_S) \\ &= \pi_D(D_D - P_D) + \pi_S(D_S - P_S) = (\pi_D - \pi_S)F_{SD}\end{aligned} \tag{6.37}$$

可见，阻塞剩余等于两个节点间的电价差与输送功率的乘积。在存在节点电价差及功率传输的情况下，组织集中交易的系统运行员手中将会余下这部分剩余。但这部分剩余不应属于独立于市场交易的系统运行员，应如何处理，将在6.3.5小节继续讨论。

对例6.4中的三节点系统，同样可以计算其阻塞剩余。表6.4列出了每个节点处的发电功率、负荷、节点价格以及以节点电价结算的用户付费和发电商收入，所有数据是在恒负荷条件下运行1h的计算值。

表 6.4 三节点系统经济运行总结

	节点 1	节点 2	节点 3	总计
负荷/MW	0	200	300	500
发电功率/MW	425	0	75	500
节点电价/(元/MW·h)	180	420	300	
用户付费/(元/h)	0	84000	90000	174000
发电商收入/(元/h)	76500	0	22500	99000
阻塞剩余/(元/h)				75000

6.3.4 节点电价的深入讨论

节点电价是体现了输电网对电能交易影响的定价机制，因为物理规律（KVL）的作用要优先于市场经济规律，因此节点电价会表现出一些不同于一般商品价格的特殊现象。

1. 潮流方向问题

商品的价格有地域差异在市场中是常见的现象，理智的商人是不会从价格高的地方贩卖商品到价格低的地方的。然而，在输电网中，这种交易却会发生。在最优调度结果下，例 6.4 三节点系统的潮流分布和节点电价如图 6.16 所示。支路 1-2 和支路 1-3 上的潮流是从低价节点流向高价节点的，而支路 2-3 上的潮流则是从高价节点 2 流向低价节点 3 的。

对支路 2-3 计算其阻塞剩余

$$F_{23}(\pi_3 - \pi_2) = 50 \times (300 - 420) \text{元/h} = -6000 \text{元/h}$$

可见，因为支路 2-3 中的潮流 F_{23} 是从电价高的节点流向低价节点，因此阻塞剩余为负。当然，所有线路上的阻塞剩余之和等于表 6.4 中基于节点计算的值。

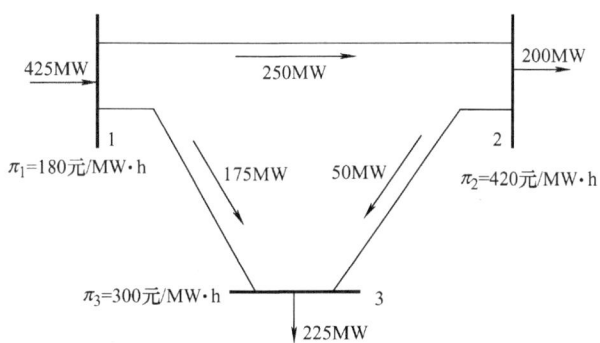

图 6.16 例 6.4 三节点系统的潮流分布和节点电价

2. 节点电价与线路输电容量的关系

在三节点例子中，支路 1-2 的输电容量为 250MW，限制了机组的经济调度，导致各节点电价不同。为研究支路 1-2 的输电容量如何影响节点电价，在表 6.5 中，对支路 1-2 的输电容量设置了一系列取值，并对每一限值进行安全经济调度，计算节点电价，同时计算用户付费、发电商收入、发电成本、发电商利润和阻塞剩余等。由表 6.5 可看出：

1) 当支路 1-2 的输电容量低于 124MW 时，不存在任何一种调度符合约束条件。即节点1处机组A和机组B的发电由于受限于输电容量无法送出，因此节点2和节点3的负荷不可能得到完全满足。

2）当支路1－2的输电容量介于124MW和236MW之间时，机组B不发电，机组A和机组C部分带负荷，机组D满负荷。因此，节点1和节点2处的电价分别为150元/MW·h和900元/MW·h，节点3处的电价经电价组合计算，为525元/MW·h。节点3的电价介于节点1和节点2的值之间，但必然高于300元/MW·h，因为机组D已经满负荷。

3）增加支路1－2的输电容量到240MW，机组A达其最大出力，机组B成为边际机组，将节点1处的节点电价提高到180元/MW·h，同时决定了节点3处电价为540元/MW·h。

4）当支路1－2的输电容量继续提高到超过245MW，机组C将不再发电。节点2处的电价变为节点1和节点3处电价的组合，由例6.4中可知，为300元/MW·h。

5）当支路1－2的输电容量为280MW（表中最后一行）或更多时，输电网对电能交易就不再有影响，此时机组B是系统唯一的边际机组，并决定了全网一致的节点电价，此时网络不会产生剩余。

总之，当支路1－2的输电容量逐渐增大时，节点电价表现出先升高后降低的变化规律。例如输电容量由236MW提高到240MW时，节点3的电价反而由525元/MW·h上升到540元/MW·h。因为此时便宜的机组（A和B）承担了较大的出力，而成本高的机组（C）出力减少，总体来看发电成本降低了，但用户付费、发电商利润和阻塞剩余均在增加，表明此时提高输电容量的措施是将用户利益转给了发电商。当支路1－2的输电容量提高到超过245MW时，最贵的机组C将不再发电，机组D成为边际机组，节点价格、发电商利润、用户付费和阻塞剩余等才会随之减少，直到输电容量达到280MW时系统进入无阻塞状态。

表6.5　支路1－2的输电容量对三节点系统运行的影响

线路1－2输电容量/MW	P_A/MW	P_B/MW	P_C/MW	P_D/MW	π_1/(元/MW·h)	π_2/(元/MW·h)	π_3/(元/MW·h)	发电成本/(元/h)	发电商收入/(元/h)	用户付费/(元/h)	阻塞剩余/(元/h)
124	260	0	150	90	150	900	525	201000	221250	337500	116250
150	292.5	0	118	90	150	900	525	176625	196875	337500	140625
200	355	0	55	90	150	900	525	129750	150000	337500	187500
220	380	0	30	90	150	900	525	111000	131250	337500	206250
236	400	0	10	90	180	900	525	96000	128250	337500	209250
240	400	5	5	90	180	900	540	92400	126000	342000	216000
250	400	25	0	75	180	420	300	87000	99000	174000	75000
270	400	75	0	25	180	420	300	81000	93000	174000	81000
280	400	100	0	0	180	180	180	78000	90000	90000	0

3. 异常的节点电价

节点电价反映节点的边际供电成本。在前述讨论中，已知没有边际机组的节点，其节点电价由其他边际机组的边际供电成本组合确定，可以比任一边际机组的边际成本都高（见

表 6.5 中线路 1-2 的输电容量为 250MW 时），也可以介于其他边际机组的边际成本之间（见表 6.5 中线路 1-2 的输电容量不大于 240MW 时）。那么，还会有其他情况吗？

【例 6.5】 对例 6.4 中系统的线路输电容量进行调整，见表 6.6，即将线路 2-3 的容量降为 45MW。其他条件保持不变。求系统的最优安全经济调度与节点电价。

表 6.6 调整后三节点系统支路的参数

支路	电抗（p.u.）	输电容量/MW
1-2	0.1	250
1-3	0.2	280
2-3	0.2	45

解：依照所给条件进行手工计算或最优潮流求解，可得调度结果为

$$P_A = 400\text{MW}, P_B = 12.5\text{MW}, P_C = 0\text{MW}, P_D = 87.5\text{MW}$$

相应的潮流分布为

$$F_{12} = 245\text{MW}, F_{13} = 167.5\text{MW}, F_{23} = 45\text{MW}$$

可见，支路 2-3 是唯一受限的支路，边际机组是机组 B 和 D，机组 A 满载，机组 C 空载。因此，机组 B 和机组 D 决定了节点 1 和节点 3 的电价，有

$$\pi_1 = 180 \text{ 元/MW·h}, \pi_3 = 300 \text{ 元/MW·h}$$

节点 2 处没有边际机组，其节点电价必须通过计算该节点处单位负荷增加的供电成本确定。所以有

$$\Delta P_1 + \Delta P_3 = 1 \tag{6.38}$$

各节点发电量的微增量必须保持支路 2-3 上的潮流不越限，由两条通路的相对电抗，得

$$-0.2\Delta P_1 - 0.6\Delta P_3 = 0 \tag{6.39}$$

负号表示增大节点 1 和节点 3 处机组出力都会减少支路 2-3 潮流。联立求解式 (6.38) 和式 (6.39)，得

$$\Delta P_1 = 1.5\text{MW}, \Delta P_3 = -0.5\text{MW}$$

因此，节点 2 处增大单位负荷，发电成本的变化由节点 1 处增加 1.5MW 的发电与节点 3 处减少 0.5MW 的发电共同确定。所以有

$$\pi_2 = 1.5\pi_1 - 0.5\pi_3 = 120 \text{ 元/MW·h}$$

可见，节点 2 处的边际价格低于任何边际机组的边际成本！即任何机组在节点 2 卖出的电都是赔本的，系统运行员以在该节点赔本卖电为代价确保了系统的安全运行。这种异常现象反映出，在考虑输电网的电能交易中，因为物理规律的优先作用，市场经济规律会发生严重的扭曲。必须指出，这种现象并非仅是例题的刻意追求，而是在现实电力市场中时有发生的。

4. 节点电价与市场力

在上述讨论中，一直假设市场是完全竞争的，发电商都是价格接受者。但是在实际中，这种完全竞争的市场并不总是存在，某些发电商会操纵价格，尤其当输电网络发生阻塞时，更是为某些机组提供了施展市场力的机会。

【例6.6】 在例6.5中,当支路2-3存在约束时,节点2的电价为120元/MW·h。假设节点2处的机组C迫切想发电(例如机组C的起动成本非常高,在一段时间内赔本发电会比停机后再重起更合算)。为此,机组C的报价必须低于目前的节点电价,假设它决定以50元/MW·h参与竞争,其他机组仍然以其边际成本竞价。试求此时系统的安全经济调度。

解:依照题意条件,可得经济调度的结果为

$$P_A = 350\text{MW}, P_B = 0\text{MW}, P_C = 150\text{MW}, P_D = 0\text{MW}$$

然而,该调度必须加以修正才能满足支路2-3的约束。满足约束的安全经济调度结果为

$$P_A = 400\text{MW}, P_B = 5\text{MW}, P_C = 5\text{MW}, P_D = 90\text{MW}$$

因为机组B、C是边际机组,所以它们将节点1和节点2处的节点价格分别定为180元/MW·h和50元/MW·h。机组D满负荷,故它不影响节点3处的电价。应用前述方法,可知当节点3处增加单位功率负荷时,必须在使机组A增发3MW功率的同时使机组C减少2MW。因此,节点3处的边际价格为

$$\pi_3 = 3\pi_1 - 2\pi_2 = 440 \text{元/MW·h}$$

可见,节点2处提出一个较低的叫价,使节点3处的电价从300元/MW·h上升到440元/MW·h,并且其发电量从87.5MW上升到90MW。因此,机组C的低叫价对机组D是有利的! 这种影响是无意的,然而,如果机组D的拥有者充分认识到这一点,情况又会怎样呢?

【例6.7】 假设机组D抬高报价到550元/MW·h,其他条件与例6.6完全相同,试求系统的安全经济调度。

解:安全约束调度结果变成

$$P_A = 400\text{MW}, P_B = 12.5\text{MW}, P_C = 0.0\text{MW}, P_D = 87.5\text{MW}$$

各边际机组将节点1和节点3处的节点价格定为

$$\pi_1 = 180 \text{元/MW·h}, \pi_3 = 550 \text{元/MW·h}$$

而节点2处增加的单位负荷,必须由节点1处增发1.5MW,同时在节点3处减少0.5MW来满足。由此得

$$\pi_2 = 1.5\pi_1 - 0.5\pi_3 = 1.5 \times 180 \text{元/MW·h} - 0.5 \times 550 \text{元/MW·h} = -5.00 \text{元/MW·h}$$

节点2处的电价为负! 这意味着,节点2处的用户用电不仅不花钱还可以收钱,发电商则不得不为获得发电优先权而付费。机组D抬高其叫价,不仅使机组C亏本,还会增加自己的收入,即使是在出力减少的情况下,其收入仍然增加了

$$\Delta\Omega_D = 87.5 \times 550 \text{元/h} - 90 \times 300 \text{元/h} = 21125 \text{元/h}$$

支路2-3的输电约束使机组D处于极为有利的位置,所以它有能力实施市场力。事实上,要在不破坏支路安全约束的条件下满足系统负荷的需求,机组D的出力就不可能低于87.5MW。因此,机组D不管如何报价,它的出力都不会低于这个水平,这使它享有区域垄断权。

通常,网络约束增加了策略性投标的机会。因为并不是所有的机组都能减轻输电阻塞,能有效影响网络约束的机组数是很少的。因此,当输电网络阻塞将一个有效竞争的统一市场转化为多个区域市场时,小市场中的竞争参与者肯定比统一市场中少得多,所以其中某些市场参与者就有机会实施市场力。

6.3.5 集中交易系统中阻塞风险的管理

第 2 章中讨论过集中交易电力市场的参与者如何使用差价合约来规避实时电价的波动给他们带来的风险。那么，考虑输电网对电能交易的影响后，差价合约是否仍然可行？需要什么样新的合约形式来控制输电阻塞带来的相关风险呢？下面将探讨这个问题。

1. 差价合约的可行性

集中交易市场中，所有电能供给和需求的交易都是由交易机构进行的，发电商和用户按系统运行人员的调度发电和用电，并按统一的实时电价获得收入或支付费用。同时，市场参与者也被允许进行双边的差价合同交易，以规避实时电价变化带来的风险。在无穷大电网中，无论实时电价升高或降低，差价合约都能很好地结算。但是，输电网约束会对电能交易造成影响，使全系统统一的实时电价变为各节点不同的节点电价，在这种情况下，差价合约的结算将遇到新问题。

【例 6.8】 假设例 6.3 系统中西源地区的发电商甲与东荷地区的某钢铁公司签订了差价合约，该合约以 160 元/MW·h 的电价供给 500MW 的电力。讨论以下两种情况下差价合约的结算。

1) 假设两个地区之间没有输电阻塞；
2) 假设联络线传输功率限制为 500MW。

解： 1) 两地区之间没有输电阻塞。此时两地区的节点电价是相同的，都为 140 元/MW·h（见例 6.3）。发电商甲和钢铁公司之间的差价合约可如下结算：

- 发电商甲以 140 元/MW·h 的价格售电 500MW，得到收入为 500 × 140 元/h = 70000 元/h；
- 钢铁公司以 140 元/MW·h 的价格买进 500MW，支付交易机构 500 × 140 元/h = 70000 元/h；
- 钢铁公司支付发电商甲 500 × (160 − 140) 元/h = 10000 元/h，以解决差价合约。

最终，发电商甲和钢铁公司以 160 元/MW·h 的电价有效进行了 500MW 的交易。若实时电价比合约价 160 元/MW·h 高，则发电商甲将支付钢铁公司差价以解决合约。

2) 联络线传输功率限制为 500MW。此时两地区的节点电价不同，西源的节点价格为 120 元/MW·h，而东荷的节点电价上升为 180 元/MW·h。这种情况下：

- 发电商甲以 120 元/MW·h 的价格售电 500MW，得到收入为 500 × 120 元/h = 60000 元/h。但节点电价低于合约电价，发电商甲面临 500 × (160 − 120) 元/h = 20000 元/h 的亏空，根据差价合约，这一亏空应该由钢铁公司来支付；
- 钢铁公司以 180 元/MW·h 的价格购买 500MW，应支付交易机构 500 × 180 元/h = 90000 元/h。但根据差价合约，它实际只需支付 500 × 160 元/h = 80000 元/h。由此，按现货价格它多支出了 500 × (160 − 120) 元/h = 20000 元/h，多支出的部分应由发电商甲按差价合约来承担。

可见，差价合约的结算发生了矛盾，双方都需要补偿而无力补偿对方。这表明，这种差价合约只适用于无输电阻塞的电能交易，有阻塞时，合同便不能正常进行。

2. 金融输电权

6.3.3 节的分析表明，当线路潮流达到输电容量时，阻塞剩余恰好能够表征两地市场对差价合约的补偿数量。

对西源地区发电商甲与东荷地区钢铁公司的差价合同作进一步分析。设差价合约敲定价为 π_C,合同量为 F,则钢铁公司将支付的费用为

$$E_C = -F\pi_C \tag{6.40}$$

发电商甲将得到的收益为

$$R_C = F\pi_C \tag{6.41}$$

按节点电价两方应支付或收到的费用为

$$E_M = -F\pi_D \tag{6.42}$$

$$R_M = F\pi_S \tag{6.43}$$

两相对比,两方得到或支出费用的差额为

$$E_T = E_M - E_C = -F\pi_D - (-F\pi_C) = F(\pi_C - \pi_D) \tag{6.44}$$

$$R_T = R_M - R_C = F\pi_S - F\pi_C = F(\pi_C - \pi_S) \tag{6.45}$$

如果双方按统一实时电价进行交易或系统中没有出现阻塞现象,即 $\pi_D = \pi_S$,差价合约就可以得到解决,因为此时有

$$E_T = -R_T \tag{6.46}$$

然而,当阻塞发生后节点电价不一致,即 $\pi_D \neq \pi_S$ 时,双方都有一个需要得到补偿的费用,可以表示为

$$E_T + R_T = F(\pi_S - \pi_D) \tag{6.47}$$

式(6.47)表明,在发生输电阻塞情况下,阻塞剩余恰好等于两地市场对差价合约的补偿数量。

受此启发,金融输电权(Financial Transmission Rights,FTRs)被提出,用以解决差价合约在存在输电阻塞时出现的结算问题。

3. 点对点的金融输电权

点对点的金融输电权是指在网络的任意两节点之间,赋予持有者的一种特权,该特权的收益为两节点间的输送电量和价格差的乘积。

显然,如果发电商甲与钢铁公司在签订差价合约的同时也持有 FTRs,则在西源与东荷地区之间交易 $F(\text{MW}\cdot\text{h})$,来自阻塞剩余的收益即为

$$R_{FTR} = F(\pi_D - \pi_S) \tag{6.48}$$

该值刚好能解决他们的差价合约无法结算的问题。如果没有输电阻塞,两地间就没有差价,FTRs 的持有者就得不到收益,这种情况下差价合约的执行也没有问题。

因此,FTRs 的持有者(发电商或用户)可以很好地规避输电阻塞的风险。钢铁公司拥有 $F(\text{MW}\cdot\text{h})$ 的金融输电权后,它既可以在西源地区以电价 π_S 购买 $F(\text{MW}\cdot\text{h})$,并使用金融输电权使其能够"免费"到达东荷地区,也可以在东荷地区以电价 π_D 购买 $F(\text{MW}\cdot\text{h})$,并在支付 $F\pi_D$ 的同时使用金融输电权获得 $F(\pi_D - \pi_S)$ 的补偿。无论输电网是否阻塞,钢铁公司的有效支付都被锁定为 $F\pi_S$。

怎样来分配金融输电权呢?一个很好的办法就是拍卖。在实施输电权的电力市场中,往往设立多个输电权拍卖市场,如美国 PJM 市场设有年度市场、月度市场以及二级市场(方便已经存在的 FTRs 在市场成员间交易)等。在每一市场周期内,系统运行员应该确定网络输电容量的可行组合,并将相应的 FTRs 拍卖给最高价的投标者。FTRs 的持用者有

权获得指定时期内的阻塞收益。这种拍卖对所有参与者（发电商、用户以及寻求差价来盈利的投机者）开放，同时该权利可以自由买卖。金融输电权拍卖的好处是市场中谁最需要，谁就会得到，当然，他必须付出足够的代价来购买。从最大化效益的角度，投标者的报价一定取决于节点间价格的差异。在上述例子中，如果能够准确估计两地间的节点电价和阻塞期间联络线的容量，拍卖产生的最可能的价格为 180 元/MW·h − 120 元/MW·h = 60 元/MW·h。

FTRs 是网络中从任一节点到任何其他节点的输电权利，这两个节点间不是必须有支路直接连接的。从供给和需求角度看，这种方法的优点在于进行 FTRs 交易时，不需对网络复杂性有充分的考虑，只需知道哪个节点注入功率，哪个节点流出功率即可。对 FTRs 而言，功率在网络中流通的路径并不重要。

【例 6.9】 以前述三节点系统为例，假设节点 2 的一个用户与节点 1 的发电方签订了一个差价合约，该合约敲定价为 200 元/MW·h，数量为 100MW。作为风险管理策略的一部分，用户在签订差价合约的同时，也购买了节点 1 到节点 2 的 100MW 的 FTRs。试讨论在例 6.4 和例 6.5 的场景下，差价合约与 FTRs 应如何分别结算。

解：1）例 6.4 场景。此时节点 1 和节点 2 的价格分别为 180 元/MW·h 和 420 元/MW·h，因此合约的结算如下：

- 用户在节点 2 用电 100MW，向市场运行员支付 100 × 420 元 = 42000 元；
- 发电方从节点 1 注入 100MW，向市场运行员收取 100 × 180 元 = 18000 元；
- 用户为履行差价合约向发电方支付 100 × (200 − 180) 元 = 2000 元；
- 用户拥有节点 1 到节点 2 的 FTRs，向市场运行员收取 100 × (420 − 180) 元 = 24000 元。

最终，用户共为 100MW·h 的电能支付 20000 元，其等效电价为 200 元/MW·h，与差价合约的敲定电价相同。

2）例 6.5 场景。此时节点 1 和节点 2 的价格分别为 180 元/MW·h 和 120 元/MW·h，因此合约的结算如下：

- 用户在节点 2 用电 100MW，支付给市场运行员 100 × 120 元 = 12000 元；
- 发电方在节点 1 注入功率 100MW，从市场运行员收取 100 × 180 元 = 18000 元；
- 按差价合约，用户支付给发电方 100 × (200 − 180) 元 = 2000 元；
- 持有节点 1 到节点 2 间的 FTRs，用户需支付给市场运行员 100 × (180 − 120) 元 = 6000 元。

上述完成后，用户为使用 100MW·h 电能需支付 20000 元，相当于差价合约敲定的价格 200 元/MW·h。

在场景 2）中，用户购买了 FTRs，却仍需为逆向潮流（由高电价的节点流向低电价节点的潮流）的输电向系统运行员付费。这有点不可思议。然而，观察一下 FTRs 的可行组合就可明白其中的缘由。正如前面已提到过的，系统运行员支付给 FTRs 持有者的钱来自他收取的网络阻塞剩余。因此，系统运行员出售的 FTRs 不应超过网络实际所能承受的能力。表 6.7 表示在场景 2）下可同时进行的三种 FTRs 的组合。此场景下，系统的阻塞剩余为

(412.5 × 180 + 87.5 × 300) 元 − (200 × 120 + 300 × 300) 元 = 13500 元

而表 6.7 中系统运行员为履行 FTRs 所需的补偿费用为 15000 元，所以系统运行员还必须从具有负值的 FTRs 收取费用以获取平衡。这样来看，FTRs 就不同于差价合约，它不应看成是

一种期权（持有者盈利时才实施），而应是一种在任何情况下都要履行的责任。

表 6.7 支路 2-3 输电容量为 45MW 时点对点的可行组合

组别	输电权			补偿解决方案结算			总和/元
	首节点	末节点	数量/MW	首节点电价 /(元/MW·h)	末节点电价 /(元/MW·h)	阻塞收益/元	
A	1	3	225	180	300	27000	15000
	1	2	200	180	120	-12000	
B	1	3	285	180	300	51000	15000
	3	2	200	180	120	-36000	
C	1	3	325	180	300	39000	15000
	1	2	100	180	120	-6000	
	3	2	100	300	120	-18000	

FTRs 是基于节点电价的，已经隐含考虑了阻塞的机会成本，因而可对市场参与者合理的使用输电网施加正确的激励。但 RTRs 是一种被动的金融性合同，市场参与者只能在节点电价由调度决定后被动地接受补偿，因此对于调度前缓解阻塞而言所起的作用甚微。

4. 基于潮流的金融输电权

除了点到点的金融输电权，FTRs 也可以根据网络中确定的一条支路或一个关口（断面）来定义，称为基于潮流的金融输电权（Flowgate Rights，FGRs）。FGRs 运作机制与 FTRs 类似，但这一权利的收益不是与节点间的价格差相联系，而是与一条支路或关口（断面）对应最大传输容量的拉格朗日乘子或其影子价格相联系。

6.3.2 节中给出了节点电价计算的模型（忽略网络损耗）

$$\min_{I_i} \sum_{i=1}^{n} C_i(I_i) \tag{6.49}$$

s.t.
$$\sum_{i=1}^{n} I_i = 0 \tag{6.50}$$

$$F_l(I_1, I_2, \cdots, I_{n-1}) \leq \overline{F}_l \quad l = 1, 2, \cdots, m \tag{6.51}$$

当采用直流潮流模型时，式（6.51）可写为

$$F_{ij} = (\theta_i - \theta_j)/x_{ij} \leq \overline{F}_{ij} \quad i,j = 1, \cdots, n \tag{6.52}$$

该式在每条支路中区分为两个限制条件：一个从节点 i 到 j，一个从节点 j 到 i，显然，在任何时间只会有一个条件起作用。

于是，该优化问题的拉格朗日函数为

$$L = \sum_{i=1}^{n} C_i(I_i) + \sum_{i=1}^{n} \pi_i \left[I_i - \sum_{i=1}^{n} (\theta_i - \theta_j)/x_{ij} \right] + \sum_{i=1}^{n} \sum_{j=1}^{n} \mu_{ij} \left[\overline{F}_{ij} - (\theta_i - \theta_j)/x_{ij} \right] \tag{6.53}$$

对该函数的变量求偏导，可得到以下优化条件：

$$\frac{\partial L}{\partial I_i} = \frac{dC_i}{dI_i} - \pi_i = 0 \quad i = 1, 2, \cdots, n \tag{6.54}$$

$$\frac{\partial L}{\partial \theta_i} = -\sum_{j=1}^{n}(\pi_i - \pi_j + \mu_{ij} - \mu_{ji})/x_{ij} = 0 \quad i = 1, 2, \cdots, n-1 \tag{6.55}$$

$$\frac{\partial L}{\partial \pi_i} = \sum_{j=1}^{n}(\theta_i - \theta_j)/x_{ij} - I_i = 0 \quad i = 1, 2, \cdots, n \tag{6.56}$$

$$\frac{\partial L}{\partial \mu_{ij}} = \overline{F}_{ij} - (\theta_i - \theta_j)/x_{ij} \geq 0 \quad i,j = 1, 2, \cdots, n \tag{6.57}$$

$$\mu_{ij}[\overline{F}_{ij} - (\theta_i - \theta_j)/x_{ij}] = 0; \mu_{ij} \geq 0 \quad i,j = 1, 2, \cdots, n \tag{6.58}$$

式（6.54）表示的拉格朗日乘子 π_i 即等于节点 i 的电价。定义 $C^{\min}$ 为最优调度结果对应的成本，显然该成本取决于支路 ij 上的输电容量限制，根据式（6.53），可得

$$\frac{\partial C^{\min}}{\partial \overline{F}_{ij}} = \mu_{ij} \tag{6.59}$$

式（6.59）中的拉格朗日乘子 μ_{ij} 代表该支路输电容量限制条件的边际成本，单位为元/MW·h，它表示支路 ij 上的输电容量每增加 1MW 所能节约的每小时发电成本。当支路 ij 没有传输限制时相应拉格朗日乘子 μ_{ij} 为 0，因此仅仅是那些存在输电阻塞的支路或关口上的 FGRs 可获取收益。

式（6.53）~式（6.59）构成的最优问题可以采用线性规划方法求解。但注意到以下变量应变为已知量，即每个节点的有功功率注入、每个节点的电压相角和潮流越限的关键支路集合，并且，如果发电机成本表示成线性函数，成本最小化将使发电机运行在最大或最小输出功率上；网络有 m 个约束条件，将会出现 $m+1$ 个边际机组，可确定 $m+1$ 个节点电价。于是在上述最优条件中，将有 $m+1$ 个已知价格 π_i、$n-m-1$ 个未知价格 π_i 和 m 个未知拉格朗日乘子 μ_{ij}。这样，$n-1$ 个未知变量就可由式（6.54）组成的方程组求解。

【例 6.10】 试求例 6.4 安全经济调度问题中越限支路的拉格朗日乘子。如该系统中节点 2 的一个用户从节点 1 的发电方购买 100MW 功率，为避免受节点价格波动的影响，该用户同时购买了 100MW 的 FGRs，请问他能否规避输电阻塞引起的价格风险？

解：分析题意可知，本题关键支路是支路 1-2，节点 1 与节点 3 有边际机组，这两点的电价分别为

$$\pi_1 = 180 \, 元/MW \cdot h, \quad \pi_3 = 300 \, 元/MW \cdot h$$

由式（6.54）可得

$$\frac{\pi_1 - \pi_2 + \mu_{12}}{x_{12}} + \frac{\pi_1 - \pi_3}{x_{13}} = 0$$

$$\frac{\pi_2 - \pi_1 - \mu_{12}}{x_{12}} + \frac{\pi_2 - \pi_3}{x_{23}} = 0$$

将已知量代入，得

$$\frac{180 - \pi_2 + \mu_{12}}{0.1} + \frac{180 - 300}{0.2} = 0$$

$$\frac{\pi_2 - 180 - \mu_{12}}{0.1} + \frac{\pi_2 - 300}{0.2} = 0$$

联立求解可得

$$\pi_2 = 420 \text{ 元/MW} \cdot \text{h}, \mu_{12} = 300 \text{ 元/MW} \cdot \text{h}$$

由电网各支路的电抗参数可知，节点 1 注入和节点 2 流出的功率流，有 80% 在支路 1-2 上，20% 在支路 1-3 和支路 2-3 上，因此在这种情况下，用户其实购买的是如下 FGRs：支路 1-2 上 80MW、支路 1-3 上 20MW 和支路 2-3 上 20MW。

节点 2 的价格与例 6.4 中得到的值是相同的，这是因为两个结果是在相同假设的前提下得出的。但也应注意，支路 1-2 潮流约束所对应的影子价格并不等于节点 1 和节点 2 的价格之差，因这两点间有环路存在。

因为只有支路 1-2 发生了输电阻塞，由此持有 FGRs 的用户可以从中获取

$$F_{12}\mu_{12} = 80 \times 300 \text{ 元} = 24000 \text{ 元}$$

这和用户购买 100MW 从节点 1 到节点 2 的 FTRs 获取的收益是一样的，可见 FGRs 和 FTRs 有相同的规避风险的作用。

这样看来，因为输电网中一般只有很少的几个支路会产生阻塞现象，因此在实际中市场参与者不必在他们交易的所有支路上购买 FGRs，而只需购买关键关口上的 FGRs 就可以了。但作为不具备电网运行专业知识的用户，是很难预料和发现具体哪些支路会出现阻塞的，这么做就可能无法完全规避由阻塞带来的风险。

另外，对应不等式约束的拉格朗日乘子是非负的，所以 FGRs 的持有者不会遇到支付费用给市场运行员的情况，也就是说，FGRs 表现为一种类似期权的性质。

6.3.6 输电网的损耗

1. 损耗的类型

通过输电网输送电能不可避免地要有能量的损失，电能交易中必须把网损及其对应的费用考虑进去。为此，首先将电网运行中产生的损耗进行分类，以便于理解和掌握。按照产生的原理，网损可分为三类：

1) 可变损耗。该类损耗是由电流在电网的架空输电线路、各类电缆线路以及变压器线圈中流动而产生的，又可称为负荷损耗、串联损耗和铜耗。这些损耗与支路（各类元件）的等效电阻 R 和支路电流有效值的二次方成正比，也可以表示成支路中传输的视在功率 S 或支路有功 P 和支路无功 Q 的函数。由于在正常情况下，电力系统中电压一般运行在额定值附近，有功功率要远大于无功功率，所以可变损耗又可近似表示为仅与有功功率相关的函数，即

$$LS_V = I^2 R = \left(\frac{S}{U}\right)^2 R = \frac{P^2 + Q^2}{U^2} R \approx \frac{R}{U^2} P^2 = KP^2 \tag{6.60}$$

2) 固定损耗。此类损耗的产生主要与电压有关，如变压器铁心的磁滞和涡流损耗、输电线的电晕损耗、元器件的介质损耗等。该类损耗一般与电压成二次方关系，而与电流的关

系不大。如上述，正常情况下电压在额定值附近基本没有多大的变化，因此此类损耗可近似看成是固定不变的，故称为固定损耗。固定损耗又常称为空载损耗、并联损耗和铁耗等。

3）其他损耗。该类损耗主要指上述两种因素以外的其他因素引起的损耗，如仪表测量误差，电压、电流波形畸变，人为被盗用的电能等，也称为管理损耗、非技术损耗。

由于可变损耗与电流的二次方成正比，与电网输送功率的大小相关，而固定损耗几乎是常数，因此以下重点讨论可变损耗。

2. 损耗的边际成本

设两节点系统中，节点1接有发电机，通过输电线路给节点2的负荷供电，输电线路的电阻为 R。简单起见，设负荷是纯有功的，同时两节点的电压均保持为额定电压水平。由此，输电损耗可以表示为

$$LS = KD^2 \tag{6.61}$$

式中，D 是节点2负荷的有功功率；K 是系数，$K = R/U^2$。

由此，节点1的发电机的有功功率为

$$G(D) = D + LS = D + KD^2 \tag{6.62}$$

若负荷从 D 微增到 $D + \Delta D$，则发电应增加的功率为

$$\Delta G = G(D + \Delta D) - G(D) \approx \Delta D + 2K\Delta D D = (1 + 2KD)\Delta D \tag{6.63}$$

式（6.63）忽略了 ΔD 的二次项。若节点1发电机的边际成本为 C，由节点2的负荷增加引起的发电费用增加为

$$\Delta C = C(1 + 2KD)\Delta D \tag{6.64}$$

则节点2的边际成本为

$$\frac{\Delta C}{\Delta D} = C(1 + 2KD) \tag{6.65}$$

假设市场是完全竞争的，则节点1、2的电价分别为

$$\pi_1 = C \tag{6.66}$$

$$\pi_2 = \pi_1(1 + 2KD) \tag{6.67}$$

可见，由于网损与负荷的二次方成正比，所以两节点间的价格差随输电线路功率的增加而线性地增加，节点2用户支付的价格要超过节点1发电机组出售的价格。这样，也会出现商业剩余，是在节点2出售电量的收益减去在节点1购进电量费用的差，即

$$MS = \pi_2 D - \pi_1(D + KD^2) \tag{6.68}$$

将 π_1、π_2 代入式（6.68），得到

$$MS = C(1 + 2KD)D - C(D + KD^2) = CKD^2 \tag{6.69}$$

两节点间的价格差产生的这个商业剩余始终为正值。由于式（6.69）是在只有节点1有一台发电机供电的情况下推导出来的，因此商业剩余部分等同于损耗的价值。必须指出，在更为复杂的输电网中，不能得出类似于式（6.69）的封闭形式的表达式，因此很难将网损费用的表达严格定量化。

3. 考虑网络损耗的发电调度

考虑网络损耗时，发电调度中发电、负荷的功率平衡条件将发生变化，总的发电量必须等于负荷加网络损耗，因此发电调度的结果也将不同。

【例6.11】 对例6.3系统，以 R 代表两地间联络线的电阻，设所有节点电压保持在额

定水平,其网损系数为 $K = \dfrac{R}{U^2} = 0.00005\,\mathrm{MW}^{-1}$,试重新计算西源和东荷地区间联络线在有、无约束情况下各自的发电调度结果。

解:1)联络线无约束时。发电调度的目标是最小化发电成本,即
$$\min(C_\mathrm{D} + C_\mathrm{S})$$
式中
$$C_\mathrm{D}(P_\mathrm{D}) = \int_0^{P_\mathrm{D}} MC_\mathrm{D}(P)\,\mathrm{d}P = 100P_\mathrm{D} + (1/2) \times 0.08P_\mathrm{D}^2$$
$$C_\mathrm{S}(P_\mathrm{S}) = \int_0^{P_\mathrm{S}} MC_\mathrm{S}(P)\,\mathrm{d}P = 80P_\mathrm{S} + (1/2) \times 0.04P_\mathrm{S}^2$$

这个最小化受到功率平衡的制约,考虑网络损耗后,为
$$P_\mathrm{D} + P_\mathrm{S} = D_\mathrm{D} + D_\mathrm{S} + KF_\mathrm{SD}^2$$

因为西源为电源区,发电成本较低,潮流是从西源流向东荷的,因此假设网络损耗都是由西源的发电来平衡的。即
$$P_\mathrm{D} = D_\mathrm{D} - F_\mathrm{SD}$$
$$P_\mathrm{S} = D_\mathrm{S} + F_\mathrm{SD} + KF_\mathrm{SD}^2$$

于是
$$\begin{aligned}\min C = &\, 100(D_\mathrm{D} - F_\mathrm{SD}) + (1/2) \times 0.08(D_\mathrm{D} - F_\mathrm{SD})^2 \\ &+ 100(D_\mathrm{S} + F_\mathrm{SD} + KF_\mathrm{SD}^2) + (1/2) \times 0.08(D_\mathrm{S} + F_\mathrm{SD} + KF_\mathrm{SD}^2)^2\end{aligned}$$

这是关于联络线潮流的最优问题,改变联络线潮流的值,可得到图 6.17 所示的关系曲线。图中,实线是考虑网络损耗,虚线是不考虑网络损耗时的情况。调度结果见表 6.8。考虑网络损耗后,最优潮流传输从 1000MW 减少到 887MW。损耗使得西源的发电机在某种程度上减小了竞争力,因为它生产的电量在传输过程中有损失,因此西源产量会减少,东荷产量会增加。两地的节点电价也不再相同,价格差大约为 12 元/MW·h。由节点电价差造成的商业剩余为

$$(149 \times 1500 + 137 \times 500)\text{元} - (149 \times 613 + 137 \times 1426)\text{元} = 5301\text{元}$$

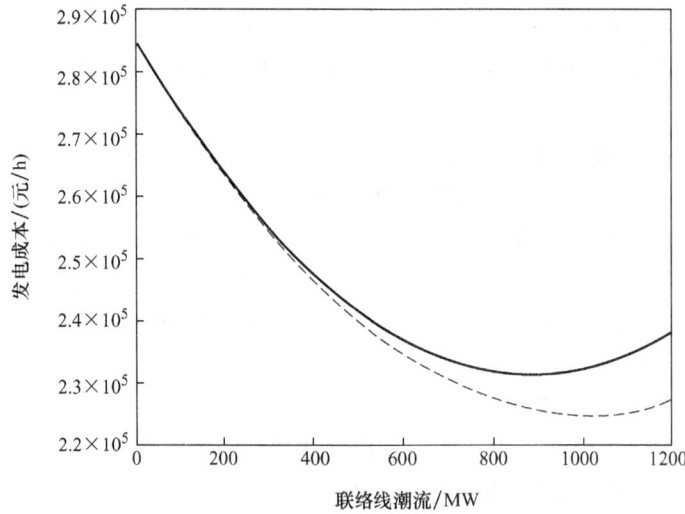

图 6.17 联络线潮流与系统发电成本的关系曲线

表6.8 联络线无约束时的调度结果

	不计损耗	计损耗
P_S/MW	1500	1426
P_D/MW	500	613
损耗/MW	0	39
传输功率/MW	1000	887
MC_S/(元/MW·h)	140	137
MC_D/(元/MW·h)	140	149
总发电成本/(元/h)	225000	227982

注意,由于损耗使得输电线路两端的功率潮流不等,所以用价格差值乘以传输的电量就得不到上面的结果,这是损耗产生的商业剩余与阻塞剩余不同的一个特点。

2) 联络线输电容量为500MW时。此时东荷发电1000MW可以满足1500MW的负荷需求,其节点电价为

$$\pi_D = MC_D = 100\text{MW·h} + 0.08P_D = 180\ 元/\text{MW·h}$$

西源的发电功率为

$$P_S = D_S + F_{SD} + KF_{SD}^2 = (500 + 500 + 25)\text{MW} = 1025\text{MW}$$

西源的节点价格为

$$\pi_S = MC_S = 80 + 0.04P_S = 121\ 元/\text{MW·h}$$

可见,两节点间的价格差是59元/MW·h,联络线制约对节点电价差的产生起到主要作用。考虑损耗和阻塞时两节点系统的运行见表6.9。由于联络线制约的存在限制了其功率传输,也同样使损耗相应减少,与1)相比,网络损耗降为25MW。

表6.9 考虑损耗和阻塞时两节点系统的运行

	西源	东荷	总计
负荷/MW	500	1500	2000
发电量/MW	1025	1000	2025
节点电价/(元/MW·h)	121	180	
用户付费/(元/h)	60500	270000	330500
发电收益/(元/h)	124025	180000	304025
商业剩余/(元/h)			26475

因为网络损耗并不是支路潮流的线性函数,不能简单地表示成交易电量和交易双方位置的函数,因此对于双边交易来说,确定损耗及其费用应如何在所有市场参与者间分摊,是一个必须解决的问题。公平分摊的原则,应是造成损耗大的参与者(如远方发电机和用户)支付更多的费用。关于公平确定损耗的费用及分摊请参阅相关文献。

6.4 输电建设成本的分摊

在电力市场中,输电网的所有权属于区域垄断的输电公司,但输电网的运行调度权可以归输电公司,也可以归独立的系统运行机构(见1.3节),这取决于采用何种电力市场模式。

输电公司通过提供输电服务获取资产收益。输电服务分为固定的点对点传输服务和任意点之间的输电服务。所谓任意点之间的输电服务,是指为用户提供在任意电源点与负荷之间、电源点和网络中心之间、网络中心和负荷之间的输电服务。

输电服务的费用一般由三部分构成:输电系统的建设和运营成本、输电的网损成本以及阻塞成本。后两项成本可借由节点电价反映。第一项则必须在使用输电网络的发电商和用户之间分摊,以确保输电公司回收输电系统成本。鉴于输电公司的垄断地位,一般由监管者确定输电公司为回收成本可以收取的费用。本节简短讨论现有主要分摊方法的基本概念和简单计算的表达。

6.4.1 邮票法

邮票法(Postage Stamp Method)是最简单的一种分摊方法,即全网所有输电设施的年度固定成本的总和由所有使用输电设施的成员按年度最大负荷的比例分摊,不管距离的远近,可表示为

$$C_i = \frac{C_{tot}}{\sum_{i=1}^{n} |P_i|} |P_i| \qquad i = 1,2,\cdots,n \tag{6.70}$$

式中,C_i 为使用输电网的市场成员 i 应分摊的费用(元/a);n 为成员总数;$C_{tot} = \sum_{j=1}^{m} C_{b(j)}$,$C_{b(j)}$ 为电网中支路 j 的年度固定成本(元/a),m 为支路总数;$|P_i|$ 为成员 i 的年度最大负荷(MW)。

邮票法是最常用的一种固定成本分摊算法,但缺点是不考虑输电距离的远近,也不能给出符合资源优化配置的激励信号。例如,图 6.18 所示的一个发电厂 G 向两个负荷送电,其中,L1 距 G 为 50km,L2 距 G 为 100km,两负荷都是 50MW。按邮票法,两负荷都分摊同样的输电固定成本,这显然不合理,没有计及不同输电业务对输电设施的实际使用情况。

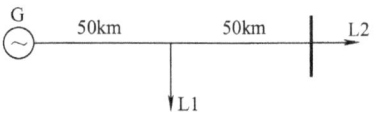

图 6.18 发电厂 G 向两负荷送电

6.4.2 合同路径法

合同路径法适用于双边合同,假定送电方 A 沿指定路径向受电方 B 输送功率,若忽略旁路(或并行)潮流,在每条线路上应分摊的固定成本为

$$C_{bl} = C_l \frac{P_l}{P_{ml}} \tag{6.71}$$

式中,C_l 为线路 l 的年度固定成本(元/a);P_l 为合同功率流经线路 l 的量(MW);P_{ml} 为线路 l 的总潮流(MW);C_{bl} 为该合同在线路 l 上应分摊的固定成本。

于是该双边合同应分摊的固定成本为合同经过的各线路分摊成本之和,即

$$C_{\text{tot}} = \sum_{l=1}^{n} C_{bl} \tag{6.72}$$

根据合同，此成本可以一方负担，也可以双方按比例负担。式（6.72）虽然忽略了旁路（或并行）潮流，不能反映真实输电成本，但在输电路径唯一的情况下是可以使用的。

6.4.3 边界潮流法

边界潮流法可以弥补合同路径法不能考虑旁路潮流的不足，也可用于两个成员按双边合同送电时计算应分摊的转运费。该方法就是在送端和受端间定义一个"边界"，由送端到受端的所有潮流都必须经过这个边界。连接边界的线路可以是一条，也可以是一个由几条线路组成的输电断面。应用边界潮流法计算双边合同的运转费，要在一年的最大负荷下（也可以在其他适当的运行方式下）计算两次潮流，一次是有运转服务，一次是没有该运转服务。于是可以得出在一条或一组联络线上的净潮流变化值，按下式求出双边合同的运转费：

$$C_{yz} = \frac{1}{2} C_{\text{tot}} \frac{|\Delta W_{yz}|}{W_{\max} + |\Delta W_{yz}|} \tag{6.73}$$

式中，C_{yz} 为双边合同应负担的运转费，设送端和受端各承担一半；C_{tot} 为输电网的总固定成本；$W_{\max}$ 为系统尖峰负荷；ΔW_{yz} 为转运前后流经断面的功率之差。

由此可见，运转费是按各成员的输电占最大功率的比例分配的，没有考虑距离的远近，缺点与邮票法和合同路径法相同。

6.4.4 兆瓦—千米法

兆瓦—千米（MW—km）法既考虑输送功率的大小又考虑送电的距离，比前述三种方法更有合理性，而且该方法可以针对一个复杂网络内的任一条线路，计算出各发电机或负荷应分摊的输电成本。

运用直流潮流法可以求出每个发电机或负荷对某条线路的灵敏度。由潮流修正方程

$$\Delta \boldsymbol{P} = \boldsymbol{B}' \Delta \boldsymbol{\theta} \tag{6.74}$$

设第 k 个节点功率注入的变化量为 $\Delta P_k = 1$，其余节点都为 0，可以求得 $\Delta \theta_1$，$\Delta \theta_2$，$\cdots$，$\Delta \theta_n$，n 为系统节点总数，进一步可计算流过任一支路的潮流

$$\Delta F_{ij} = \frac{\Delta \theta_i - \Delta \theta_j}{x_{ij}} \tag{6.75}$$

所以，每条支路对所有节点注入量的灵敏度 $S_{ij,k}$，即节点 k 的注入功率变化为 1 时引起的支路潮流变化，可依次令 $k = 1$，2，$\cdots$，n，按同样方法计算求出

$$S_{ij,k} = \frac{\partial F_{ij,k}}{\partial P_k} = \frac{\Delta \theta_i - \Delta \theta_j}{x_{ij}} \tag{6.76}$$

有了灵敏度，就可以求出在给定的运行方式下某一段线路流过的潮流以及各发电机功率中流过该段线路的部分。由此可以求出每台发电机应分摊的该段线路的固定成本。应当注意，如果有一个发电厂通过单独的线路向电网送电，如图 6.19 所示，则该发电厂应全部承担此输电所涉

图 6.19 一个发电厂通过单独线路向电网送电

及连接到电网的变压器和线路的固定成本。此外，如果一个节点上既有发电机又有负荷，则在计算应分担的输电费时应先互相消去，等效成一个纯发电机或负荷节点。用直流潮流法求得的灵敏度是一个近似值，还有其他求灵敏度的方法，可参见相关文献。

如果在现有潮流的基础上再增加一个双边合同，即从 n 点到 m 点增加输送功率 P，则按 MW—km 法，转运费计算如下：计算两次潮流，一次有双边合同所规定的转运业务，一次没有双边合同规定的转运业务，将两次潮流的结果相减，可得出从送电点到受电点的所有线段的两次有功潮流之差

$$\Delta P_l = P_l^w - P_l \tag{6.77}$$

式中，P_l^w 为有运转业务时流过支路 l 的有功功率；P_l 为没有运转业务时流过支路 l 的有功功率。

然后算出全网的平均输电成本 C_{av}（元/MW·km）为

$$C_{av} = \sum_l C_l / \sum_l \overline{P}_l L_l \tag{6.78}$$

式中，$\overline{P}_l$ 为线路的输电容量；L_l 为线路 l 的长度。

于是该运转服务的年度转运费（元）为

$$F_{yz} = C_{av} \sum_l \Delta P_l km_l \tag{6.79}$$

在有些情况下，ΔP_l 可能出现负值，即合同潮流方向与原来支路潮流方向相反，这时有三种处理方法：① ΔP_l 取绝对值；② ΔP_l 取 0 值；③ ΔP_l 值不变。

6.4.5 长期边际成本法

上述方法的共同缺点是不能给出经济信号，微增成本法和边际成本法在一定程度上可以克服这个缺点。微增成本法（Incremental Cost）与边际成本法（Marginal Cost）在概念上不是完全相同的。微增成本是通过比较在一个输电系统内有双边交易和没有这个交易的成本变化而得出的，而边际成本是指在一个节点上增加一单位兆瓦功率所引起系统成本的变化。长期和短期边际成本的差别比较容易理解，长期边际成本（Long Run Marginal Cost, LRMC）包括系统扩展的成本、运行成本（指人员工资和管理成本）和维护成本等，短期边际成本（Short Run Marginal Cost, SRMC）则不考虑系统扩展。

就长期边际成本而言，寻求节点单位功率变化所引起系统扩展成本的变化涉及复杂的数学优化方法。若假定系统网络结构不变（系统规划已确定新增线路走向和投资），则边际成本计算可简化为

$$MC_j = \frac{\partial T(\boldsymbol{g})}{\partial g_j} = \sum_{l=1}^{L} > \frac{C_l}{\overline{P}_l} S_{lj} \tag{6.80}$$

式中，MC_j 为节点 j 的边际成本；$\boldsymbol{g}$ 为节点发电净注入功率向量（MW）；$T(\cdot)$ 为输电总成本（现有线路和新建线路）；L 为输电线路总数；S_{lj} 为线路 l 对节点 j 的灵敏度，可由直流潮流法求得。

负荷节点的边际成本也可用同法求得。

由 LRMC 法可知，离负荷中心越远，发电节点的电价越低，有时甚至为负值；离负荷中心越近，发电节点的电价越高；负荷节点则反之。反映的信号是，应尽量靠近负荷中心建电厂，而用电大户应远离负荷中心建厂。但仅用 LRMC 法只能回收线路投资的一部分

（10%～40%），这是该法的一个不足之处，因此该法必须与其他方法配合使用。

6.4.6 短期边际成本法

短期边际成本（SRMC）法与长期边际成本（LRMC）法基本相似，只是 LRMC 法用于长期的输电费计算，而 SMRC 法主要用于现货市场的输电费计算。如果在现货电价中包括现有输电系统的建设成本，则节点 k 的短期边际成本可表示为

$$MC_k = \frac{\partial T(d)}{\partial d_k} + \pi\left(1 + \frac{\partial LS}{\partial d_k}\right) - \sum \mu \frac{\partial Z}{\partial d_k} \tag{6.81}$$

如果考虑输电系统的建设成本在短期内不变，则式（6.81）第一项为 0，变为

$$MC_k = \pi\left(1 + \frac{\partial LS}{\partial d_k}\right) - \sum_i \mu_i \frac{\partial Z_i}{\partial d_k} \tag{6.82}$$

式中，d_k 为节点 k 的负荷；π 为与系统功率平衡有关的拉格朗日乘子；LS 为网损；μ_i 为与系统不等式约束相关的拉格朗日乘子；Z_i 为相关电网的不等式约束（包括线路输电容量限制，无功功率和电压限制，稳定极限限制和其他安全限制等）。

由式（6.82）可见，各节点的电价会因为网损和不等式约束的作用而有所不同，所以 SRMC 法即为节点电价法。如果忽略网损或用其他方法收取网损成本，则在正常情况下所有节点电价都相同，只有在受不等式约束条件制约时电价才不同。SRMC 法的优点是可以给出边际的经济信号，缺点是可能引起电价经常波动，给用户带来不便等。

在实际应用中，尽管有很多种输电费用分摊方法，但是常用的仍然是邮票法、MW—km 法、边际成本法以及这几种方法的组合。

思 考 题

6.1 一个三节点系统，参数如图 6.20 所示。假设仅存在输电容量制约，试计算以下交易方式下系统的直流潮流，并检验交易是否同时可行。

（1）负荷 X 向发电商 B 购买 200MW，负荷 Y 向发电商 C 购买 300MW，负荷 Z 向发电商 A 购买 400MW；

（2）负荷 X 向发电商 A 购买 300MW，负荷 Y 向发电商 A 购买 200MW，负荷 Z 分别向发电商 A 和 B 购买 200MW 和 600MW。

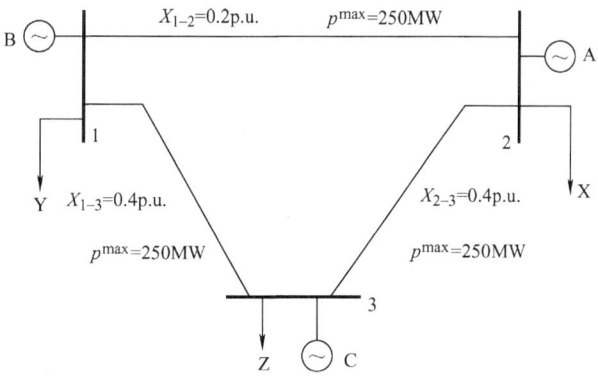

图 6.20 题 6.1 的三节点系统

6.2 两节点系统如图 6.21 所示，接于节点 A 和 B 的发电机的边际成本 MC_A、MC_B（美元/MW·h）

分别为

$$MC_A = 20 + 0.03P_A$$
$$MC_B = 15 + 0.02P_B$$

两节点的需求固定为常数，按边际成本出售电能，且对发电机的输出没有限制。计算下列情况的节点电价、发电机输出功率和线路潮流：

(1) A 和 B 之间无联络线；
(2) A 和 B 之间有联络线且无输电容量约束；
(3) A 和 B 之间有联络线且输电容量限制为 400MW；
(4) 计算 (3) 中的阻塞剩余，并求取阻塞剩余与潮流的关系式。

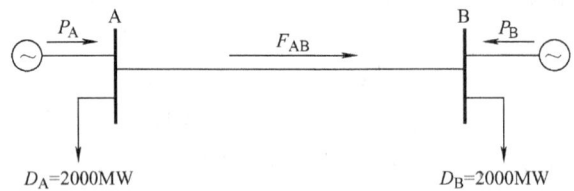

图 6.21 题 6.2 的两节点系统

6.3 三节点系统如图 6.22 所示，发电机参数见表 6.10，试计算：
(1) 图示负荷下系统的无约束经济调度和节点价格；
(2) 设三条支路的输电容量都是 250MW，系统是否会发生输电阻塞？请给出两种再调度的解决方案，并求解系统最优的安全约束经济调度方案和节点电价；
(3) 假设其他线路输电容量不变，1-2 支路上的降至 140MW，计算最优的调度方案和节点价格。

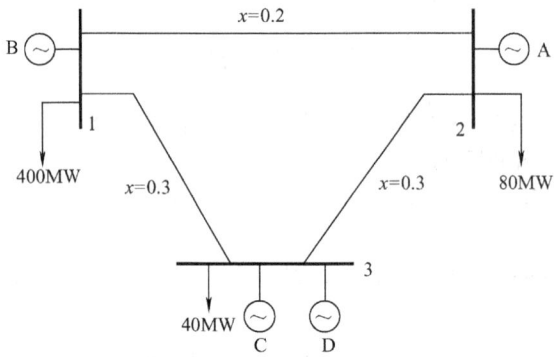

图 6.22 题 6.3 的三节点系统

表 6.10 题 6.3 表

发电机	最大出力/MW	边际成本/(美元/MW·h)
A	150	12
B	200	15
C	150	10
D	400	8

6.4 题 6.2 两节点电力系统中，设网损系数 K 在 0～0.0005 之间取若干值，并且线路输送能力没有限制，求解成本最小的调度结果，计算节点电价和商业剩余，并对结果进行讨论。

6.5 考虑图 6.22 所示的三节点系统，假设发电商 D 和节点 1 的一个用户签订了以 11 美元/MW·h 的价格（在节点 1 结算）交易 100MW 的差价合约。

（1）分析在题 6.3（2）情况下，购买 100MW 的节点 1 和节点 3 间的金融输电权对发电商 D 是否有规避风险的作用；

（2）如何购买基于潮流的金融输电权，发电商应购买多少？

6.6 选择一个典型电力市场，了解其是否采用了避免阻塞风险的输电权机制，是哪种类型？

6.7 选择一个典型电力市场，了解其网损及其费用的分摊采用的是何种方法。

第7章 发、输电投资分析

7.1 引言

投资是为实现某一技术方案所需投入的一次性劳动耗费的货币表现形式。与前文所述电力市场的运行分析不同，本章将对发输电系统投资分析方法进行介绍。

发电投资分析是对拟决策的发电厂建设方案从技术上和经济上进行定性与定量的分析、计算、对比和评价。由于各方案的条件不同，因此其技术经济效果也不同。发电投资分析就是从不同角度，收集有科学依据的多种资料，在对不同方案进行技术经济分析的基础上，决策最佳的投资方案。在本章的前半部分，将对新建、扩建发电厂以及市场变化引起发电企业投资决策变更所涉及的基本经济学问题进行介绍。主要包括：①针对单一发电厂，分析投资者如何决定开建新电厂，即分析投资者决策的影响因素；②分析尚在寿命期内，但经营状况恶化、效益不好电厂的退役问题。由于发电容量扩建不仅是投资者的效益分析问题，更关系到用户对可靠供电的期望能否满足，因此本章还将探讨发电容量投资的激励机制，通过分析对比几种机制的特点，探讨单纯依靠出售电能获得的收益是否足以激励投资者扩建发电容量，以及既能满足用户需要又不过于冗余的发电容量应如何获取。

由第6章所述内容可以看出，输电网对电能交易的影响是显著的，通过新建、改建输电设施，可以提高输电网的交易支撑能力，有利于参与者在市场中的竞争。然而，与发电扩建一样，输电设施建设也需要大量投资，只有当这项投资有效益时才值得实施。本章后半部分将介绍输电投资所应遵循的基本经济原则。从目前来看，输电网建设投资机制的改革大致有输电投资商业化与建立良好的输电投资激励机制两种手段，这两种观点都在实践和研究之中，本章将侧重于对两种观点的共同理论基础进行概念性探讨和解释。

7.2 发电投资的技术经济分析基础

7.2.1 技术方案的经济评价

工程技术方案的经济评价是其可行性研究的重要内容和确定方案的重要依据。在决策阶段的技术经济分析论证中，为了判断工程项目在经济上是否可行，需将工程项目的预期投入物的价值量与预期产出物的价值量加以对比，即将项目的开支与项目的收益进行对比。

由于任何一个项目的开支和收益都不可能完全发生在同一时刻，而资金一旦投入到生产过程或者流通领域，随着时间的推移会产生一定的增值，所以需要考虑资金的时间价值。不同时间发生的开支和收益不能直接相加减，必须通过折算率换算后进行比较。现值为 P 的资金，投入到某个项目中 n 年以后，资金将增值为 $F = P(1+i)^n$，其中的利率 i 就是该项目的贴现率或者称为折算率，表示本项目资金升值的快慢。

对项目进行评价时考虑资金随时间的升值，这属于技术经济学中的动态评价法。内部回报率法是其中较常用的一种方法，下面给予介绍。

所谓内部回报率（Internal Rate of Return Method，IRR），就是项目在计算周期内的所有投入资金和所得收益正好抵消时的回报率。具体可表示如下：

$$(CI_1 - CO_1)(1+i)^{-1} + \cdots + (CI_t - CO_t)(1+i)^{-t} + \cdots + (CI_n - CO_n)(1+i)^{-n} = 0 \tag{7.1}$$

式中，CI_t 表示第 t 年的资金投入；CO_t 表示第 t 年的资金流出；n 表示项目发挥作用的年限。

按式 (7.1) 求出的回报率 i 就是该投资的内部回报率。与此同时，将其与目前该行业最低可接受的基准收益率（Minimum Attractive Rate of Return，MARR）i_0 相比较，当内部回报率大于该基准收益率时该项目才值得投资。

7.2.2 发电投资分析

在投资者眼中，投资建电厂必须带来满意的利润，即发电厂在运行期间的收益必须大于投资及相关运行费用的总和，二者的差便是利润。理论上讲，只有当这一利润在众多可选方案中是最好时，投资者才会做出建电厂的决策。

为了做出投资建电厂的决策，投资者必须估算电厂运行的长期边际成本（包括预期的投资回报率，也称贴现率）和预测电厂销售电力商品的价格（为简单起见，分析中假设电厂的所有收益都来自电能的出售，忽略提供辅助服务获得的收益）。理性、合理的投资决策一定是在预测的售电价格大于电厂运行的长期边际成本时做出的。在自由竞争的电力市场中，这种投资决策方法适用于发电容量的投资市场。依据这种推论进行投资决策，也称为商业化的发电容量扩建。

另外，发电机组有标称的期望运行年限，投资者的建设决策必须基于这个期望年限做出。对于发电机组，这个年限一般为 20~40 年，不过水电机组可以有更长的期望使用年限。

为分析问题方便，采用以下假定：
1) 每年的投资和收益都集中发生在年末。
2) 建设成本是一次性投入的，忽略建设的年限。

由此，根据技术经济分析基础，发电投资决策的内部回报率平衡方程可表示为

$$-TCR + [-CF(1) + C\eta(1)\pi(1)](1+i)^{-1} + \cdots + [-CF(n) + C\eta(n)\pi(n)](1+i)^{-n} = 0 \tag{7.2}$$

式中，TCR 表示建设成本的现值；n 为项目的使用年限；$CF(n)$ 为年燃料成本；C 为发电设备容量；$\eta(n)$ 为年平均设备利用率；$\pi(n)$ 为预测的市场电价。

由式 (7.2) 可以看出，设备利用率以及电价等因素都会直接影响到回报率的大小，如图 7.1 所示。很显然，设备利用率越高，或电价越高，回报率都会越大。

实际中，更多不确定性因素影响着成本和收益，如建设周期是否提前或延误，火电厂运行期间燃料价格的波动等，无不影响电厂运行的成本。另外，需求的不确定性，新竞争者进入市场，或更先进、高效发电技术的出现等，都将影响电厂的收益，而且准确预测长期电价

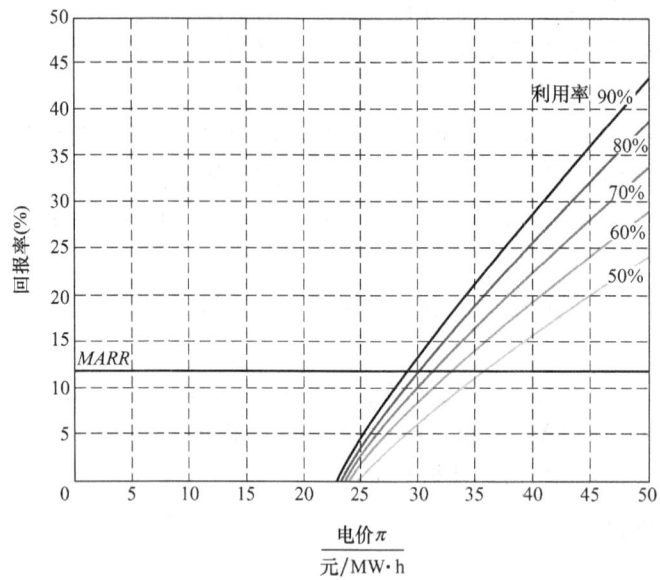

图 7.1 某机组在不同的设备利用率下回报率随电价 π 的变化

也是极其困难的。不过,当电力生产的原料供应合同和电量销售合同都有保证时,预期的电厂效益还是可信的。因为有保证的供、销合同消除了在出售电能时面对的难以控制的价格风险,所以发电厂只需控制运行中的风险,即避免设备故障停运影响合同的履行即可。也就是说,长期合同可以设定每年的燃料成本、发电量以及电价在一定时期内是不变的。于是,式(7.2)可进一步写为

$$-TCR + (-CF + C\eta\pi)\left[\sum_{n=1}^{m}(1+i)^{-n}\right] = 0 \tag{7.3}$$

由式(7.3)求得的发电投资内部回报率与基准收益率(MARR)i_0 相比较,可作为投资者决策时的参考。

7.2.3 发电机组的退役

一旦发电厂投入运行,它的设计使用寿命将变成理论上的参考,实际使用寿命会有一定的变化。如果市场形势发生巨大的变化,使电厂的收益低于它的运行费用,且市场形势又不见可好转的迹象,那么这个电厂就必须退出运行了。值得强调的是,在竞争环境下,这个决策仅取决于对电厂将来的收益和运行成本的预测,与电厂的淹没成本无关。淹没成本(也称为沉没成本)是指业已发生或承诺、无法回收的成本支出,如因失误造成的不可收回的投资等。沉没成本是一种历史成本,对现有决策而言是不可控成本,不会影响当前行为或未来决策。

市场环境下,机组退役的判断条件是

$$MC > \pi \tag{7.4}$$

式中,MC 表示边际发电成本,包含了发电燃料、机组运维护费用等因素的影响;π 为市场电价。

在考虑机组退役时需考虑机组可能进行的技术改进,要对技术方案的投资重新做出技

经济分析，计算投资的净现值，从而做出正确的决策。

【例7.1】 某发电投资项目的参考数据见表7.1，试进行投资决策分析。

1) 若平均预测电价为32美元/MW·h，分析在最小可接受的回报率为12%的情况下，建设一个新电厂（500MW火电厂）的可行性；

2) 若最小可接受回报率为12%，求出售电力商品的平均价格π最小应为多少？

3) 假设该电厂运行15年后，遇到了经营难题：低硫煤的价格上涨到2.35美元/MBtu（非法定计量单位，1Btu = 1055.06J）；当地政府开始对燃煤电厂加收1.00美元/MW·h的环境税；并且，由于更多高效机组的投入运行，市场的平均电价下降到23.00美元/MW·h。请分析该电厂此后的运行状况并做出经营决策；

4) 在3) 的基础上，如果选择用价格仅为1.67美元/MBtu的高硫煤代替低硫煤，并安装价值50000000美元的脱硫设备（安装时间为1年），分析这种改造投资是否值得。假设改造后热耗增加到约11500美元/MBtu。

表7.1 某发电投资项目的参考数据

工程建设投资成本	1020 美元/kW·h
机组预期使用寿命	30 年
额定输出功率的热效率	9419.2Btu/kW·h
预期燃料成本价格	1.25 美元/MBtu
机组退役后可回收的土地成本价值	10000000 美元

注：表中忽略机组起动成本和维护成本，并且假设设备利用率为80%。

解： 1) 采用内部回报率方法估算该电厂的收益率，首先必须确定在电厂使用年限内每年的净现金流量（年金），以下是计算过程：

总投资成本 $TCR = 1020$ 美元/kW·h $\times 500$MW $= 510000000$ 美元

每年的发电量 $Q = 500$MW $\times 80\% \times 8760$h $= 3504000$MW·h

于是，根据预计的以 $\pi = 32$ 美元/MW·h 的价格售电，电厂每年可得收益为

$$Q\pi = 3504000 \times 32 \text{ 美元} = 112128000 \text{ 美元}$$

每年的燃料成本为

$$CF = 9419.2\text{Btu/kW·h} \times 1.25 \text{ 美元/MBtu} \times Q = 41256096 \text{ 美元}$$

采用净现值法，得到下式：

$$-TCR + [-CF + Q\pi] \sum_{n=1}^{30} (1+i)^{-n} = 0$$

代入数据，有

$$-510000000 + (-41256096 + 112128000) \frac{1-(1+i)^{-30}}{i} = 0$$

解如上一元方程，得到的回报率为 $i = 13.5928\%$。由于所得内部回报率大于最低可接受值12%，因此这项投资在不考虑其他条件的情况下，是值得进行的。

运用Excel表计算内部回报率如图7.2所示。

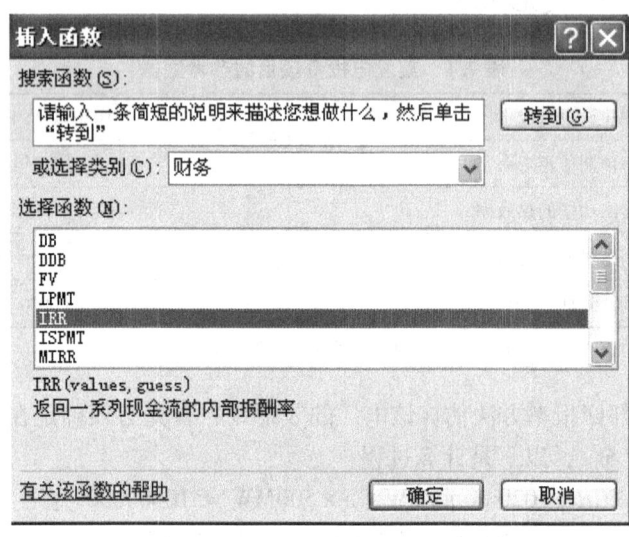

图 7.2 运用 Excel 表计算内部回报率
a) 数据表　b) 选择函数

注：内部回报率的计算可以借助 Excel 中提供的公式进行。在 Excel 表中建立如图 7.2a 所示数据表；单击"插入"菜单中的"函数"，如图 7.2b 所示，在"选择类别"列表中选择"财务"，然后在"选择函数"列表中选择"IRR"并单击"确定"按钮，选中"净现金流量"全部数据作为 IRR 函数参数 value 的数据，再单击"确定"按钮即可完成计算。

2) 如果电厂的利用率为 80%，而投资者的最低可接受收益率为 12%，出售电能的平均价格 π 作为未知量，则根据净现值为 0 的临界条件可得

$$-TCR + [-CF + Q\pi]\sum_{n=1}^{30}(1+i)^{-n} = 0$$

即

$$-510000000 + (-41256096 + 3504000\pi)\frac{1-(1+0.12)^{-30}}{0.12} = 0$$

可以得到平均电价 π 不能低于 29.8 美元/MW·h。

3) 煤价上涨以及征收环境税可使发电成本增加，新的边际发电成本为

2.35 美元/MBtu × 9419.2Btu/kW·h + 1 美元/MW·h = 23.135 美元/MW·h

于是，年损失计算如下：

(23.135 - 23.00) 美元/MW·h × 0.8 × 500MW × 8760h = 471813.6 美元

如果预计这种损失情况在未来几年不能改善，则电厂应做出立即退出运行（提前退役）的决策。

4) 安装脱硫设备后发电成本变为

1.67 美元/MBtu × 11500Btu/kW·h + 1 美元/MW·h = 20.205 美元/MW·h

则，年生产费用为

CF = 20.205 美元/MW·h × 3504000MW·h = 70798320 美元

年收入为

RF = 23.00 美元/MW·h × 3504000MW·h = 80592000 美元

如果其他的经济状况保持不变，在电厂余下的 15 年寿命里，此项改进对电厂的影响见表 7.2。

表 7.2 电厂设备脱硫改造后的资金流

年份	投资/美元	产量/MW·h	生产费用/美元	收入/美元	净资金流/美元
0	50000000	0	0	0	-50000000
1	0	3504000	70798320	80592000	9793680
2	0	3504000	70798320	80592000	9793680
3	0	3504000	70798320	80592000	9793680
…	…	…	…	…	…
15	0	3504000	70798320	90592000	19793680

按照基准收益率 i_0 = 12% 来计算资金流（也可利用 Excel 中的 NPV 函数进行计算），那么净现值为

$$-TCR + \left[-CF + Q\pi \right] \sum_{n=1}^{15} (1+i_0)^{-n}$$

$$= \left[-50000000 + (-70798320 + 80592000) \frac{1 - (1+0.12)^{-14}}{0.12} \right.$$

$$\left. + (-70798320 + 90592000)(1+0.12)^{-15} \right] \text{美元}$$

$$= 16544991.02 \text{ 美元}$$

第 15 年的收益包括土地的成本价值。最终，这一技改方案产生的总净现值等于 16544991.02 美元，表明这项技改投资是有意义的，电厂应该继续运行。

7.2.4 周期性需求对发电投资的影响

在市场机制下，与其他投资一样，发电投资也受到需求变化的影响。如果电力需求增加时，发电容量扩建没有及时跟上，或因部分机组提前退役而使可用发电容量减少，电价无疑要上升。上升的电价会激励发电公司投资建设新电厂，发电容量将增加，直至电价等于发电

长期边际成本的最佳点为止。然而对发电容量投资来讲,除了一般投资需考虑的因素以外,电力需求的周期性变化和天气对电力需求的影响更是必须考虑的因素。

因为电能不能大量储存（或储存代价极高），且需求波动较大，所以电能必须满足实时的供需平衡。在考虑发电容量投资问题时，负荷曲线的峰值和低谷在每日、周、年发生的确切时刻并不重要，但不同负荷水平的持续小时数有重要的参考价值。这一信息可通过绘制持续负荷曲线直观的表示出来。某省电力系统2005年的持续负荷曲线（局部）如图7.3所示，从曲线中可以观察到系统负荷最高约为23000MW，同时也可以看到在8760h中负荷高于20000MW的时间不到6%，即20000MW以上负荷的累计持续时间不超过500h。

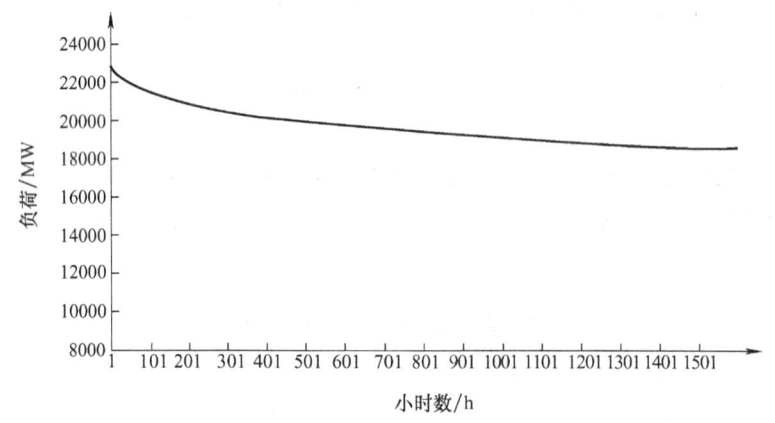

图7.3 某省电力系统2005年的持续负荷曲线（局部）

电力供需实时平衡的特性要求装机容量必须满足最大负荷的需求，但由于负荷的峰谷变动，不是所有的发电机组都能达到期望、一致的利用率，峰谷差越大，设备利用率的差别就越大。在完全竞争市场中，边际发电成本低的机组相比于边际发电成本高的机组可优先运行，所以前者的利用率更高。当负荷需求高时，大多数机组满载运行，显然竞争就不激烈，此时的竞争仅限于少数高成本的机组。反之，低负荷需求时期，即使高效率机组也不得不为上网而竞争，以避免停机后再起动时费用的增加。

如前所述，在完全竞争市场中，机组依据边际发电成本报价，边际发电机组的成本确定市场价格。若机组成本特性以线性形式表示，则此时边际机组既不亏损也不盈利，而边际发电成本低于市场价格的机组是盈利的。在考虑到固定成本投资后，对于盈利机组，这种报价方式或许是可行的，但这些机组的利润不能全部作为投资回报，还要用于偿还电厂的固定成本，包括不随发电量变化的维修成本、工资、税费等，以及补偿电厂的机会成本。

但是，对于那些低效高边际成本的机组，情况就不同了。这些机组仅在非常炎热的夏天或非常寒冷的冬季，当负荷达到峰值时才能投入运行。理性的发电商不会让这些机组在市场价格低于边际发电成本时运行，但完全基于短期边际成本报价，这类机组又不可能收回固定成本。因此，如果这类机组要在市场中生存下去，它们的报价就必须包括固定成本，使发电的收入等于总的运营成本，表达式如下：

发电量[MW·h] × 报价[美元/MW·h]

= 固定费用分摊[美元] + 产量[MW·h] × 热耗[Btu/kW·h] × 燃料费用[美元/MBtu]

由于负荷周期性波动，机组发电量无法确切得到，所以可根据设备利用率计算其报价的范围。将机组的年发电量折算成最大出力状态下的运行小时数,可以得到某机组最小投标价格与运行小时数之间的关系,如图7.4所示。

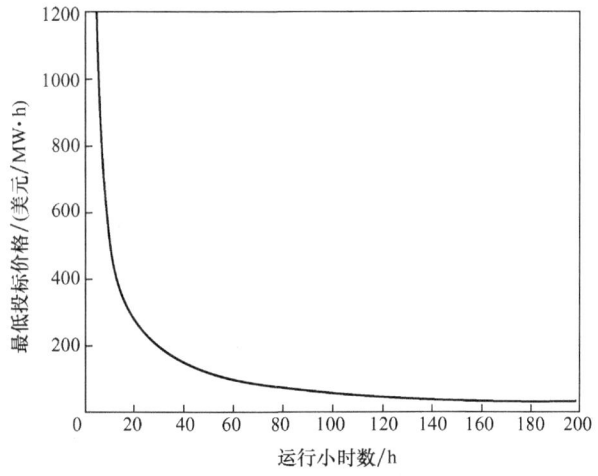

图7.4 在保证回收成本的前提下某机组最小投标价格与运行小时数之间的关系

可见,如果该机组每年仅运行5h,最低报价将超过1000美元/MW·h。与电厂的边际发电成本相比,这个报价看起来完全不合理,但从公司利益的观点看它是完全合理的。而且,在一年中的少数时间里,因为机组完全可能成为当时状况下的唯一竞争者,是这一时期内消费者最后的唯一选择,所以消费者只能接受这一价格,从而机组完全可以在此报价下获得发电机会。

面临这种状况的发电商需要估计电厂每年可能的运行小时数以确保盈利。根据历史数据,如负荷增长和其他机组的退出等,可对此数值进行预测。但许多不确定性因素,如在暖冬或凉夏时需求减少、负荷达不到峰值,水量充足时水电机组会增加利用率而导致火电厂减少发电机会,都会使上述边际成本非常高的机组很少或根本不运行。所以准确预测电厂每年可能的运行小时数是非常不容易的,预测值与实际值可能存在很大差别。不愿承担风险的投资者,即使在一些年份可以获得期望的年平均收入,但只要遇到一年或连续几年亏损的情况时,也会首先考虑将这类电厂退出运行。

7.3 发电投资的激励机制

在对发电投资的决策进行了分析后,本节将从消费者的角度考虑发电容量的供给问题,即讨论发电投资的激励机制。消费者购买电能时,对供电可靠性是有要求的,即希望在需要电能时,能得到及时供给。因此,考虑到故障或维修的需要,电力系统必须具有比峰值负荷更多的可用发电容量。提高这个容量值意味着在某种程度上提高了系统的可靠性。

在自由竞争的市场情况下,任何公司都不会亏本来建设新电厂。所以,要保证系统具有充足的发电容量,必须建立发电投资的市场激励机制。有效的激励机制应确保发电容量的扩建不仅满足消费者对电能的需求,同时也满足对供电可靠性的要求。下面,首先讨论建设新发电厂的决策能否完全依据在电力市场出售电力商品获得的收益而做出,然后讨论三种不完全依据市场的建设新电厂的激励机制。

7.3.1 电价驱使的发电容量扩建

在发电容量扩建（建设新电厂）问题上，某些电力系统经济学家主张应完全市场化。他们认为如果电能在市场中自由交易，就不需要发电容量扩建的集中计划性或激励性机制，认为市场机制能够自动形成发电容量规模的最佳水平，过度干预会使市场价格发生畸变和调节作用失灵，政策性发电容量扩建会导致投资过多或不足，难以达到最经济的市场效率。

如第2章所述，如果电能需求增加或供给减少，市场电价都将升高，这会促使发电容量投资增加，直到容量最终增加到一个新的供需长期均衡点。然而在电力市场环境下，电能供电侧和需求侧的特征有其独特性，供电侧只能实时提供电能（不能大量储存），而需求侧周期性波动并且缺乏弹性，这就造成了市场电价的变化通常不是平缓的、渐进的，在需求接近装机总容量时，短期内价格会大幅度升高，出现价格尖峰。下面以图7.5所示加以说明。图中，典型的电力供给函数可以三段线性曲线表示：第一段比较平缓，表示在市场中自由竞争的发电容量；第二段斜率较大，表示不经常投入运行的峰值发电容量；第三段几乎是垂直的，表示当系统的发电量接近装机容量极限时的供给函数。图7.5中，需求函数为近乎垂直的直线，代表需求的价格弹性接近零。需求随时间的波动，可表示为需求函数沿需求量轴线的水平移动。

如图7.5所示，三条需求曲线与供给函数的交点示出了各种情况下的市场均衡情况及电价。当发电容量充足时，负荷D1相对较小，大部分机组容量利用率较低，市场的出清价格由边际成本低的高效机组决定，使得电价 π_1 较低（A点）；当负荷升高到D2时，发电容量紧张但能满足负荷，D2机组容量利用率普遍升高，市场电价由不经常运行的发电机组的报价决定，导致峰荷时电价 π_2 迅速上涨（B点）；当负荷继续增长到曲线D3，几乎需要所有的发电容量都投

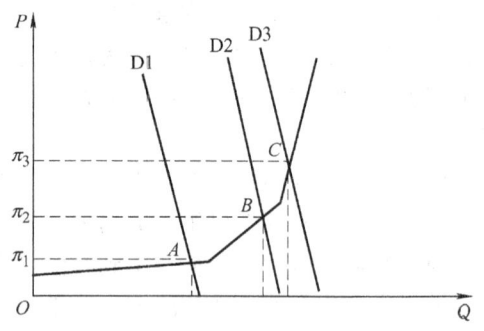

图 7.5 电能供给和需求曲线决定的电能价格

入运行时，电价尖峰值 π_3 就出现了（C点）。电价尖峰出现的根本原因是可用发电容量不足，如装机容量不能满足增长的负荷，或一段时间内机组退役较多，或由于缺燃料、缺水等原因造成一些机组容量不可用。在这些情况下，如果需求没有弹性，发电边际成本会非常迅速地爬升到一个极端的高度。

从理论上讲，电价尖峰即使在一年中仅发生几次，也足以充分提高平均电价。所以电价尖峰可以成为发电容量不足的信号，它所带来的超额收益促使发电投资商产生投资新建电厂的欲望或保持已有机组持续可用性（提高可靠性）的动力。另一方面，对于消费者来说，电价峰值会刺激消费者提高对价格信号的敏感度，增强需求的价格弹性，使峰值价格的幅度有所下降；同时，电价峰值还会刺激消费者积极签订各类买电合同，从而促使发电投资商新建电厂。

上述在理论上是成立的，但实际上，要想将尖峰电价作为引导发电投资的信号却是难以实现的，以下几方面因素会导致其对发电容量市场的调节失灵。

首先，消费者难以适应尖峰电价。目前，由于技术手段的缺乏，消费者还无法对短期价

格信号进行广泛响应,因此在峰值需求时,当不能通过电价的飞升抑制需求时,实现按可供电数量的配给可能更为必要,即系统运行员此时不得不切除部分负荷以保持系统的平衡。大面积的负荷削减会影响百姓生活和社会经济发展,肯定是不受欢迎的,而且对于非专业人员来说,尖峰电价产生的原因也是难以解释和判断的,会令消费者有上当的感觉。强制切负荷还可能造成事故及社会秩序混乱,产生不好的社会影响。一般而言,失负荷损失值(Value of Lost Load, VOLL)比电价要高许多,这体现了消费者对停电的不习惯,甚至不能容忍。

其次,投资者难以完全信赖尖峰电价所能带来的利润。要依靠尖峰电价回收成本,发电企业需要了解需求的随机变化规律以及预期的总可用发电容量情况,以便能够计算尖峰电价发生的概率和投资的期望收益率。然而,由于信息不完全,精确描述需求函数的特性与准确预测尖峰电价出现的时段与大小都是很困难的,因而以尖峰电价信号为基础进行投资决策对投资者来说有很大风险。为规避风险,他们也许就能打消建设新电厂的念头。

最后,电价驱使的发电投资使发电容量供给缺乏稳定性。众所周知,从获得建设许可到新电厂投产有较长的延迟时间,这导致发电容量变化与负荷需求的渐进增长形式不同,往往是繁荣的增长期与萧条的停滞期交替循环。当发电容量短缺造成电价升高时,电厂建设就繁荣,并由于延迟时间的存在,等电厂陆续投产后又会容量过剩导致电价降低,只有当这种过剩缓解后才能重新带动扩建电厂的积极性。这种繁荣与萧条的交替循环无论对生产者还是消费者都是不利的。

总之,仅依靠电力市场和尖峰电价的作用不能很好地保证发电容量的充足。这种理论实际上假设消费者购买电能仅是一种商品的交易,忽视了消费者购买电能时不仅关注商品交易,更关注供电服务的可靠提供。

7.3.2 容量电价机制

完全由电价驱使发电容量的扩建有一定的风险。因此,一些国家和地区的电力市场设计者认为,与其用短时由于电力短缺造成的电价剧升所产生的额外收益激励发电投资,不如用其加强基础建设,即支付给可用发电容量,把通过尖峰电价获得的非正常收益转化为发电企业的固定收益流。

所谓容量电价机制,就是按照每台机组的可用发电容量,支付机组一定的费用,该费用与电能交易无关,是机组的容量收益。该收益至少应涵盖新增发电机组的部分投资,以鼓励发电公司保持机组容量可用,尽管这些机组可能难以获得发电机会。通过提高总体的可用发电容量,可以减少电力短缺产生的可能性。同时,更多的可用发电容量也加强了市场的竞争,有利于电能市场均衡价格的形成。

这种机制的优点,是有效减少了容量短缺引起的电价飙升,将这种风险由消费电能的所有用户来分摊,而不考虑用户使用电能的具体时间。在短期内,它对市场参与者规避风险是有益的,而从长期角度看,它缺少追求经济效益的激励作用,会造成资本过多地投入发电容量扩建,并且对需求侧管理不重视,不利于此方面的投入。

这种机制在实际操作上还有其他困难:一是,没有明确的方法来决定投入到可用容量的总资金,即每千瓦装机容量的价格难以确定;二是,每台机组的可用容量按什么价格支付,怎么支付,将会存在争议,如水电机组由于干旱而输出功率受限时其可用容量的确定问题;三是,因为容量电价不与任何性能指标相联系,其增强系统供电可靠性的效果不是很明显。

早期的英国电力市场在容量电价上是这样操作的，即对每个时段 t，在电能集中交易确定的电量电价基础上，再增加考虑容量电价，以两者之和作为向发电商购买电能的价格。容量电价的计算式为

$$CE_t = VOLL \cdot LOLP_t \tag{7.5}$$

式（7.5）中，VOLL 表示失负荷的价值，它代表了用户为避免停电而愿意支付的保险金。VOLL 由英国政府通过消费者调查决定，并在每年的 4 月根据上一年度的通货膨胀率进行调整。1990 年最初公布时，VOLL 为 2000 英磅/MW·h，2008 年已调整为 10000 欧元/MW·h。$LOLP_t$ 表示在时段 t 内失负荷的概率。失负荷概率反映了负荷超过可用发电容量的概率，可根据预测的负荷量和可用发电量，以及机组的故障率计算得到。容量电价在交易时段之间也是波动的，偶尔会因为失负荷概率升高而引起尖峰电价。在每个交易时段内通过容量电价收集到的资金被分摊到提交报价参与集中电能交易的发电机组中，不论它们是否中标发电。容量电价不仅为生产者提供了长期的激励信号，同样也给消费者提供了一个短期容量短缺的信号。虽然容量电价带给发电机组更多的利益，起到鼓励其维持可用发电容量的作用，但它对短期的失负荷概率存在依赖，因而容易被大型发电公司所操纵。因此，当英国推行新的电力交易规则时，容量电价被废弃。

7.3.3 容量市场

容量市场是另一种激励发电投资的途径。与容量电价机制不同，在容量市场中，电网管理部门设定发电充足度目标及满足目标需要的发电容量，要求电力商品零售商和大用户（即所有购电实体）按份额在规定的容量市场中购买满足这一目标所需的份额。采用容量市场方式，尽管电网的容量需求是采用行政手段确定的，但容量价格却可以在市场上自发形成，此价格的变化是比较剧烈的。

容量市场在实际实施时，需要考虑并且解决以下几个问题：

1）市场的时段划定：市场的时段划定问题是指多长时间对各购电实体的容量购买额度进行划分。对购电者而言，他们希望划分的时间间隔尽量短一些（如一个月或更短），因为这样可以减少他们在轻负荷时期所需购买的容量。同时，更短的时间也提高了容量市场的流动性。而对于发电商，则希望有较长的时间间隔（如一季或一年），这样，他们更容易掌握电网的容量需求。较长的划分时间间隔有鼓励新电厂建设的作用，并且与管理部门电网可靠性评估的周期比较接近。

2）容量评估方法的选择：容量评估方法是指对发电商提供容量质量的评估手段，主要体现在容量可用程度上。由于发电机组在任何时候都有可能出现突发性故障，所以系统装机总容量必须超过需求的峰值。这就是说，发电机组的不可靠性提高了需要的发电容量的边际，从而增加了整个系统的成本。因此，选择适当的方法评估发电机的可靠度，同时激励发电机组连续运行是容量市场设计的第二个大问题。容量评估方法应尽可能密切地跟踪系统的可靠性，应当奖励可靠性高的机组并促使不可靠的机组退出运行。例如，在宾夕法尼亚—泽西岛—马里兰（PJM）市场，发电机组在电力市场中提供的容量（有效容量）就是与历史数据统计的强迫停运率相关的。于是发电机组就要维持并提高其可用率，以体现更多的有效容量，从而提高其可能的收入。理论上讲，设计的容量评估指标不仅应能够驱使再建或积极保持可用的发电容量，而且应可以激励这些容量在系统需要的关键时期内也可运行，这点对

电力市场应对突发事件尤为关键。

3) 对于不履行义务者的惩罚方法：没有购买上述可靠性容量的购电者将受益于其他购电者，当然占有一定的市场优势。因此对不履行这一责任的购电者应实施一定的惩罚措施。合理的惩罚方法即是要实现对正当行为者的鼓励和对不履行义务者的惩罚。

7.3.4 可靠性合同

理论上，理想的情况是，每个用户可以根据自己的可靠性需求而购买容量。在完善的电力市场中，上述需求可以通过用户与发电商签订长期的购电合同而实现。此时，合同中不仅需要有用户对电量的需求，还需要规定供电的可靠性水平。这种合同将会刺激发电商准备足够的容量以提高其供电可靠性。而在电力市场上没有完善前，上述理想模式可以通过由电网运行者代用户进行类似合同的签订以实现。这种由系统运营者所签订的购买供电可靠性的合同，即为可靠性合同。

与容量市场上需要系统运营者建立最低容量需求限额不同，可靠性合同可以通过拍卖的形式完成。可靠性合同本质上是系统运营者从发电企业购买的看涨期权。看涨期权又称买进期权，它给合约持有者（买方）按照约定的价格从卖方手中购买特定数量特定交易标的物的权利。可靠性合同之所以可视为看涨期权，是因为发电商需要支付电价与合同协议价格之间的差额，同时发电商不履行合同将被惩罚。

系统运营者按所需可靠性标准决定购买可靠性合同的总量 Q，合同的成交价格 s，并明确合同的执行期限。竞标时，合同依据发电机提交的保险费价格（以 P 表示，是对看涨期权的报价）来排队，系统运营者按由低到高原则购买所需电量 Q，并以保险费报价进行支付。

例如，以保险费 P 出售数量 $q(\text{MW})$ 容量发电机情况。这台发电机在合同持续时间的每个时段内得到 Pq 的保险费用。在电力商品的现价 π 超过出清价格 s 时，发电机必须向消费者返还 $(\pi - s)q$。如果这个机组在这个时段仅发电 g，它必须支付的惩罚为 $(q-g)\,pen$，其中 pen 为惩罚价格（元/MW·h）。

总结起来，可靠性合同有如下特征：

1) 可靠性合同使发电商在电力短缺期间有最大化其可利用发电机组的动力。

2) 高度灵活和不确定的发电收益被来自期权的稳定收益所取代，所以可靠性合同减少了边际发电机组所面临的风险。

3) 集中运行者能设定被拍卖的合同数量在一定的水平上，以达到预期的可靠性水平。

4) 发电容量缺乏引起的高价时期盈利减少，避免了投机现象，促使发电机组保持或提高机组的可用率。在高价时期，若发电不足，合约机组将面临惩罚，所以合约机组将尽量保证合约的执行而采用可靠性高的机组。

5) 虽然消费者支付了高于电力商品成本的费用，但他们规避了高价的风险。直接面对容量付费和容量市场，用户对他们的收益常常难以确定，而通过可靠性合同，用户实际上通过拍卖竞争得到了一份容量的保险。

6) 最后，因为可靠性合约的出清价格显著高于电力商品的竞争价格，仅当系统容量不足时，期权才发挥作用，这样对正常电力商品市场的干扰可以降低到最小的程度。

7.4 输电系统的作用与性质

在竞争的电力市场中,输电系统从垂直垄断模式中分离出来,输电作为一种独立的服务有其自身的特性。

1) 输电存在的理由:输电是由于电网中电源和用户位于不同的地点而存在的,输电存在的意义随发电和用电间的距离大小而变化。可以想见,如果存在可家庭化安装、使用的发电机,且工作可靠、环境友好,又有成本优势,那么输电也就不会再存在了。

2) 输电系统的自然垄断性:由于输电建设对环境有明显的影响,建设相互竞争的输电网没有意义,而且输电网具有规模效益,因此输电网被认为是自然垄断的典型例子。目前世界各国在推进电力市场时都仍然保持输电系统的垄断地位。

3) 输电是资本密集型产业:高效安全地长距离输送电力需要大量昂贵的设备。尽管最常见的设备显然是架空线路,但变压器、开关和无功补偿等设备的费用却都很高。当输电系统大规模联网运行时,为保证系统的安全,需要大量的保护和通信设备以及一些采用尖端技术的控制中心。与系统运行的经常性费用相比,这些投资的花费是很高的。因此,投资的正确决策对运营一个输电公司来说是最重要的。

4) 输电设备的使用寿命很长:大多数输电设备设计时的期望寿命是 20~40 年,或者更长。这么长的时间很多事情都会变化。输电线路连接的大型发电厂可能因为燃料费用的上涨或者竞争性新技术的出现而提前报废,而不平衡的区域经济发展可能使需求的地理分布发生转移。所以,如果预测错误,所建设的输电设施就可能只部分地得到有效利用。

5) 输电投资是不可逆的:一旦输电线路建好,它就不可能再移动到另一个更有收益的地方。其他输电设备可能较易移动,但这样做的成本通常是昂贵的,设备的回收利用价值也很低。所以,输电公司必须长期忍受投资时决策失误的后果,一个大投资项目如果不能像预期的那样被充分利用,就会成为搁浅的投资。在管制环境中,输电投资者通常得到一定形式的担保,即使由于输电需求不可预测的变化造成投资搁浅,他们的投资也能回收。

6) 输电投资的灵活性差:制造商生产的输电设备只有几种标准的额定电压和容量,因此建设输电设施时所选设备的额定值往往不能完全符合要求。另外,虽然需求增加时设备偶尔可以临时增容,但输电设备标准化以及再利用价值低的特点常会导致临时增容难以方便地进行,所以输电投资通常是间歇性、大规模进行的。在设备投运的早期,它的容量大多超过需求,越往后它的利用强度可能越大,或至少会工作在预期的情况下。

7) 规模效应:理想的情况是投资应该与建设容量成正比,但就输电线路建设而言,并不是这样。建设输电线路本身的一些成本,如获取输电走廊、竖立杆塔等,基本与输出线路的长度成正比。不同电压等级输电线路,因为导线尺寸不同、杆塔高度不同,建设成本有差异。另外,线路两端必须新建或扩建变电站,这些费用也是巨大的,并且几乎与输电线路输送的电能数量无关。因为这些固定费用的存在,输电的平均成本的降低依赖于输送电能的增加,所以输电网具有显著的规模效应的特点。

8) 输电投资的商业化:虽然绝大多数输电投资的回报仍然由监管机构确定,但输电设施建设商业化已有一些实例。例如,垄断性输电公司以外的投资者建设的一些线路,不享受监管确定的适度但是安全的回报率,而是通过商业化经营这些线路获取较高的收益,当然,他们也承担着收益无法回收成本的风险。

7.5 基于成本的输电扩建

在传统管制模式下,输电得到的收益足够回收成本,并有一定的投资回报率,这样可保证电网稳步发展。典型的输电设备投资是按照下面的步骤进行的:

1) 对输电容量需求进行预测。
2) 确定输电设备扩建方案,并提交给监管部门。
3) 监管部门审核,决定如何扩建。
4) 输电公司使用贷款、股票或债券等融资方法募集资金,进行输电设备建设。
5) 输电设备投入运行,并通过收取使用费回收投资成本。

这种方法简单明了,但在市场环境下,输电容量应该建多大值得探讨。显然,输电价格应该是输电容量的函数,如果输电容量过大,使用者就必然为不曾使用的冗余输电容量多付费;如果输电容量太小,网络阻塞将减少电能交易机会,产生地区电价差,进而推高总购电成本。

原则上,监管者应该尽力使输电容量符合实际,过大或过小的输电容量都造成社会效益的损失。然而,由于用户需求和发电扩建存在一定的不确定性,符合实际的输电容量难以量化。从经济观点看,输电容量偏大比偏小要更好一些,因为输电成本只占销售电价的10%左右,虽然输电过度投资的代价较大,但如果输电投资不足,输电容量的微小欠缺就可能对上网电价产生很大影响,而上网电价甚至可占到销售电价的60%以上,由此带来的潜在经济风险更高。

基于回报率得到成本补偿的做法必然驱使输电公司夸大输电容量的需求,因为建设越多的输电设施,他们合法地从输电网使用者手中得到的收入就越多,再者,监管者们也难以有精力和专业的技术知识去评估输电公司提供的扩建规划合理与否。

总之,输电公司基于回报率得到成本补偿,可以保障他们正常的经营,是符合参与者的利益的,该方法也确保可在一定程度上预测出输电的成本,但这不能保证输电容量的投资水平是经济上最优的。

7.6 基于价值的输电扩建

7.6.1 输电价值的定量分析

在电力市场中,输电网的存在拓展了市场参与者的竞争空间,因此输电服务是有经济价值的。该价值是确定市场参与者如何支付输电网使用费的依据。

互联电网中的用户,既可从本地电厂购电,也可从远方电厂购电并通过输电网输送到本地使用。选择本地电厂还是远方电厂,除与电厂的供电成本有关外,还与输电的成本密切相关。输电的价值体现为用户可承受的输电价格,用户可承受的最高的输电价格被定义为输电服务的边际价格。例7.2给出了一个简单的示例。

【例7.2】 两节点简单电力系统如图7.6所示,若不计线路损耗和网络安全约束,试分析下列情况下用户的购电决策。

1) 两机组容量均足够大,能独立承担 1000MW 的负荷;

2) 本地机组的最大输出功率低于 1000MW。

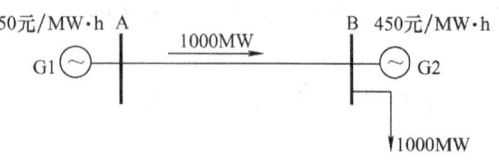

图 7.6 两节点简单电力系统

解: 由于 A、B 地区互联,节点 B 的用户既可以 450 元/MW·h 的价格向本地机组 G2 购电,也可以 350 元/MW·h 的价格向远方机组 G1 购电并支付输电费,前者称为方案 1,后者称为方案 2。

1) 在机组容量充足的情况下,如果输电价格低于 100 元/MW·h,方案 2 的购电成本将低于方案 1,用户将选择向机组 G1 购电;如果传输价格高于 100 元/MW·h,方案 1 的购电成本将低于方案 2,用户将选择向本地机组 G2 购电。

显而易见,输电的价值就是 100 元/MW·h,它也是用户是否使用输电服务的临界点。从投资的角度来看,这条输电线路只有在平均输电成本低于 100 元/MW·h 时才值得建设。

2) 如果本地机组的最大输出功率低于 1000MW,输电设施必须投入运行才能满足用户需要。这样,输电的价值就不再由两地的供电成本决定,而取决于用户对电能的需求欲望,从短期看,可能明显地高于 100 元/MW·h。当本地发电量有限时,因为用户需要在使用输电还是放弃用电之间选择,而电力需求的弹性较小,所以输电将处于垄断地位。从长期看,由于缺电会激励本地发电建设,输电的垄断地位将受到抑制和削弱。

回到第 6 章讨论过的两地区互联的例子,可进一步分析线路输电容量对输电价值的影响。

两地区互联系统的模型如图 7.7 所示,西源和东荷地区的供给函数(元/MW·h)分别为

$$\pi_S = MC_S = 80 + 0.04 P_S \tag{7.6}$$

$$\pi_D = MC_D = 100 + 0.08 P_D \tag{7.7}$$

西源和东荷地区的需求分别为 500MW 和 1500MW,假设需求不随时间变化且完全无弹性。

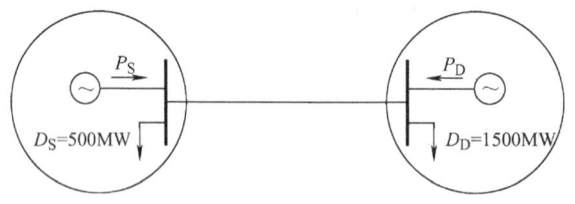

图 7.7 西源-东荷互联系统的模型

在无互联时,两地的电力市场分别独立运营,西源和东荷地区的电价分别为 100 元/MW·h 和 220 元/MW·h。于是,一旦互联,传输第一度电的价值即为两地间的电价差,120 元/MW·h。

由第 6 章可知,当联络线潮流是 500MW 时,西源地区的发电量是 1000MW。其中,500MW 满足本地负荷,其余 500MW 卖给东荷地区。东荷地区还有 1000MW 的电力需求由本地发电满足。此时,西源和东荷地区的电价分别是 120 元/MW·h 和 180 元/MW·h,从西源到东荷多送 1kW·h 电的输电价值仅为 60 元/MW·h。这也是东荷的用户以 120 元/MW·h 在

西源购电后所愿意支付的最高输电价格，如果输电价格再升高，他们宁愿在本地购电。

当联络线潮流达到 1000MW 时，西源和东荷地区的电价相同，即

$$\pi = \pi_S = \pi_D = 140 \text{元}/\text{MW} \cdot \text{h} \tag{7.8}$$

此时，输电的价值为零，东荷的用户从本地发电商处多购买一度电与从西源购电价格相同。因此，他们不再愿意远方购电并支付输电费。可见，输电的边际价格是联络线潮流的函数，它决定于联络线两端的电价和输电容量。

7.6.2 输电的需求函数

在市场规律作用下，输电服务的价格和最优数量同样由供需平衡确定。首先分析输电需求函数，输电需求函数是输电价格（因变量）对输电量（自变量）的函数。

这里以图 7.7 所示西源-东荷地区互联系统为例，说明输电需求函数的形成方式。西源-东荷间输电量仍用 F 表示，求输电价格 $\pi_T(F)$ 与 F 的函数关系。由 7.6.1 节知道，若东荷和西源的电价为 $\pi_D(F)$ 和 $\pi_S(F)$，则 $\pi_T(F)$ 可表示为

$$\pi_T(F) = \pi_D(F) - \pi_S(F) \tag{7.9}$$

将式 (7.6) 和式 (7.7) 代入式 (7.9)，可得

$$\pi_T(F) = [100 + 0.08 P_D(F)] - [80 + 0.04 P_S(F)] = 20 + 0.08 P_D(F) - 0.04 P_S(F) \tag{7.10}$$

若西源和东荷的发电量表示成联络线潮流的形式，则负荷可表达为

$$P_S(F) = D_S + F \tag{7.11}$$
$$P_D(F) = D_D - F \tag{7.12}$$

于是，式 (7.10) 变为

$$\pi_T(F) = 20 + 0.08(D_D - F) - 0.04(F + D_S) \tag{7.13}$$

将已知的负荷值代入，得到输电容量的需求函数

$$\pi_T(F) = 120 \text{元}/\text{MW} \cdot \text{h} - 0.12 F \tag{7.14}$$

用式 (7.14) 可以验证 7.6.1 小节推断出的结果。例如，当联络潮流为 0 时，输电边际价格是 120 元/MW·h；当联络潮流达到 1000MW 时，输电价格为 0，这正是西源和东荷的发电价格相等时的输电价值。图 7.8 给出了此系统的需求函数。从图中可以看出，与其他任何商品的需求函数一样，当输电价格下降时，输电需求增加。

由式 (7.14)，容易得到输电容量的反需求函数

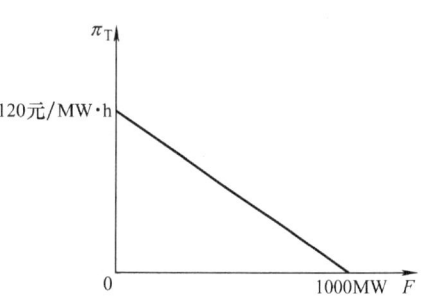

图 7.8 西源-东荷互联传输的需求函数

$$F(\pi_T) = 1000\text{MW} - 8.33 \pi_T \tag{7.15}$$

对于输电设施的所有者来讲，相比较于需求函数，他们更希望知道输电设备容量所能带来的收益，因此，将输电设施所有者的收益作为可用输电容量的函数来研究是很有意义的。输电容量收益可表示为输电价格与输电容量的乘积。对于例 7.2 的系统，输电容量收益可表示为

$$R(F) = \pi_T F = (120 \text{元}/\text{MW} \cdot \text{h} - 0.12 F) F \tag{7.16}$$

西源-东荷互联中输电容量与输电收益的关系如图7.9所示。容易看到，收益是输电量的二次函数。如果没有输电容量可用，显然，输电设施所有者得不到任何收益。另一方面，输电容量为1000MW时，线路中的潮流最大，此时线路两端的节点电价是相同的，输电价格$\pi_T=0$，收益也为零。通过计算可以知道，当输电容量为500MW时，设备拥有者收益最大。

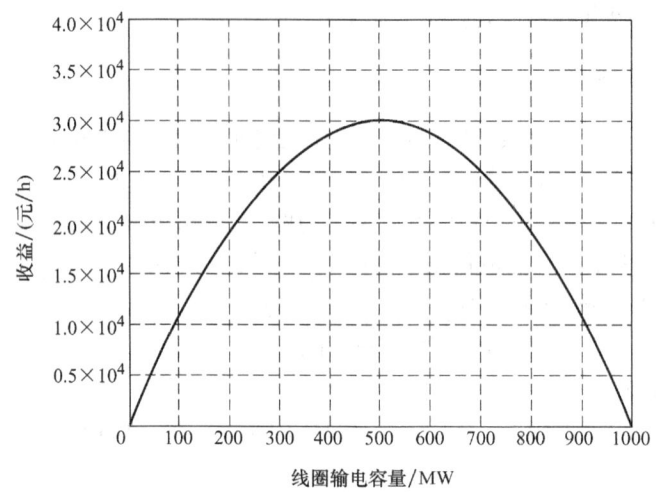

图7.9　西源-东荷互联中输电容量与输电收益的关系

7.6.3　输电的供给函数

下面再来建立输电的供给函数。输电设施建设的年均成本中，可变成本分量与线路的输电容量T有关，而固定成本分量与输电能力无关，具体可表示为

$$C_T(T) = C_F + C_V(T) \tag{7.17}$$

为简单起见，假设可变成本与输电容量是线性关系，即

$$C_V(T) = klT \tag{7.18}$$

式中，l是线路长度（km）；k是建设每km输电设施的年均边际成本（元/(MW·km·a)），则输电容量的年均边际成本为

$$\frac{dC_T(T)}{dT} = kl \tag{7.19}$$

这个量称为长期边际成本（LRMC），它与输电投资的成本有关，将它除以年小时数（$\tau_0=8760h$），得每小时的长期边际成本，以元/MW·h表示

$$c_T(T) = \frac{kl}{\tau_0} \tag{7.20}$$

由于式（7.18）所做的简化假设，因此输电边际成本是一个常数，与线路输电容量无关。对西源-东荷互联系统例子，假设其输电线长1000km，并且

$$k = 300 \text{元}/(MW \cdot km \cdot a) \tag{7.21}$$

则输电每小时的长期边际成本为

$$c_T(T) = 34.2 \text{元}/MW \cdot h \tag{7.22}$$

7.6.4 最优的输电容量

最优输电容量是输电供给和需求达到平衡时的值，此时，用户愿意支付的输电价格等于输电的边际成本。例如，对于例 7.2 的系统，有如下关系：

$$\pi_T = 120 - 0.12 T^{OPT} = c_T = 34.2 \text{元/MW} \cdot \text{h} \tag{7.23}$$

可求得最优输电容量为

$$T^{OPT} = 715 \text{MW} \tag{7.24}$$

西源 – 东荷互联中输电容量与输电收益的关系如图 7.10 所示。由图可见，西源和东荷的节点电价是各自地区发电量的函数。由于假设需求不变，西源、东荷地区的发电量将由联络线潮流决定，因此节点电价将是联络线潮流的函数。如果潮流受到互联线容量的限制，那么两条斜线间的垂直距离即为两个市场间节点电价的差值（如图 7.10 所示的 60 元/MW·h），这个差值称为输电容量用尽时的短期边际成本（SRMC）。

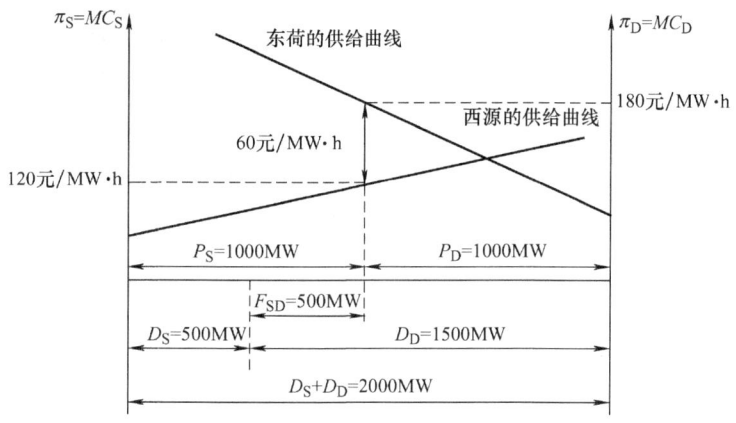

图 7.10　西源 – 东荷互联中输电容量与节点电价的关系

如果联络线的输电容量为 715MW，从西源到东荷的潮流就等于 715MW（$F = T$），那么短期边际成本就等于 34.2 元/MW·h。这意味着，短期边际成本与这条联络线的长期边际成本完全相等。如果联络线的所有者得到两个市场间的节点电价差（或者说，收取等于这个差值的输电费），那么他完全可以得到足够的收益来支付线路的建设成本。

如果输电容量大于 715MW，运行点将会右移，节点电价差值（短期边际成本）将会变小（小于 34.2 元/MW·h）。由于长期边际成本是常数，因此联络线的价值将低于成本。而且由于输电设施所有者的收益与节点电价的差值成正比，因此他们将无法得到足够收益来回收投资成本，换句话说，投资过度了。

再者，如果输电容量小于 715MW，运行点将左移，节点电价的差值（短期边际成本）将大于长期边际成本（大于 34.2 元/MW·h）。一方面，这种欠投资对输电设施所有者来说是好的，因为他们可以收取比较高的输电设施使用费，但另一方面，从全局的角度来看，这种欠投资并不好，因为它将交易机会限制到了一个次优的水平上。

7.6.5 约束成本与投资间的均衡

实际上，上述最优输电容量还可以从另一个方面进行理解，即最优输电容量是能够满足一定负荷需求条件下使输电成本与发电成本之和最小化的输电容量。下面还以例7.2的系统说明两种寻找最优输电容量方法的等价性。

由西源和东荷地区的发电边际成本表达式（7.6）和式（7.7），可分别导出这两个地区的可变发电成本（元/h）为

$$C_S = 80P_S + \frac{1}{2}0.04P_S^2 \tag{7.25}$$

$$C_D = 100P_D + \frac{1}{2}0.08P_D^2 \tag{7.26}$$

由第6章可知，不受输电网制约时最小成本的发电调度为 $P_S = 1500\text{MW}$、$P_D = 500\text{MW}$，联络线中的潮流为 $F = 1000\text{MW}$。

由此每个地区相应的发电成本以及全系统的成本分别为 $C_S = 165000$ 元/h、$C_D = 60000$ 元/h，$C^U = C_S + C_D = 225000$ 元/h。

上述这种无约束的调度和相应的成本通常称为最优调度（Merit Order Dispatch）和最优成本（Merit Order Costs）。如果输电容量（同时也是联络线中的潮流）是715MW，则发电量和相应的成本如下：$P_S = 1215\text{MW}$，$C_S = 126724.5$ 元/h；$P_D = 785\text{MW}$，$C_D = 103149$ 元/h。

约束情况下满足负荷的总成本为 $C^C = C_S + C_D = 229873.5$ 元/h。

约束和非约束条件下发电成本的差值叫做约束成本（Cost of Constraints）或者额外成本（Out of Merit Generation Cost），即 $\Delta C = C^C - C^U = 4873.5$ 元/h。

西源-东荷互联中约束成本、输电投资与总输电成本间的关系如图7.11所示。由图可见，随输电容量的提高，输电系统的建设成本上升，同时，由于输电对发电调度约束强度降低使约束成本下降。

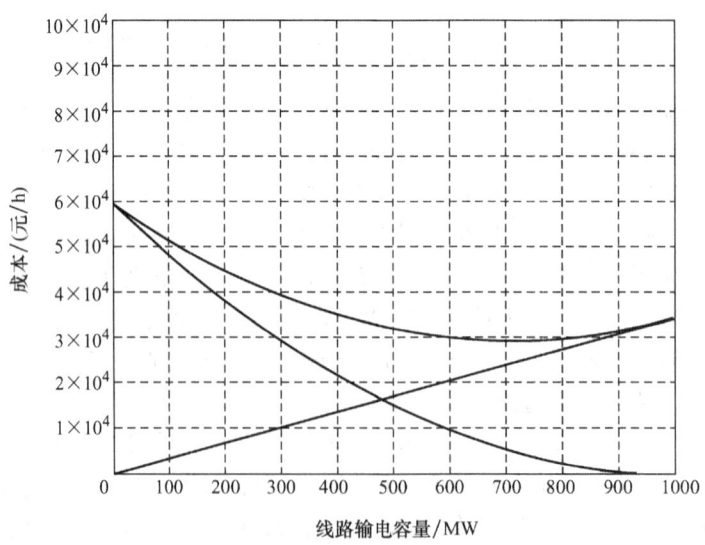

图7.11 西源-东荷互联中约束成本、输电投资与总输电成本间的关系

由于约束成本与发电成本的一一对应关系，实际上，图7.11也趋势性地反映了供电总成本（输电建设成本与发电成本）与输电容量之间的关系。显然，对于整个系统来讲，电

网规划是要使总的供电成本最小。而由图 7.11 可以看出，这一最小值出现在 715MW 处，即 7.6.4 小节得到的最佳输电容量值。由此可见，最佳输电容量值即是输电供给和需求达到平衡时的值，又是使供电总成本最小化的值。

7.6.6 负荷波动的影响

前面的讨论一直假设负荷不随时间变化，而实际上负荷是随时间变化的，这种变化必然对输电价值产生影响。

假设系统的负荷波动规律每天是相同的，讨论负荷波动对输电价值的影响时，负荷在某时刻的数值不是需要关心的，而重要的是每一个负荷水平所持续的时间。以时间为序的负荷曲线（时序曲线）如图 7.12a 所示，反映了负荷在一天之内随时间变化的情况。其中，一天 24h 被分成 8 个时段（每 3h 为一个时段），每时段的负荷水平被视为常数。将图 7.12a 中各时段负荷按照由大到小顺序重新绘制，即得到图 7.12b。图 7.12b 所示曲线反映了一天之中负荷超过某一水平的持续小时数，称为负荷持续曲线。用同样方法可得到年度的负荷持续曲线，能够反映一年之中负荷超出某一水平的持续时间（参见图 7.3）。

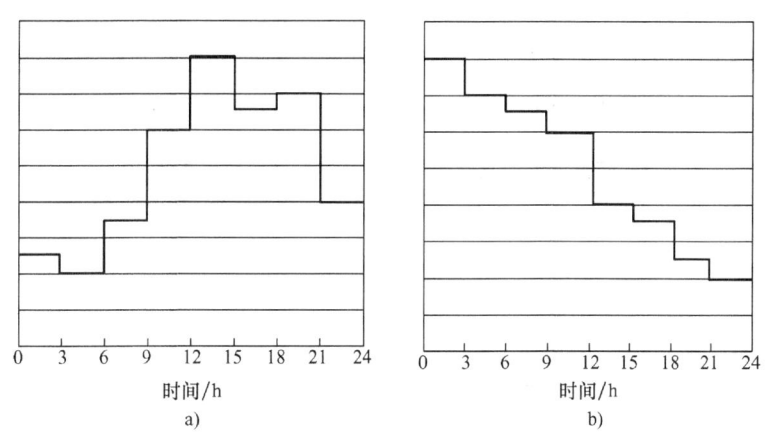

图 7.12 负荷时序曲线和负荷持续曲线
a）时序曲线 b）负荷持续曲线

时段划分过细的负荷持续曲线不便应用，工程上通常要对曲线做一些近似处理，例如，图 7.13 所示，就是图 7.12 所示负荷持续曲线在较少时段数情况下的简化。

根据 7.6.5 小节的描述，最佳输电容量是使供电总成本最小化时的输电容量值，对于负荷变动时，这一结论同样成立。下面的例 7.3 给出了例 7.2 系统在考虑峰荷期、非峰荷期负荷不同情况后的最佳输电容量决策过程。

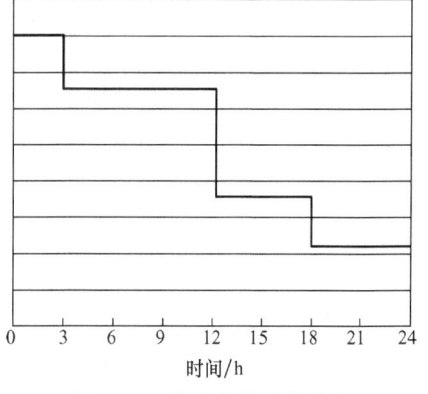

图 7.13 简化负荷持续曲线

【例 7.3】 设西源-东荷互联系统地区各自的负荷持续曲线如图 7.14 所示，即负荷简化成峰荷和非峰荷两种水平，峰荷持续 3889h，非峰荷持续 4871h。简单起见，假设峰荷和非峰荷时段两地是一致的。设输电投资的年平均边际成本为 1000 元/(MW·km·a)。试确定两地区间最优的输电容量。

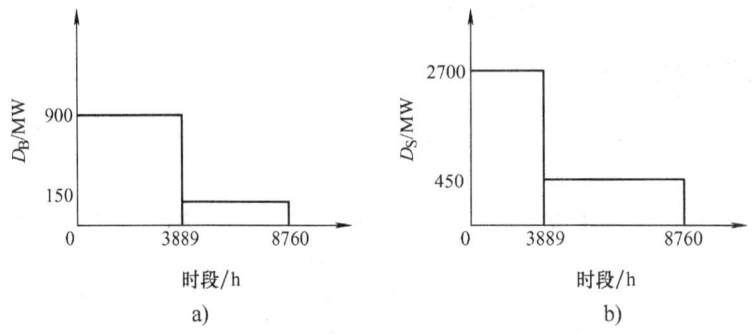

图 7.14 西源－东荷地区各自的负荷持续曲线
a) 西源的负荷持续曲线 b) 东荷的负荷持续曲线

解：如上所述，线路的最优输电容量必然是年总供电成本，即年约束成本和年平均输电成本之和最小时的输电容量。求解过程如下：

1）无约束的发电成本。表 7.3 给出了峰荷和非峰荷时无约束经济调度的结果以及用式（7.25）和式（7.26）计算出的相应发电成本。

表 7.3 西源－东荷互联系统对应峰荷和非峰荷的无约束成本

负荷/MW	西源发电功率/MW	东荷发电功率/MW	总发电成本/(元/h)
600	1700/3	100/3	55133
3600	7700/3	3100/3	483130

2）计及输电容量约束的发电成本。表 7.4 和表 7.5 分别给出非峰荷期和峰荷期对应互联线路不同输电容量下的每小时发电成本。

表 7.4 西源－东荷间不同输电容量下非峰荷期的发电量及成本

西源－东荷间输电容量/MW	西源的发电功率/MW	东荷的发电功率/MW	总发电成本/(元/h)	约束成本/(元/h)
0	150	450	65550	10417
100	250	350	61150	6017
200	350	250	57950	2817
300	450	150	55950	817
350	500	100	55400	267
400	550	50	55150	17
417 以上	1700/3	100/3	55133	0

表7.5　西源-东荷间不同输电容量下峰荷期的发电量及成本

西源-东荷间输电容量/MW	西源的发电功率/MW	东荷的发电功率/MW	总发电成本/(元/h)	约束成本/(元/h)
0	900	2700	649800	166670
100	1000	2600	630400	147270
200	1100	2500	612200	129070
300	1200	2400	595200	112070
350	1250	2350	587150	104020
400	1300	2300	579400	96270
450	1350	2250	571950	88820
500	1400	2200	564800	81670
600	1500	2100	551400	68270
700	1600	2000	539200	56070
800	1700	1900	528200	45070
900	1800	1800	518400	35270

3）最优输电容量。已知非峰荷期和峰荷期的时段分别为4871h和3889h，用表7.4和表7.5中的数据可以算出每个输电容量下系统每年的约束成本。同时，可根据输电投资的年平均边际成本计算出线路的年平均投资成本，进而计算出年总供电成本。计算结果见表7.6，表中输电投资成本只考虑了可变成本部分［用式（7.19）表示］。由表7.6可见，输电容量的最优值是600MW，此时年总输电成本最小。

表7.6　西源-东荷间不同输电容量下年约束成本、年投资平均成本及年总成本

西源-东荷间输电容量/MW	年约束成本/(万元/a)	年均投资成本/(万元/a)	年总供电成本/(万元/a)
0	69892	0	69892
100	60204	5000	65204
200	51567	10000	61567
300	43982	15000	61482
350	40583	17500	57448
400	37448	20000	57448
450	34542	22500	57042
500	31761	25000	56761
600	26655	30000	56550
700	21806	35000	56806
800	17528	40000	57528
900	13717	45000	581717

7.6.7 输电投资的回收

1. 最优输电容量下的输电投资回收

当确定了最佳的输电容量时,下一个问题便是输电企业如何回收输电建设成本。在最优输电容量时,这一成本中与容量相关的可变成本可以通过阻塞剩余进行获取(实际上等效为输电的边际价格与输电容量的乘积,即输电收益),但需要注意的是,阻塞剩余不能回收输电投资成本的固定部分。

在例 7.3 中,西源、东荷地区间的最优输电容量确定为 600MW。此时,在非峰荷期,地区间的功率交换不受制约,两地形成统一市场。西源和东荷的机组分别发电 (1700/3)MW 和 (100/3)MW。由于西源只有 150MW 负荷,所以 (1250/3)MW 电力将通过联络线输送到东荷。两地的边际发电成本以及电价同样都是 103 元/MW·h。因此,在非峰荷期,输电的短期边际价值为零,阻塞剩余或者输电收益也为零。

在峰荷期,西源的机组只能发电 1500MW,900MW 满足当地负荷,而受输电容量限制只能供给东荷地区 600MW,东荷的机组发电 2100MW。由于输电线路阻塞,西源和东荷市场的电价分别由当地的边际发电成本决定,为 140 元/MW·h 和 268 元/MW·h,于是,输电的短期价值为 128 元/MW·h,每小时的阻塞剩余为

$$CS_{hourly} = 600 \times 128 \text{ 元}/h = 76800 \text{ 元}/h \tag{7.27}$$

乘以峰荷持续小时数,就得到年阻塞剩余为

$$CS_{annual} = 76800 \times 3889 \text{ 元}/a = 300000000 \text{ 元}/a \tag{7.28}$$

这个量等于年平均输电投资成本,即

$$C_V(T) = klT = 500 \times 1000 \times 600 \text{ 元}/a = 300000000 \text{ 元}/a \tag{7.29}$$

可见,在达到最优输电容量时,由阻塞剩余获得的收益恰好能回收投资成本的可变部分,但不能回收投资成本的固定部分。需要注意的是,这种结论是在输电建设的边际成本 k 假设是常数的条件下得出的,当考虑到输电建设边际成本由于规模效应而变化时,这种结论将不复存在。

2. 次优输电容量下的输电投资回收

在工程实际中,受到负荷和电价预测的不确定性因素、输电容量投资的波动以及投资的延迟效应等的影响,线路的输电容量很少能恰好等于最优值。显然,电力系统调度员是按实际的输电容量运营系统的,由于节点电价和阻塞剩余取决于电网实际,所以研究输电容量次优条件下的投资回收是很重要的。

对于次优输电容量下输电投资的回收问题,有如下结论:

1) 当实际输电容量大于最优输电容量时,阻塞剩余将小于输电投资可变成本,不足以回收输电投资。

2) 当实际输电能力小于最优输电容量时,阻塞剩余将大于输电投资可变成本,输电企业按照阻塞剩余收取费用将会有额外收益。

3) 不管偏大或偏小,实际输电容量偏离最优值都会降低整个系统的运行效率,提高用户用电价格。

下面例子说明了上述结论。

【例 7.4】 不考虑负荷波动的情况下,西源 – 东荷互联系统间的最优输电容量是

715MW，试分析以下两种情况下输电的收益和成本：

1）实际输电容量为900MW；
2）实际输电容量为600MW。

解： 假设实际输电容量是全部可用的。

1）输电容量为900MW时，西源的机组会增加出力到1400MW，而东荷的发电量降到600MW。由式（7.6）和式（7.7），可得出西源和东荷的电价分别为136元/MW·h和148元/MW·h。短期输电价值降到12元/MW·h。每小时阻塞剩余及年收益为

$$CS_{\text{hourly}} = 900 \times 12 \text{ 元}/h = 10800 \text{ 元}/h \tag{7.30}$$

$$CS_{\text{annual}} = 10800 \times 8760 \text{ 元}/a = 94608000 \text{ 元}/a \tag{7.31}$$

另一方面，年平均投资成本等于

$$C_V(T) = klT = 300 \times 1000 \times 900 \text{ 元}/a = 270000000 \text{ 元}/a \tag{7.32}$$

可见，输电投资增加了，但阻塞剩余带来的收益比最优输电容量时少，因此不足以回收投资成本，这是过度投资的情况。

2）输电容量为600MW时，西源的机组仅发电1100MW，500MW提供给当地负荷，600MW输送到东荷，电价为124元/MW·h。东荷的机组发电900MW，与输入的电能一起满足1500MW的负荷，价格为172元/MW·h。48元/MW·h的电价差带来的每小时阻塞剩余及年收益为

$$CS_{\text{hourly}} = 600 \times 48 \text{ 元}/h = 28000 \text{ 元}/h \tag{7.33}$$

$$CS_{\text{annual}} = 28000 \times 8760 \text{ 元}/a = 252288000 \text{ 元}/a \tag{7.34}$$

另一方面，输电容量为600MW的联络线的年平均投资成本为

$$C_V(T) = klT = 300 \times 1000 \times 600 = 180000000 \text{ 元}/a \tag{7.35}$$

可见，由短期输电边际价格带来的收入大于建设输电设施的成本，也就是，使输电容量低于最优值可提高输电企业的收益。

考虑负荷波动的影响，结论也是一样的。在例7.3中求得西源和东荷间的最优输电容量是600MW，现考虑输电容量不是最优的情况。

若输电容量为700MW。在非峰荷期，输电容量过大没有任何影响，输电仍然不受任何制约，短期边际输电价值和输电收益保持为零。相反，在峰荷期，充分利用700MW的输电容量，西源的机组此时可发电1600MW，而东荷的发电量只为2000MW。由式（7.6）和式（7.7）确定西源和东荷的电价分别为144元/MW·h和180元/MW·h。于是，输电短期价值为36元/MW·h，比最优输电容量时（128元/MW·h）降低了。

峰荷期的每小时阻塞剩余为

$$CS_{\text{hourly}} = 700 \times 36 \text{ 元}/h = 25200 \text{ 元}/h \tag{7.36}$$

已知峰荷的持续期，则年阻塞剩余为

$$CS_{\text{annual}} = 25200 \times 3889 \text{ 元}/a = 98002800 \text{ 元}/a \tag{7.37}$$

另一方面，年平均投资成本等于

$$C_V(T) = klT = 500 \times 1000 \times 700 \text{ 元}/a = 350000000 \text{ 元}/a \tag{7.38}$$

可见，虽然阻塞剩余带来的收益大于输电容量最优时的情况，但仍不足以回收输电系统过度投资的成本。

如果输电容量只有 300MW，则联络线潮流不仅在峰荷期，而且在非峰荷期也受限制。

在非峰荷期，西源的机组发电 450MW，价格为 98 元/MW·h；东荷的发电量为 150MW，价格为 112 元/MW·h。14 元/MW·h 的电价差产生的阻塞剩余为

$$CS_{hourly} = 300 \times 14 \text{ 元}/h = 4200 \text{ 元}/h \tag{7.39}$$

于是，非峰荷期的 4871h 共可得 20458200 元的阻塞收益。

在峰荷期，西源的机组发电 1200MW，东荷的机组发电 2400MW。边际电价分别为 128 元/MW·h 和 292 元/MW·h，每小时阻塞剩余等于

$$CS_{annual} = 300 \times (292 - 128) \text{ 元}/h = 49200 \text{ 元}/h \tag{7.40}$$

已知峰荷期持续时间是 3889h，于是阻塞剩余可产生 191338800 元的收益。同时考虑非峰荷和峰荷期，则年阻塞收益达到 289341600 元。因为 300MW 联络线的年平均投资成本是

$$C_V(T) = klT = 500 \times 1000 \times 300 \text{ 元}/a = 150000000 \text{ 元}/a \tag{7.41}$$

所以，由短期输电边际价格带来的收入大于建设输电设施的成本。换句话说，使输电容量低于最优值可提高输电企业的收益，因为输电阻塞发生得更频繁了。

思 考 题

7.1 计算预期寿命为 30 年的 400MW 电厂的投资的内部回报率：电厂的建设成本为 1200 美元/kW，热耗为 9800Btu/kW·h，燃料费为 1.10 美元/MBtu；预计平均年最大容量运行小时数为 7446h，所发电力商品以平均价格 31 美元/MW·h 出售。

（1）如果这项投资要获得 13% 的最小可接受回报率，那么电力商品平均价格应该是多少？

（2）如果电厂的利用率 10 年后下降 15%，20 年后又下降 15%，则投资电厂内部回报率为多少？

（3）如果在电厂预期寿命的前 10 年内电价是 35 美元/MW·h，后 20 年电价为 31 美元/MW·h，投资电厂的内部回报率应是多少？

（4）如在前 20 年价格为 31 美元/MW·h，后 10 年价格为 35 美元/MW·h，对应的内部回报率为多少？

7.2 为了促进清洁能源的发展，政府决定采用以固定电价 580 元/MW·h 收购的措施激励风电场的建设。某电力公司决定建设 200MW 的风电场，其预计寿命为 30 年，建设费用为 14000 元/kW。基于拟建设地点的风力分析，工程师们估计电厂的发电情况见表 7.7。

表 7.7 题 7.2 表

发电量占装机容量的比值（%）	年小时数/h
100	1700
75	1200
50	850
25	400
0	4610

考虑到该公司已设定最小可接受回报率为 12%，问是否应该响应政府号召建设风电场？

7.3 某公司所建电厂的特征见表 7.8。运行 5 年后，市场环境明显改变。燃料价格提高到 1.50 美元/MBtu，利用率下降到 0.45，出售电力商品的平均价格下降到 25 美元/MW·h。

表7.8 题7.3表

投资成本	1000 美元/kW
容量	400MW
预期寿命	30 年
额定输出时的热耗	9800Btu/kW·h
预期燃料成本	1.10 美元/MBtu
预期利用率	0.85
预期平均电价	31 美元/MW·h

(1) 假定公司的最小可接受回报率为12%，忽略电厂的可回收成本。该公司应该怎样处理这个电厂？

(2) 维持电厂可用的最低电价应是多少？

(3) 假定公司决定继续运行其电厂，且市场形势没有改善。5年以后，电厂遇到重大事故，修复费用为120000000美元，预计此次维修能保证电厂在剩余的寿命期内继续运行。公司应如何决策？

7.4 两节点电力系统如图7.15所示，假设需求为常数且不受价格影响，电能以边际发电成本出售且机组输出功率不受限制。当节点A和B的机组各自的边际发电成本 MC_A、MC_B（美元/MW·h）如下所示时：

$$MC_A = 20 + 0.03P_A$$
$$MC_B = 15 + 0.02P_B$$

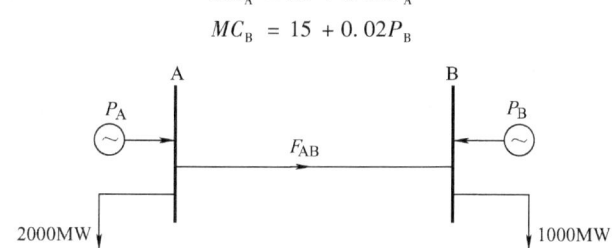

图7.15 两节点电力系统

(1) 绘出输电的边际价值关于节点A和B间联络线的传输容量的函数。

(2) 假设线路长500km，线路的可变成本为210美元/（MW·km·a），计算该输电线路的长期边际成本。

(3) 请确定传输线的最佳容量。

7.5 按照表7.9列出的三段负荷曲线，确定题7.4中传输线的最优容量，设两节点同时处于峰荷、腰荷和谷荷时段。

表7.9 题7.5表

时段	A节点负荷/MW	B节点负荷/MW	持续时间/h
峰荷	4000	2000	1000
腰荷	2200	1100	5000
谷荷	1000	500	2760

比较最优输电容量每年通过网络阻塞获取的收入与线路年投资成本。

参 考 文 献

[1] 国家电力监管委员会. 美国电力市场 [M]. 北京：中国电力出版社，2005.
[2] 国家电力监管委员会. 欧洲、澳洲电力市场 [M]. 北京：中国电力出版社，2005.
[3] 国家电力监管委员会. 南美洲亚洲非洲各国电力市场化改革 [M]. 北京：中国水利水电出版社，2006.
[4] 刘雅芳. 欧盟电力市场化改革的情况和启示 [R/OL]. [2008-1-14]
   http://www.chinapower.com.cn/newsarticle/1059/new1059130.asp
[5] 孙耀唯. 俄罗斯：坚定不移地推进电力市场化改革进程 [R/OL]. [2009-1-6]
   http://www.shp.com.cn/news/info/2009/1/6/96027224.html
[6] 韩水. 对东北电力市场建设和运行以来若干问题的思考 [R/OL]. [2007-4-29]
   http://www.serc.gov.cn/jgyj/ztbg/200802/t20080220-5879.htm
[7] 华东电力市场建设领导小组. "现在时"——华东区域电力市场模拟运行 [J]. 中国电力企业管理，2004 (5)：25-27.
[8] 萨莉·亨特. 电力竞争 [M]. 北京：中国经济出版社，2004.
[9] Berrie T W. Power System Economics [M]. Peter Peregrinus Ltd., London, UK, 1983.
[10] Stoft S. Power System Economics – Designing Markets for Electricity [M]. Wiley, 2002.
[11] Kirsche D S, Strbac G. Fundamentals of power system economics [M]. John Willey & Sons Ltd, England, 2004.
[12] 于尔铿，韩放，谢开，等. 电力市场 [M]. 北京：中国电力出版社，1998.
[13] 王锡凡，陈皓勇. 电力市场基础 [M]. 西安：西安交通大学出版社，2003.
[14] 甘德强，杨莉，冯冬涵. 电力经济与电力市场 [M]. 北京：机械工业出版社，2010.
[15] 赵杰. 拍卖概论 [M]. 北京：中国商业出版社，1999.
[16] 萨谬尔森·微观经济学 [M]. 北京：人民邮电出版社，2001.
[17] 曾鸣，孙昕，张启平. 电力市场交易与电价理论及其应用 [M]. 北京：中国电力出版社，2003.
[18] 言茂松. 当量电价体系及相关制度设计 [J]. 电力系统自动化. 2003, 27 (8)：1-9.
[19] 赵曙春. 国外电价政策借鉴 [J]. 信息动态，2000 (8)：66-68.
[20] 刘振秋，李才华. 还本付息电价与经营期电价比较研究 [J]. 价格理论与实践，2001 (2)：21-23.
[21] 李嘉龙，王炳炎. 上网电价定价方法比较 [J]. 电力技术经济，2006，18 (3)：3-6.
[22] 约翰 C 赫尔. 期货期权入门 [M]. 3 版. 张陶伟，译. 北京：中国人民大学出版社，2001.
[23] 张少华，李渝曾，王长军，等. 电力市场中的远期合同交易 [J]. 电力系统自动化，2001，25 (10)：6-10+50.
[24] Bakirtzis A G, Zoumas C E. Lambda of Lagrangian relaxation solution to unit commitment problem [J]. Generation, Transmission and Distribution; IEE Proceedings –, 2000, 147 (2)：131-136.
[25] 于尔铿，周京阳，张学松. 电力市场竞价模型与原理 [J]. 电力系统自动化，2001，25 (1)：24-27.
[26] 于尔铿，周京阳，等. 发电竞价算法 [J]. 电力系统自动化，2001，25 (4) ~ (8)：16-19/10-13/19-22/23-27/20-24.
[27] 王民量，张伯明，夏清. 考虑多种约束条件的机组组合新算法 [J]. 电力系统自动化，2000，24 (12)：29-35.
[28] 李文沅. 电力系统安全经济运行——模型与方法 [M]. 重庆：重庆大学出版社，1989.3.
[29] Wood Allen J, Wollenberg Bruce F. Power Generation, Operation and Control [M]. John Wiley & Sons Inc., New York, 1996.

[30] Guan Xiaohong, Luh Peter B, Yan Houzhong, etal. A Short – term scheduling of thermal power systems [C]. IEEE Power Industry Computer Application Conference, 1992, 17 PICA Conf: 120 – 126.

[31] Padhy N P. Unit commitment – a bibliographical survey [J]. IEEE Transactions on Power Systems, 2004, 19 (2): 1196 – 1205.

[32] 陈皓勇, 王锡凡. 机组组合问题的优化方法综述 [J]. 电力系统自动化, 1999, 23 (4)、(5): 51 – 56.

[33] 张利. 电力市场中的机组组合理论研究 [D]. 济南: 山东大学, 2006.

[34] 中华人民共和国国家发展和改革委员会经济运行局. 电力需求侧管理在中国之一~之十 [R/OL]. http: //yxj. ndrc. gov. cn/dlxqgl/

[35] 谢开, 刘永奇, 朱治中, 等. 面向未来的智能电网 [J]. 中国电力, 2008, 41 (6): 19 – 22.

[36] 韩学山, 杨明, 张利. 价值调度推进智能化电网发展的思考 [J]. 电力系统自动化, 2010, 34 (2): 6 – 10.

[37] 张钦, 王锡凡, 付敏, 等. 需求响应视角下的智能电网 [J]. 电力系统自动化, 2009, 33 (17): 49 – 55.

[38] Kirschen D S. Demand – side view of electricity markets [J]. IEEE Trans on Power Systems, 2003, 18 (2): 520 – 527.

[39] 何大愚. 美国加州电灾的分析与思考 [J]. 电力系统自动化, 2001, 25 (11): 17 – 19, 31.

[40] 张钦, 王锡凡, 王建学, 等. 电力市场下需求响应研究综述 [J]. 电力系统自动化, 2008, 32 (3): 97 – 106.

[41] 赵鸿图, 朱治中, 于尔铿. 电力市场中需求响应市场与需求响应项目研究 [J]. 电网技术, 2010, 34 (5): 146 – 153.

[42] Federal Energy Regulatory Commission. National Action Plan on Demand Response [R/OL]. http: //www. ferc. gov/legal/staff – reports/06 – 17 – 10 – demand – response. pdf, 2010. 6.

[43] Federal Energy Regulatory Commission. Assessment of demand response and advanced metering: 2008 staff report [R/OL]. [2008 – 12 – 30]. http: //www. ferc. gov/legal/staff – reports/ 12 – 08 – demand – response. pdf.

[44] Federal Energy Regulatory Commission. A national assessment of demand response potential: staff report [R/OL]. [2009 – 06 – 18]. http: //www: ferc. gov/legal/staff – reports/06 – 09 – demand – response. pdf.

[45] Billinton R, Allan R N. Reliability Evaluation of Power Systems [M]. 2nd ed. Kluwer Academic/Plenum Publishers, Boston, 1996.

[46] Hirst E, Kirby B. Creating Competitive Markets for Ancillary Services, Report ORNL/CON – 448, Oak Ridge National Laboratory, Oak Ridge, TN, October 1997.

[47] Kirby B, Hirst E. Load as a resource in providing ancillary services. American Power Conference, Chicago, IL, April 1999, On – line: www. ornl. gov/psr.

[48] Kirschen D S. Power system security [J]. IEE Power Engineering Journal, 2002, 16 (5): 241 – 248.

[49] Strbac G, Kirschen D S. Who should pay for reserve? [J]. The Electricity Journal, 2000, 13 (8): 32 – 37.

[50] 孟祥星. 市场环境下电力系统有功调度与无功优化的经济规律研究 [D]. 济南: 山东大学, 2007.

[51] 甘德强, 胡朝阳, 沈沉. 美国新英格兰备用电力市场设计和优化新模型 [J]. 电力系统自动化, 2003, 27 (2).

[52] 曾鸣, 赵庆波. 电力市场中的辅助服务理论及其应用 [M]. 北京: 中国电力出版社, 2003.

[53] Chao H, Peck S. A market mechanism for electric power transmission. Journal of Regulatory Economics, 1996, 10 (1): 25 – 29.

[54] Chao H, Peck S, Oren S, et al. Flow-based transmission rights and congestion management [J]. Electricity Journal, 2000, 13 (8): 38-58.

[55] Conejo A J, Arroyo J M, Alguacil N, et al. Transmission loss allocation: a comparison of different practical algorithms [J]. IEEE Transactions on Power Systems, 2002, 17 (3): 571-576.

[56] Hsu M. An introduction to the pricing of electric power transmission [J]. Utilities Policy, 1997, 6 (3): 257-270.

[57] Vazquez C, Rivier M, Perez-Arriaga I J. A Market Approach to Long-Term Security of Supply [J]. IEEE Transactions on Power Systems, 2002, 17 (2): 49-357.

[58] Schweppe F C, Caramanis M C, Tabors R D, et al. Spot Pricing of Electricity [M]. Kluwer Academic Publishers, Boston, 1988.

[59] Farmer E D, Cory B J, Perera B L P P. Optimal pricing of transmission and distribution services in electricity supply [J]. IEE Proceedings on Generation, Transmission and Distribution, 1995, 42 (1): 1-8.

[60] 方军, 张永平, 魏萍, 等. 输电阻塞管理的新方法述评（一）：基于潮流的可交易输电权 [J]. 电网技术, 2001, 25 (7): 4-8.

[61] 张永平, 方军, 魏萍, 等. 输电阻塞管理的新方法述评（二）：金融性输电权及与FGR之比较 [J]. 电网技术, 2001, 25 (9): 16-20.

[62] Rosellon J. Different Approaches Towards Electricity Transmission Expansion [J]. Review of Network Economics, 2003, 2 (3): 238-269.

[63] Evans Francisco, Zolezzi Juan M, Rudnick Hugh. Cost Assignment Model for Electrical Transmission System Expansion: An Approach Through the Kernel Theory [J]. IEEE Transactions on Power Systems, 2003, 18 (2): 625-632.

[64] Hashimoto S H M, Romero R, Mantovani J R S. Efficient linear programming algorithm for the transmission network expansion planning problem [J]. IEE Proceedings on Generation, Transmission and Distribution, 2003, 150 (5): 536-542.

[65] 刘国跃, 曾鸣, 肖霖, 等. 不同市场机制下发电投资周期性波动的模拟分析 [J]. 中国电机工程学报, 2009, 29 (1): 63-67.

[66] Jaffe Adam B, Felder Frank A. Should Electricity Markets Have a Capacity Requirement? If So, How Should It Be Priced? [J]. The Electricity Journal, 1996 (12): 52-61.

[67] Hobbs B F, Inon J G, Ming-Che Hu, et al. Capacity markets: review and a dynamic assessment of demand-curve approaches [C]. Power Engineering Society General Meeting, 2005 (1): 514-522.

[68] 文福拴, 吴复立, 倪以信. 电力市场环境下的发电容量充裕性问题 [J]. 电力系统自动化, 2002, 26 (19): 16-22.